博士文库

高职院校教师组织支持感对组织公民行为的影响

Gaozhi Yuanxiao Jiaoshi
Zuzhi Zhichigan
dui Zuzhi Gongmin Xingwei de Yingxiang

赵 强◎著

知识产权出版社
全国百佳图书出版单位

图书在版编目（CIP）数据

高职院校教师组织支持感对组织公民行为的影响/赵强著. —北京:知识产权出版社,2015.12
ISBN 978-7-5130-1776-3

Ⅰ.①高… Ⅱ.①赵… Ⅲ.①高等职业教育—教师—组织管理—研究 Ⅳ.①G71

中国版本图书馆CIP数据核字(2015)第220965号

内容提要

教师的组织公民行为，对高等院校办学效能的提升具有十分重要的意义。在文献分析的基础上，本研究构建了高职院校教师组织支持感、工作满意度、情感承诺、规范承诺、持续承诺与组织公民行为之间关系的理论模型，并进行了检验。主要结论为，组织支持感对组织公民行为的积极影响是完全通过工作满意度、情感承诺、规范承诺的中介作用而实现的。基于研究结论，本研究提出了高职院校激励教师展现组织公民行为的若干建议。

本研究将工作满意度和组织承诺的三种维度同时作为中介变量加以考察，在理论上具有一定的创新性。此外，本研究对我国高职院校加强教师人力资源的开发与管理、提升办学绩效，也具有相应的实践价值。

责任编辑：安耀东

高职院校教师组织支持感对组织公民行为的影响
赵强　著

出版发行	知识产权出版社有限责任公司	网　址:	http://www.ipph.cn
电　话:	010-82004826		http://www.laichushu.com
社　址:	北京市海淀区马甸南村1号	邮　编:	100088
责编电话:	010-82000860转8534	责编邮箱:	an569@qq.com
发行电话:	010-82000860转8101/8029	发行传真:	010-82000893/82003279
印　刷:	北京中献拓方科技发展有限公司	经　销:	各大网上书店、新华书店及相关专业书店
开　本:	720mm×1000mm　1/16	印　张:	14.5
版　次:	2015年12月第1版	印　次:	2015年12月第1次印刷
字　数:	242千字	定　价:	53.00元

ISBN 978-7-5130-1776-3

前　言

当前我国高职院校的生存环境不容乐观，改善组织效能，提高竞争优势以应对各种挑战是其必然的发展选择。组织公民行为对组织效能的积极影响已被许多研究所证实，像其他各类组织一样，面对巨大的生存压力，我国高职院校也需要教师展现出组织公民行为以提升组织效能。

在激发成员展现组织公民行为方面，组织支持感的重要作用已得到人们的认可。但是已有的研究主要关注的是组织支持感对组织公民行为的直接效应，对间接效应尤其对工作满意度与组织承诺的中介效应的探讨明显不足。此外，目前关于组织公民行为的研究多是在企业文化背景下展开的，在学校文化背景下的研究相对较少，以我国高职院校教师群体为调查对象对组织支持感与组织公民行为关系的探讨更为鲜见。基于此，本研究以我国高职院校教师为调查对象，考察了其组织支持感对组织公民行为的直接影响和通过工作满意度、组织承诺对其的间接影响。根据文献分析的结果，本研究构建了高职院校教师的组织支持感影响组织公民行为的理论模型，并提出了相应的假设。本研究通过预测和正式测试分别收集了150个和378个有效样本的数据，利用SPSS16.0和LIS-REL8.70统计软件对相应数据进行了分析，并检验了有关假设。本研究的主要研究结论如下。

（1）因素分析结果表明：高职教师的组织支持感是三维结构，由价值认同、工作支持和利益关心组成；高职教师的组织公民行为是三维结构，由指向他人行为、指向组织行为和自我要求行为组成。

（2）独立样本 T 检验和单因素方差分析结果表明：高职教师的性别和婚姻在所有变量上均不存在显著差异；学历在工作满意度、指向组织行为、指向他人行为、规范承诺上存在显著差异；是否担任行政职务对工作满意度、指向组织行为、指向他人行为、组织公民行为总体、情感承诺、规范承诺、持续承诺影响显著；年龄对工作满意度、自我要求行为、组织公民行为总体、情感承诺、规范承诺影响显著；教龄对持续承诺和指向他人行为影响显著；职称对情感承诺、组织公民行为总体、指向他人行为、指向组织行为、自我要求行为影响显著。

（3）回归分析结果表明：高职教师的组织支持感对组织公民行为、工作满意度、情感承诺、规范承诺具有显著积极影响（$p<0.001$），对持续承诺具有显著负向影响（$p<0.05$）；工作满意度对组织公民行为、规范承诺、情感承诺具有显著积极影响（$p<0.001$），对持续承诺影响不显著；规范承诺、情感承诺对组织公民行为具有显著积极影响（$p<0.001$），持续承诺对组织公民行为影响不显著。

（4）中介效应检验结果表明：高职教师的工作满意度完全中介了组织支持感与组织公民行为的关系；完全中介了价值认同与指向他人行为的关系；部分中介了价值认同与指向组织行为的关系；不能中介价值认同与自我要求行为的关系；完全中介了工作支持与指向他人行为、指向组织行为、自我要求行为的关系；分别完全中介了利益关心与指向他人行为、指向组织行为的关系；没有中介利益关心与自我要求行为的关系；部分中介了组织支持感分别与情感承诺、规范承诺的关系；没有中介组织支持感与持续承诺的关系。高职教师的规范承诺部分中介了组织支持感与组织公民行为的关系；部分中介了价值认同与指向他人行为、指向组织行为的关系；没有中介价值认同与自我要求行为的关系；完全中介了工作支持与指向组织行为的关系；部分中介了工作支持分别与指向他人行为、自我要求行为的关系；完全中介了利益关心分别与指向他人行为、指向组织行为的关系；没有中介利益关心与自我要求行为的关系；部分中介了工作满意度与组织公民行为的关系。高职教师的持续承诺在相应各变量间关系中均没有发挥中介作用。高职教师的情感承诺部分中介了组织支持感与组织公民行为的关系；完全中介了价值认同分别与指向他人行为、自我要求行为的关系；部分中介了价值认同与指向组织行为的关系；完全中介了工作支持分别与指向他人行为、指向组织行为、自我要求行为的关系；完全中介了利益关心分别与指向他人行为、指向组织行为的关系；没有中介利益关心与自我要求行为的关系；部分中介了工作满意度与组织公民行为的关系。

　　以上研究发现对我国高职院校教师管理的启示是：①加强对教师的工作支持；②建立科学合理的薪酬体系；③建立科学合理的教师评价体系；④尊重教师的价值与奉献；⑤加强对教师的人文关怀。

目　录

第一章

绪　论

1.1 研究背景

20世纪80年代初，以南京金陵职业大学为代表的新型高等院校的诞生标志着我国高等职业教育的兴起。其后，我国高等职业教育虽先后经历了"三教统筹""四五套办"与"五年一贯制""三改一补"等一系列改革尝试，但发展比较缓慢。1999年1月，教育部、国家计委出台《试行按新的管理模式和运行机制举办高等职业技术教育的实施意见》后，职业大学、职业技术学院、高等专科学校、普通本科院校二级职业技术学院、部分重点中专、成人高等学校等"六路大军办高职"的局面形成。2000年1月国务院发布的《国务院办公厅关于国务院授权省、自治区、直辖市人民政府审批设立高等职业学校有关问题的通知》极大地促进了各地高等职业教育的发展，我国高等职业教育由此进入了规模快速发展阶段。

不过我国高等职业教育在快速发展的同时也面临着巨大的挑战。一方面，与普通本科院校相比，高职院校社会声望较低，对学生、教师的吸引力均不强。随着当前生源逐年下降，高职院校的招生面临着巨大的压力，目前不少高职院校已陷入生存危机。这表明我国高职院校的生存环境不容乐观。另一方面，走以提高质量为核心的内涵式发展道路已成为我国高职院校的迫切要求。中央组织部、人力资源社会保障部于2011年7月6日发布的《高技能人才队伍建设中长期规划（2010—2020年）》指出，目前我国高技能人才工作存在的问题之一是，高技能人才培养能力与经济发展对高技能人才需求之间的矛盾突出，高技能人才总量短缺，结构不合理，领军人才匮乏。面临巨大的挑战，处于高技能人才培养体系基础地位的高职院校应尽快实现从外延式发展到内涵式发展模式的转变，提高教育教学质量。

教师作为学校的核心资源，其工作行为表现会直接影响教育教学质量的提高。目前由于我国高职院校在教师队伍建设方面还存在着诸多不足之处，教师的工作积极性、主动性没有被充分调动起来。一项对某高职院校教师的调查研究表明，由于学校缺少有效的激励机制，导致教师缺乏工作热情与积极性，如不愿上更多的课，仅完成学校规定的工作量；不主动接受新课程任务；在学校外兼职，打工赚钱；业余时间很少读书，很少搞研究；设法从教学岗转向非教学岗等。❶因此加强教师队伍建设应该成为我国高职院校走内涵式发展道路、提高教育教学质量的重要突破口。

1.2 问题提出

自20世纪80年代以来，作为工作行为重要组成部分的组织公民行为（orga-nizational citizenship behavior）受到人们的广泛关注。之所以近几十年来学界对组织公民行为的研究热情有增无减，是因为这类行为对组织的运行会起到润滑剂的作用，有利于减少摩擦及提高组织效能。同时，员工的组织公民行为通过提高同事和管理者的工作效率、节省组织维护成本、提高小组成员及跨团队的合作、提升组织应对环境变化的能力等，会有助于团队和组织取得成功。

组织公民行为对团队绩效和组织绩效的潜在积极影响促使大量学者探究它的预测因素。在激发组织成员展现更多的组织公民行为方面，组织支持感（perceived organizational support）❷的重要性日益为人们所认可。基于"知恩图报"的心理，组织成员如果觉得组织重视其贡献并关心其利益的话，可能会通过主动帮助同事及自愿合作等行为来回报组织。

由于任何组织系统的设计都不可能完美无缺，如果只依靠组织规定的每一位员工的角色内行为（in-role bebavior），将难以达成组织目标，组织公民行为对任何类型的组织都具有举足轻重的影响，因此学校作为人类社会极其重要的

❶ 温立军.高职教师激励机制对策研究[D].重庆:西南大学,2008:25.

❷ Perceived organizational support这个术语在国内有三种常见的翻译方式,分别是"知觉组织支持""感知组织支持"和"组织支持感".笔者采用了第三种翻译方式,并在文中将该术语进行了统一处理.

一类组织，也必然需要其成员展现更多的组织公民行为，以降低组织运行中的摩擦，节约组织维护成本，促进成员及团队的合作，提升组织应对外部环境快速变化的能力，最终实现学校整体绩效的提升。Oplatka、马苓等学者的实证研究结果均表明，教师的组织公民行为对学校效能或绩效的提升有显著积极影响。❶❷

　　高职院校作为我国发展历史较短的一类学校，通过提高组织效能以应对竞争压力必然会成为学校的重要战略。然而像其他组织一样，在高职院校的教师中间，不关心学校发展、不注意节约学校资源、"隐性流失"等现象也在某种程度上存在。❸如某高职院校的一位教师就坦言，目前在他们学校，"打工者"的意识在教师中间比较普遍。❹殷姿在对四川某高职院校青年教师隐性流失问题的研究中指出，该校青年教师的隐性流失状况已达中等程度，教师特别是青年教师时常流露出对学校的不满，有的在寻求更好的工作机会；有的则通过继续深造为离职做准备；有的则安于现状，不思进取。❺教师隐性流失的一个直接后果就是会给学校带来无形的损失，导致组织整体效能的降低。因此，对于高职院校这类组织来说，激发教师的组织公民行为同样具有重要意义。通过加强对教师的组织支持，激发教师的组织公民行为来提升学校整体效能以应对各种压力，应成为学校管理者的一个理性选择。因此，深入探讨我国高职院校教师的组织支持感对组织公民行为的作用机制，为教师人力资源的开发与管理提供相应的理论依据，是笔者开展本项研究的动机之一。

　　本书之所以将研究主题锁定在教师组织支持感对组织公民行为的影响上，除为我国高职院校发展的实际需求所驱动外，还为相关理论的发展需求所驱动。学界正式提出组织支持感与组织公民行为这两个概念，均是在20世纪80年代，距今30年左右的时间。尽管围绕组织支持感和组织公民行为，已经出现了诸多重要的理论研究成果，但是学界关于前者对后者的间接影响的研究不够充分，尤其是对工作满意度与组织承诺的中介效应的探索非常匮乏。因此，检验

---

❶ OPLATKA I. Organizational citizenship behavior in teaching: the consequences for teachers, pupils, and the school[J]. International Journal of Educational Management, 2009, 23(5): 375–389.

❷ 马苓. 教师的组织承诺对组织公民行为及大学绩效的影响研究[D]. 天津: 河北工业大学, 2009.

❸ 殷姿. L高职院校青年教师隐性流失问题研究[D]. 成都: 四川师范大学, 2008: 3.

❹ 资料来自于2012年7月3日笔者对某高职院校一位教师的访谈, 内容略加修改。

❺ 殷姿. L高职院校青年教师隐性流失问题研究[D]. 成都: 四川师范大学, 2008.

组织支持感通过工作满意度、组织承诺等变量影响组织公民行为的作用机制，是笔者从事本项研究的动机之二。

1.3 研究意义

第一，理论意义。本书主要探讨了组织支持感对组织公民行为的影响。尽管以往的研究在这方面也得出了一些有价值的结论，但是这些研究对组织支持感影响组织公民行为的作用机理的探讨略显简单化。相关研究仅探讨了工作满意度在组织支持感与组织公民行为间关系中的中介作用，或者情感承诺在两者关系中的中介作用，但是并没有检验持续承诺和规范承诺在两者关系中的中介作用。这是目前相关理论研究中的不足之处。而本书对工作满意度与情感承诺、持续承诺和规范承诺在组织支持感和组织公民行为关系中的中介作用的检验，将是对相关理论研究的进一步拓展。

第二，实践意义。教师作为高职院校的核心价值资源，其工作行为及表现直接决定了学校的教育教学水平，进而决定着学校的生存与发展。可以说，任何一所高职院校，如果教师缺乏自主自愿的利他与合作行为，这所学校必然是一所缺少凝聚力与战斗力的学校，其必然难以获得相对于其他高校的核心竞争优势。然而已有的以教师群体为对象的相关研究绝大部分是针对中小学教师的，以高校教师为调查对象的研究非常少见，以我国高职院校教师为调查对象探讨组织支持感与组织公民行为关系的研究尚属空白。鉴于此，本书通过探讨高职院校教师组织支持感对组织公民行为的作用机理，旨在为高职院校教师人力资源的开发与管理提供相应的理论依据，以提升学校组织绩效，最终实现高职院校的可持续发展，因此本研究具有重要的实践意义。

1.4 研究思路

1.4.1 研究对象

总体来看，目前在有关组织公民行为的研究中，高职院校教师群体受到了较少的关注。一般来说，如果研究对象不具体，相应的政策与建议就可能不具备针对性。出于激发高职院校教师组织公民行为，提升学校办学绩效的目的，本书将我国大陆独立设置的公立高职院校的教师群体作为调查对象，探讨了组织支持感对组织公民行为的直接与间接影响。

1.4.2 研究内容

本研究的研究内容如下。

一是编制了高职教师组织支持感与组织公民行为量表。笔者借鉴前人的研究成果，并结合访谈结果，编制了教师组织支持感与组织公民行为量表。

二是利用独立样本T检验和单因素方差分析考察了高职教师的性别、婚姻、年龄、教龄、学历、职称、职务对工作满意度、情感承诺、规范承诺、持续承诺等中间变量和作为结果变量的组织公民行为的影响。❶

三是在控制了相关人口统计学变量的情况下，利用分层回归考察了高职教师组织支持感分别对工作满意度、组织承诺各维度及组织公民行为的影响，工作满意度对组织承诺各维度及组织公民行为的影响，组织承诺各维度对组织公民行为的影响。

四是利用结构方程模型（structural equation modeling，SEM）检验了高职教师工作满意度、组织承诺各维度对组织支持感与组织公民行为关系的中介作用，工作满意度对组织支持感与组织承诺各维度关系的中介作用，组织承诺各维度对工作满意度与组织公民行为关系的中介作用。

1.4.3 研究方法

根据研究内容，本研究采用的研究方法主要如下。

第一，文献分析法。笔者广泛阅读了有关组织支持感、工作满意度、组织承诺和组织公民行为的文献资料，梳理并总结了这些概念的定义、前因与后果变量、测量工具、变量的维度构成等。在此基础上，本研究提出了相应的理论模型及研究假设。

第二，访谈法。笔者对访谈法的运用主要是在问卷设计阶段，同时在对数

---

❶ 鉴于结构方程模型可以处理多因多果的关系，因此一个变量在充当因变量的同时也在充当自变量的情况是常见的，如本文中的工作满意度、组织承诺充当了组织支持感的结果变量，同时对组织公民行为来说也是自变量。

据分析结果进行解释阶段也进行了少量访谈。在前一阶段运用此方法主要是为了使问卷的题目符合高职院校教师的工作实际情况，在后一阶段运用此方法主要是为了印证数据分析的结果，并作为理论解释的补充。

第三，问卷调查法等。鉴于本研究主题，在预测阶段，笔者向北京市的三所公立高职院校的教师发放了170份纸质问卷；在正式调查阶段，向位于山东、辽宁、山西、江西、贵州、青海等6个省的10所公立高职院校的教师发放了500份纸质问卷。笔者在每所院校联系了一名负责教师，由其在该校随机向教师发放并回收问卷。

第四，统计分析方法。笔者运用SPSS16.0和LISREL8.70统计分析软件对数据进行了统计分析，包括描述性统计、信度与效度检验、独立样本T检验、单因素方差分析、探索性因素分析与验证性因素分析、相关分析、回归分析、中介效应的结构方程模型检验等。

1.4.4 技术路线

本研究遵循了以下技术路线：分析国内外相关文献—根据文献分析的结果进行理论建构，并提出相应的假设—借鉴前人研究成果并结合访谈形成问卷初稿—小样本测试并修订问卷—正式施测与数据质量评价—对所提假设进行检验与结果分析—总结研究结论，指出研究发现的政策含义，分析研究的不足之处。

1.4.5 创新之处

本研究在以下两个方面可能有所创新。

一是测量工具的创新。目前对组织支持感与组织公民行为的研究多是在企业文化背景下进行的，在教师组织支持感与组织公民行为的测量上还缺乏有针对性的测量工具。因此笔者在借鉴前人研究成果及调研的基础上编制了相应的量表。

二是研究内容的创新。本研究检验了工作满意和组织承诺的三个维度分别对组织支持感与组织公民行为关系的中介作用。鉴于过去的研究对组织支持感对组织公民行为的间接效应关注不多，对规范承诺及持续承诺分别对组织支持感与组织公民行为关系的中介作用的探讨几乎是空白。因此本书的研究在该方面具有一定的创新性。

1.5 研究框架

本研究的框架由七部分组成。

第一章是绪论部分。该部分包括提出研究问题，明确研究的意义，确定研究对象、研究方法、技术路线，指出研究的创新之处及安排全文的逻辑结构等。

第二章是文献综述部分。该部分总结了相关研究对组织支持感、工作满意度、组织承诺和组织公民行为的代表性定义，分析了四个变量的前因变量及后果变量，总结了关于每个变量维度构成的主要观点，且列举了每个变量主要的测量工具。

第三章是理论模型与研究假设部分。在探讨变量关系的基础上，本研究提出了组织支持感影响组织公民行为的整合理论模型，并提出了相应的假设。

第四章是问卷设计与预测试部分。该部分包括测量工具的编制，利用预测数据对量表进行项目分析和探索性因素分析，并进行信度检验等。

第五章是正式测试与数据质量评价部分。该部分包括对正式测试获取的数据进行描述性分析、验证性因子分析，并进行信度检验等。

第六章是假设检验与结果分析部分。该部分包括对数据进行独立样本T检验与单因素方差分析，对变量关系进行相关分析，对变量关系进行回归分析，对中介效应进行结构方程模型的检验等。

第七章是研究结论与研究展望部分。该部分总结了研究结论，指出了研究发现对高职院校教师人力资源管理的启示，并指出了该研究存在的不足及未来的研究方向。

第二章

文 献 综 述

本研究旨在探讨高职院校教师组织支持感对组织公民行为的影响机制，包括直接影响及通过工作满意度和组织承诺而产生的间接影响，因此本章分别对组织支持感理论、组织承诺理论、工作满意度理论、组织公民行为理论的相关研究进行了梳理。

2.1 组织支持感理论相关研究

2.1.1 组织支持感的定义

组织与员工间应具有互利互惠的关系，既有组织对员工的承诺也有员工对组织的承诺。鉴于过去的研究过多关注了员工对组织的承诺，而忽视了组织对员工的承诺，Eisenberger、Huntington、Hutchison 和 Sowa 提出了组织支持感这个概念。他们将组织支持感定义为员工对组织重视其贡献及关心其福祉所持有的总体信念。❶基于社会交换理论（social exchange theory），Eisenberger 及其同事认为，员工会基于这类信念来推断组织对其的承诺，而组织对员工的承诺则有助于员工对组织的承诺。后来，George、Reed、Ballard、Colin 和 Fielding 对组织支持感的内涵增加了新的诠释。他们主张，组织支持感还可被视为，在员工

---

❶ EISENBERGER R, HUNTINGTON R, HUTCHISON S, SOWA D. Perceived organizational support[J]. Journal of Applied Psychology, 1986, 71: 500–507.

需要有效工作和应对压力情境时能从组织中获得帮助的确信与保证。❶基于中国的文化背景，凌文辁、杨海军和方俐洛将组织支持感定义为：员工知觉到的组织对其工作上的支持、对其利益的关心和对其价值的认同。❷我国台湾学者林钲棽、萧淑月和何慧清在总结若干学者看法的基础上将组织支持定义为：组织不仅关心员工的福利与需求，提供必要的资源，还能给予员工适时恰切的赞扬与表彰，并重视那些对组织有所贡献的员工。❸

组织支持感源自员工心目中组织的人性化特质。Levinson最早提出了组织拟人化思想。❹在他看来，员工不会把组织看作没有生命的物质机构，而往往把人类的特征投射到组织身上，然后与自己心目中具有人类特点的组织发生联系；员工往往把组织代理人的行为和意图视为组织的意图，而不仅仅将其归因于代理人的个人动机；员工会将组织通过代理人对其采取的支持性或非支持性的措施，作为评判组织是否重视他们的贡献及关心他们福利的标准。组织的政策、规范和组织文化通过组织代理人的角色行为持续不断地体现出来，作用于每个员工；员工透过组织的化身，将其得到的来自组织的愉快的或不愉快的对待视为组织重视其贡献及关心其福祉程度的标准。❺根据社会交换理论和互惠规范（norm of reciprocity）❻❼，组织给予员工的支持会赢得员工的回报；组织对员工的关心与重视是促使员工愿意留在组织内，并为组织做出贡献的重要原因。高水平的组织支持感不但会促使员工感到有义务承诺于其雇主，还会促使其通过展现出诸如支持组织目标等行为来报答组织对其的承诺。也就是说，员工会通过使自己的态度、行为与组织对其的承诺相称，来取得其与组织交换关系中

❶ GEORGE J M, REED T F, BALLARD K A, et al. Contact with AIDS patients as a source of work-related distress: effects of organizational and social support[J]. Academy of Management Journal, 1993, 36: 157–171.

❷ 凌文辁, 杨海军, 方俐洛. 企业员工的组织支持感[J]. 心理学报, 2006, 38(2): 281–287.

❸ 林钲棽, 萧淑月, 何慧清. 社会交换理论观点下组织支持、组织知识分享行为与组织公民行为相关因素之研究: 以信任与关系为分析切入点[J]. 人力资源管理学报, 2005, 5(1): 77–110.

❹ LEVINSON H. Reciprocation: the relationship between man and organization[J]. Administrative Science Quarterly, 1965, 9: 370–390.

❺ 陈志霞. 知识员工组织支持感对工作绩效和离职倾向的影响[D]. 武汉: 华中科技大学, 2006: 43.

❻ BLAU P. Exchange and power in social life[M]. New York: Wiley, 1964.

❼ GOULDNER A W. The norm of reciprocity: a preliminary statement[J]. American Sociological Review, 1960, 25: 161–178.

的平衡。❶Eisenberger、Fasolo 和 Davis-LaMastro 的研究表明，组织支持感与完成工作中的责任意识、对组织的承诺及创新积极相关。❷而且，员工知觉到组织对自己的重视及关心也会增强这种信念，即组织会履行认可和奖赏所希望的员工态度与行为的义务。

2.1.2 组织支持感的前因变量

组织支持感的影响因素大体可以分为组织因素和个体因素两类。

第一，在组织因素方面。Rhoades 和 Eisenberger 在一项元分析研究中指出，公平、上级支持、组织报酬与工作条件作为来自组织的三类感知的友好对待，会提高员工的组织支持感。❸程序公正可分为结构因素与社会因素两类，前者包括正式规则与政策，而这些规则与政策涉及对员工产生影响的决策；后者又称互动公平，包括尊重员工、为员工提供关于结果如何决定的信息等。上级作为组织的代理人，他们如何对待员工会被视为组织是否支持员工的表征。组织报酬与工作条件主要涉及奖励、报酬、晋升、工作安全性、自主性、角色压力、培训、组织规模等。不过，Rhoades 和 Eisenberger 进一步指出，在影响组织支持感的这三类主要的组织因素中，报酬与有利的工作条件被认为有最小的效应，只有被认为是代表了组织的自愿的、有目的的行为时，这种对待才会对员工的组织支持感有所贡献。这是因为，组织之所以采取许多报酬措施及有利的工作条件通常被归因于外部环境对组织的压力而不是组织自主自愿的选择。外部环境压力如组织需遵守的劳动合同上所规定的有关报酬与工作规则的条款、政府有关健康与安全的规定，及如果违背就会产生不良公众效应的社会规范等。

人力资源管理实践被认为与员工的组织支持感有密切关系。高绩效工作系统具有严格的选拔程序、基于能力的内部晋升、申诉程序、交叉职能与交叉培

❶ WAYNE S,SHORE L M,LIDEN R C. Perceived organizational support and leader-member exchange:a social exchange perspective[J]. Academy of Management Journal,1997,40:82–111.

❷ EISENBERGER R,FASOLO P,DAVIS-LAMASTRO V. Perceived organizational support and employee diligence,commitment,and innovation[J]. Journal of Applied Psychology,1990,75:51–59.

❸ RHOADES L,EISENBERGER R. Perceived organizational support:a review of the literature[J]. Journal of Applied Psychology,2002,87(4):698–714.

训团队、高水平的培训、信息共享、参与机制以及基于群体和技能的薪酬等特征。❶陈志霞、陈传红在研究中指出，支持性人力资源管理实践中的上级支持、参与决策、程序公正等维度分别对组织支持感有显著积极效应。❷

领导风格如变革型领导（transformational leadership）、家长式领导（paternalistic leadership）、真实型领导（authentic leadership）、服务型领导（servant leadership）与组织支持感间的密切关系已被相关研究所证实。

变革型领导者关注下属成长，善于激发下属的工作动机，善于构建一个结合组织发展与个人成长的远景，并能使这个共同的远景成为下属工作动机的源头，赋予个人工作以较为深刻的意义。❸储成祥、毛慧琴和江芮澜以国内不同地区通信企业的315名员工为有效样本，研究表明变革型领导能正向预测组织支持感，且组织支持感部分中介了变革型领导与工作敬业度的关系。❹

在郑伯埙、周丽芳和樊景立看来，家长式领导是一种在人治的氛围下，具有严明纪律与权威、父亲般的仁慈及道德廉洁的领导方式，包括仁慈领导（benevolent leadership）、德行领导（moral leadership）与威权领导（authoritarian leadership）等三个维度。❺德行领导要求领导者展现出较高的品行与修养；仁慈领导要求领导者对下属提供个别化的关怀；威权领导则强调领导者的权威不容挑战，要求下属绝对服从。林声洙、杨百寅以韩国在华某跨国公司的356名员工为有效样本，统计结果表明，家长式领导中的仁慈领导和德行领导均对组织支持感有显著积极影响，而威权领导则对组织支持感有显著负向影响；仁慈领导解释了组织支持感的27.4%的变异，德行领导解释了组织支持感的32.4%的变异，威权领导解释了组织支持感的11.9%的变异。❻

---

❶ DATTA D K，GUTHRIE J P，WRIGHT P M. Human resource management and labor productivity：does industry matter?[J]. Academy of Management Journal，2005，48（1）：135-145.

❷ 陈志霞，陈传红. 组织支持感及支持性人力资源管理实践对员工工作绩效的影响[J]. 数理统计与管理，2005，29（4）：719-727.

❸ BASS B M. Leadership and performance beyond expectation[M]. New York：Free Press，1985.

❹ 储成祥，毛慧琴，江芮澜. 领导行为、组织支持和员工敬业度的关系——以通信企业为例[J]. 北京邮电大学学报：社会科学版，2012，14（5）：91-99.

❺ 郑伯埙，周丽芳，樊景立. 家长式领导：三元模式的建构与测量[J]. 本土心理学研究，2000（14）：3-64.

❻ 林声洙，杨百寅. 家长式领导对员工工作满意度的影响：组织支持感的中介作用[J]. 现代管理科学，2013（2）：3-5.

诚信领导（又称真实领导、真诚领导）是一种源自并促进积极心理能力与积极伦理氛围两者的领导者行为模式，这种行为模式旨在促进领导者形成更完善的自我意识、内部化的道德标准、平衡的信息处理过程、与下属工作互动中的透明的关系、积极的自我发展。❶周海龙、田艳辉、王明辉和李永鑫以新疆维吾尔自治区和河南省的330名中小学教师为有效样本，探讨了真实型领导、组织支持感和知识分享行为的关系，研究结果表明，组织支持感部分中介了真实型领导与知识分享行为的关系。❷

Laub提出，服务型领导是思考领导的目的、领导者的真正角色以及下属潜能的一种不同的方式，服务型领导者把领导看作是服务他人及实现共享组织目标的机会。❸赵强以山东省泰安市6个县市区的356名中小学教师为有效样本，探讨了校长服务型领导与教师组织支持感和工作满意度的关系。研究结果表明，校长服务型领导对教师组织支持感具有显著积极影响，且组织支持感完全中介了服务型领导与教师工作满意度的关系。❹

第二，在个体因素方面。个性、心理契约（psychological contract）、心理距离（psychological distance）、对组织的信任、自我效能感、工作-家庭冲突（work-family conflict）等被发现会影响组织支持感。

在Aquino和Griffeth看来，作为两种相关的但不同的人格维度，倾向产生积极体验或消极体验的性格，能通过改变员工对组织的对待是善意还是恶意的解读方式影响其组织支持感。❺他们进一步指出，员工的个性可能会通过影响其行为进而影响到组织对员工的对待方式而对员工组织支持感产生影响。具体而

❶ WALUMBWA F O, AVOLIO B J, GARDNER W L, et al. Authentic leadership: development and validation of a theory-based measure[J]. Journal of Management, 2008, 34(1): 89–126.

❷ 周海龙, 田艳辉, 王明辉, 李永鑫. 真实型领导对教师知识分享行为的影响: 组织支持感的中介和调节作用[J]. 心理与行为研究, 2014, 12(2): 212–219.

❸ LAUB J A. Assessing the servant organization: development of the servant organization leadership assessment(SOLA) instrument[D]. Boca Raton, FL: Florida Atlantic University, 1999.

❹ 赵强. 校长服务型领导对教师组织支持感与工作满意度的影响研究[J]. 现代中小学教育, 2015, 31(2): 11–15.

❺ AQUINO K, GRIFFETH R W. An exploration of the antecedents and consequences of perceived organizational support: a longitudinal study[R]. University of Delaware and Georgia State University, 1999.

言，积极情感会使个体展现出豪爽的、友好的行为，从而使其给他人留下好的印象，而好的印象又会使其与同事及上级建立更有效的工作关系等。相反地，源自消极情感的退缩行为或攻击性行为会不利于发展友好的工作关系，进而降低员工的组织支持感。此外，作为人格维度中的尽责性，可能会促使员工提高其工作绩效，进而会使其受到组织更好的对待，最终提高该员工的组织支持感。❶

在 Rousseau 看来，心理契约是个体在雇用关系的背景下，对雇用双方相互义务的有关信念，这种信念是指员工对其外在和内在贡献（努力、能力和忠诚等）与企业诱因（报酬、晋升和工作保障等）之间交换关系的承诺、理解和感知。❷张昊智以吉林和沈阳两地的370名中学教师为有效样本进行研究，结果显示，教师心理契约中的学校责任与教师责任两维度是组织支持感的显著预测因子。❸

Salzmann 和 Grasha 用心理距离来描述工作中领导与下属之间的关系。他们强调，个人的背景如知识水平、工作能力、地位等是影响个体在工作中与他人互相关系的基本因素，基于与他人情感关系的不同感知，个体会将他人划分成不同的圈子，圈子之间的距离就是心理距离。❹王丽平、于志川和王淑华以北京、天津、河北、山东四个地区69家企业的329名员工为有效样本，探究了心理距离、组织支持感与知识分享行为的关系。❺研究结果显示，心理距离对组织支持感具有显著负向作用，且组织支持感部分中介了心理距离与知识分享行为的关系。

信任是建立在对对方行为积极预期基础之上的一种心理状态。信任者愿意

❶ RHOADES L, EISENBERGER R. Perceived organizational support: a review of the literature[J]. Journal of Applied Psychology, 2002, 87(4): 698–714.

❷ ROUSSEAU D M. New hire perceptions of their own and their employer's obligations: a study of psychological contracts[J]. Journal of Organizational Behavior, 1990, 11: 389–400.

❸ 张昊智. 中学教师心理契约、组织支持感与职业倦怠的关系研究[D]. 长春: 东北师范大学, 2009.

❹ SALZMANN J, GRASHA A F. Psychological size and psychological distance in manager subordinate relationships[J]. The Journal of Social Psychology, 1991, 131(5): 629–646.

❺ 王丽平, 于志川, 王淑华. 心理距离对知识分享行为的影响研究—基于组织支持感的中介作用[J]. 科学学与科学技术管理, 2013, 34(9): 37–45.

与对方维持一种关系，并愿意接受由于这种关系带来的风险。❶Yilmaz提出，组织信任是员工对组织表现出来的行为的一种信任程度，他们相信组织的行为对其是有益的或至少是无害的。❷Nik Azida Abd. Ghani 和 Tengku Ahmad Badrul Shah Raja Hussin 以马来西亚的3个州的25所私立高等教育机构的312名教师为样本，研究结果表明，教师对学校的信任是教师组织支持感的显著预测因子。❸

自我效能感是个体对自身能否完成某一活动所具有的能力的判断和信念。❹张霞以国内237名企业员工为有效样本，研究结果显示，职业决策自我效能感对组织支持感有积极显著预测作用，且组织支持感完全中介了职业决策自我效能感与组织承诺的关系。❺

工作-家庭冲突指的是源自个体工作角色与家庭角色的压力互不相容，出现难以调和的矛盾时所产生一种角色冲突，包括因工作方面的要求产生的工作-家庭冲突和因家庭方面的需要而产生的家庭-工作冲突。❻进而，Greenhus和Beutell将工作-家庭冲突分为工作-家庭时间冲突、工作-家庭压力冲突和工作-家庭行为冲突等三种类型。董加骥的研究发现，工作-家庭冲突的三个维度分别对组织支持感有显著负向效应。❼

人口统计学变量也是影响组织支持感的重要因素，不过这些因素常常是作为控制变量被研究的，以排除组织支持感与假设的前因变量间关系的其他解释。相关研究发现，年龄、职称、工作年限、职务、学历、婚姻、组织类型等

---

❶ MCALLISTER D J. Affect and cognition based trust as foundations for interpersonal cooperation in organizations[J]. Academy of Management Journal, 1995, 38(1): 24-59.

❷ YILMAZ K. The relationship between organizational trust and organizational commitment in Turkish primary schools[J]. Journal of Applied Sciences, 2008, 8(12): 2293-2299.

❸ GHANI N A A, et al. Antecedents of perceived organizational support[J]. Canadian Social Science, 2009, 5(6): 121-130.

❹ BANDURA A. Social foundation of thought and action[M]. Englewood Cliffs, NJ: Prentice-Hall, 1986: 6.

❺ 张霞. 职业决策自我效能感、组织支持感及组织承诺与离职倾向的关系研究[D]. 苏州: 苏州大学, 2008.

❻ GREENHAUS J H, BEUTELL N J. Sources of conflict between work and family roles[J]. Academy of Management Review, 1985, 10: 76-88.

❼ 董加骥. 工作-家庭冲突对IT员工工作绩效影响研究: 以组织支持感和自我效能感为中介变量的分析[D]. 杭州: 浙江工业大学, 2009.

人口统计学变量对组织支持感具有显著影响，但是相关研究发现并不一致。如雷嘉欣对来自238位企业员工的数据进行了分析，结果表明组织支持感在受教育程度上存在显著差异，大专及以下学历员工的平均组织支持感最高，博士次之，硕士最低。❶但是赵树雕的研究结果却显示，教育程度对中小学教师的组织支持感没有显著影响。❷焦殿龙以国内武警院校的271名教员为有效样本进行研究，结果表明，已婚教师的组织支持感显著高于未婚教师；职称对组织支持感有显著影响，职称越高的教师其组织支持感也高。❸但是陈丽媛以山东省滕州、邹城市的261名中小学教师为有效样本的研究结果显示，单身教师的组织支持感显著高于已婚教师。❹陈丽媛的研究表明，组织支持感在学校类型上存在显著差异，公办重点学校教师组织支持感显著高于公办非重点学校教师。范素平以国内216名企业员工为有效样本的研究结果表明，组织支持感在年龄上存在显著差异，26—30岁员工的组织支持感显著高于25岁及以下员工；工作年限对组织支持感有显著影响，一年及以下工龄员工显著高于2—5年工龄员工，10年以上工龄员工显著高于6—10年工龄员工。❺

此外，相关研究表明，某些个体因素、组织因素与组织支持感之间的关系会受到其他变量的调节。一是员工对组织行动自由的感知对支持性工作条件与组织支持感关系的调节作用。❻根据社会交换理论，被员工认为是组织自愿行为结果的支持性工作条件会更有助于员工的组织支持感，组织自愿提供的支持性工作条件反映了组织对员工的重视。二是上级在组织中的地位对上级支持感与组织支持感关系的调节作用。❼上级支持感与组织支持感关系的强度依赖于员工

---

❶ 雷嘉欣. 组织报酬期望、感知组织支持与工作满意度的关系研究[D]. 广州：中山大学，2008.

❷ 赵树雕. 中小学教师组织公民行为与组织支持感的相关研究[D]. 重庆：西南大学，2008.

❸ 焦殿龙. 武警院校教员组织支持感知与组织承诺关系研究[D]. 长沙：国防科学技术大学，2010.

❹ 陈丽媛. 中小学教师心理契约、组织支持感与组织公民行为的关系研究[D]. 曲阜：曲阜师范大学，2011.

❺ 范素平. 企业员工组织支持感、敬业度与工作绩效的关系研究[D]. 成都：西南财经大学，2012.

❻ EISENBERGER R，CUMMINGS J，ARMELI S，LYNCH P. Perceived organizational support，discretionary treatment，and job satisfaction[J]. Journal of Personality and Social Psychology，1997，82：812-820.

❼ EISENBERGER R，STINGLHAMBER F，VANDENBERGHE C. Perceived supervisor support：contributions to perceived organizational support and employee retention[J]. Journal of Applied Psychology，2002，87（3）：565-573.

认为上级能够代表组织的程度。三是集体主义人格对工作经验和组织支持感关系的调节作用。具有集体主义倾向的员工会依据组织对待同事的方式，来判断组织如何对待自己，如果他们发现组织能公正地对待同事，其组织支持感就会提高。

2.1.3 组织支持感的结果变量

组织支持感的结果变量可以分为个人反应变量和组织反应变量两大类。

个人反应变量主要有组织承诺、组织公民行为、工作满意度、离职倾向、留任意向、工作绩效、工作倦怠、对组织的信任、幸福感、组织自尊（organization-based self-esteem）、知识分享行为（knowledge sharing）、组织沉默（organizational silence）、创新行为等。

朱震宇以连云港市10家制造企业的211名员工为有效样本，研究分析了组织支持感、组织承诺和工作满意度的关系。[1]结果表明，组织支持感与组织承诺及其五个维度，即感情承诺、规范承诺、理想承诺、经济承诺、机会承诺均显著相关，组织支持感对组织承诺及其五个维度有显著预测作用。

Chen、Aryee和Lee对来自中国南部某省份多个组织的190个上下级配对样本的数据进行分析，研究结果表明，组织支持感不但对组织公民行为的两个维度即责任意识和组织忠诚维度有直接显著积极效应，而且还通过组织信任和组织自尊对责任意识和组织忠诚有间接显著积极效应。[2]

孟祥菊以河南省郑州、平顶山和鹤壁等地市的三大电信运营商的264名员工为有效样本，研究结果显示，行业重组后，员工的组织支持感与工作满意度显著积极相关。[3]

Allen、Shore和Griffeth收集了两个样本的纵向数据，一个样本由215名柜台销售人员组成，另一个样本由197名保险代理人构成，两个样本数据的统计

[1] 朱震宇. 组织支持感知、工作满意度与组织承诺的关系研究——以连云港市制造企业为例[D]. 南京：南京理工大学，2007.

[2] CHEN Z X, ARYEE S, LEE C. Test of a mediation of perceived organizational support[J]. Journal of Vocational Behavior, 2005, 66: 457-470.

[3] 孟祥菊. 员工组织支持感、工作满意度与离职倾向关系研究——行业重组视角[J]. 工业技术经济，2010, 29(5): 98-103.

结果均表明，组织支持感透过组织承诺和工作满意度对离职倾向有显著负向预测作用。❶

组织支持感与工作绩效间的密切关系可以用社会交换理论来解释，员工如果感受到了组织的关心与尊重，出于回报心理，会更加努力工作，从而提高工作绩效。如陈志霞与陈剑峰以国内512名知识员工为样本探讨了组织支持感与工作绩效的关系，研究结果表明，组织支持感不但对工作绩效有直接显著积极影响，而且还通过工作满意度和情感承诺间接显著影响工作绩效。❷

土耳其学者Polat对来自12所小学的646名教师的数据进行统计分析，研究结果显示，小学教师组织支持感与组织信任感高度正相关，且前者是后者的有效积极预测变量。❸王黎华、徐长江以浙江省的266名中小学教师为有效样本，进行研究后表明，教师组织支持感与幸福感各维度存在显著正相关，组织支持感与工作倦怠显著负相关，组织支持感对教师幸福感具有显著正向预测作用，对工作倦怠具有显著负向预测作用。❹

在McAllister和Bigley看来，之所以组织环境会影响员工在工作场所中的自尊，乃是因为组织持续实施的以员工需要为中心的各种做法，为员工形成包括组织自尊在内的有关自我价值的信念提供了整合性的经验基础。❺内含于被组织友好对待的信息构成了员工关于自己是谁或自身被重视程度的反映性评价，而这种反映性评价则会有助于其组织自尊的提升。鉴于组织支持感是个体对组织关心与重视自己的程度进行评价的结果，因此Rhoades和Eisenberger认为，组织支持感可能有助于员工提升其价值感与能力感。❻

❶ ALLEN D G, SHORE L M, GRIFFETH R W. The role of perceived organizational support and supportive human resource practices in the turnover process[J]. Journal of Management, 2003, 29(1): 99-118.

❷ 陈志霞, 陈剑峰. 组织支持感影响工作绩效的直接与间接效应[J]. 工业工程与管理, 2008(1): 99-104.

❸ POLAT S. The effect of organizational support perception of teachers on organizational trust perception of their schools[J]. African Journal of Business Management, 2010, 4(14): 3134-3138.

❹ 王黎华, 徐长江. 组织支持感对中小学教师幸福感与工作倦怠的影响[J]. 中国临床心理学杂志, 2008, 16(6): 574-576.

❺ MCALLISTER D J, BIGLEY G A. Work context and the definition of self: how organizational care influences organization-based self-esteem[J]. Academy of Management Journal, 2002, 45: 894-904.

❻ RHOADES L, EISENBERGER R. Perceived organizational support: a review of the literature[J]. Journal of Applied Psychology, 2002, 87(4): 698-714.

当员工感知到较高的组织支持时，会通过增加知识分享来回报组织；相反，当员工感知到较低的组织支持时，会通过减少知识分享来保持心理平衡。如初浩楠以326位知识型员工为有效样本，研究发现，组织支持感对显性知识共享和隐性知识贡献均有显著积极效应，且组织支持感对隐性知识共享的效应大于对显性知识共享的效应。❶

在 Morrison 和 Milliken 看来，组织沉默指的是多数员工面对组织中潜在的问题选择保留他们观点的集体文化现象。❷Morrison 和 Milliken 进一步指出，并不是任何没有交流都代表了员工沉默现象的出现，只有当不发言源于个体有意识地保留重要信息如建议、担忧和问题等时，才属于沉默行为。组织沉默对组织变革的发展来说是一个潜在的危险性障碍，且可能会阻止真正的多元化组织的形成。组织对员工的关心与重视有助于员工减少沉默现象。康乐乐以国内272名企业员工为有效样本进行分析，结果表明，组织支持感对组织沉默的三个维度即默许性沉默、防御性沉默和漠视性沉默分别具有显著负向预测作用。❸

Scott 和 Bruce 认为，个体创新指的是从问题辨析开始，然后产生创新构想或问题解决方案，并为自己的创新构想提供支持，最后将创新构想产品化的过程。❹组织支持能使员工感受到信任、鼓励与奖励，因此有助于个体表现出创新性。顾远东、周文莉和彭纪生以248名高新技术企业的研发人员为有效样本，探讨了组织支持感对研发人员创新行为的影响机制。❺研究结果显示，组织支持感对研发人员创新行为有显著积极影响，组织支持、主管支持和同事支持等组织支持感的三个维度均对创新行为有显著预测力。

目前学界对组织支持感结果变量的讨论主要集中于个人反应方面，仅有少数研究关注了组织支持感的组织反应变量，如组织学习、组织吸引力等。组织

❶ 初浩楠. 正式控制和组织支持感对知识共享影响的实证研究[J]. 科技管理研究,2011(7):157-161.

❷ MORRISON E W,MILLIKEN F J. Organizational silence:a barrier to change and development in a pluralistic world[J]. Academy of Management Review,2000,25:706-731.

❸ 康乐乐. 家长式领导、组织支持感与员工沉默的关系研究[D]. 大连:东北财经大学,2012.

❹ SCOTT S G,BRUCE R A. Determinants of innovative behavior:a path model of individual innovation in the workplace[J]. Academy of Management Journal,1994,37(3):580-607.

❺ 顾远东,周文莉,彭纪生. 组织支持感对研发人员创新行为的影响机制研究[J]. 管理科学,2014,27(1):109-119.

学习主要包含四种信息处理过程，即知识获取、知识分发、知识解释及知识记忆。[1]组织支持能引发员工学习的内在动机，进而影响组织学习的主动性和努力程度等一些难以测量的因素[2]，此外还可能有助于提高组织学习频率。员巧云以国内254名企业员工为有效样本进行统计分析，结果表明，组织支持对组织学习的主动性及频率均有显著积极效应。[3]Casper的研究表明，组织支持感部分中介了工作–家庭福利中的子女照管、工作计划灵活性等两个维度与组织吸引力的关系，部分中介了工作计划灵活性与员工工作寻求意向的关系。[4]

2.1.4 组织支持感的维度与测量

第一，关于组织支持感的维度。在组织支持感的维度构成上，学界尚未达成一致看法。基于研究视角的不同，学者们提出了从单维度到多维度的一系列组织支持感维度构成的观点，主要如表2.1所示。总体看来，组织支持感的单维度观以及三维度观（工作支持、利益关心、价值认同）受到了学界更为广泛的认可。

第二，关于组织支持感的测量。为测量组织支持感，学者们开发了多种测量工具，主要如下。

Eisenberger及其同事编写的单维度组织支持感量表根据题目多寡有多种版本。① 由36个题目组成的原始量表，其中有18个题项反向计分，其内部一致性系数为0.97。[5]② Eisenberger、Fasolo和Davis-LaMastro从原始量表中抽取因子载荷最高的17个题目组成了一个新的量表，其在三个群体中内部一致性系数在

❶ HUBER G P. Organizational learning: the contributing process and the literatures[J]. Organization Science,1991,2(1):88–115.

❷ KING W R,MARKS J R. Motivating knowledge sharing through a knowledge management system[J]. Omega,2008(36):131–146.

❸ 员巧云. 组织支持与管理控制对组织学习影响的实证研究[D]. 南京:南京航空航天大学,2008.

❹ CASPER W J. The effects of work-life benefits and perceived organizational support on organizational attractiveness and employment desirability[D]. Fairfax, Virginia:George Mason University,2000.

❺ EISENBERGER R, HUNTINGTON R, HUTCHISON S, SOWA D. Perceived organizational support[J]. Journal of Applied Psychology,1986,71:500–507.

0.94—0.95。❶在同一项研究中，他们又从原始量表中抽取因子载荷最高的9个题目组成了另一个新量表，其在三个群体中内部一致性系数在0.74—0.80。③ Eisenberger、Cummings、Armeli和Lynch从原始量表中抽取因子载荷最高的8个题目组成的量表，其内部一致性系数为0.90。❷④ Eisenberger、Stinglhamber和Vandenberghe从原始量表中抽取因子载荷最高的3个题目组成的量表，其内部一致性系数在两个时间段分别为0.75和0.74。❸

表2.1　组织支持感维度构成的主要观点

代表学者	维度名称
Eisenberger,et al.[①]	组织支持感（情感性支持）
凌文轻、张治灿和方俐洛[②]	生活支持、工作支持
杨海军[③]	工作支持、价值认同、利益关心
Kraimer & Wayne[④]	适应支持（adjustment support）、生涯支持（career support）、财政支持（financial support）
陈志霞[⑤]	相对狭义视角：工具性支持、情感性支持。 相对广义视角：情感性组织支持、工具性组织支持、上级支持、同事支持。 广义视角：职业支持、重视和重用、能力发挥和抱负施展、人际支持、福利保障、宽容体谅、公正合理、关心尊重、生涯发展

❶ EISENBERGER R, FASOLO P, DAVIS-LAMASTRO V. Perceived organizational support and employee diligence, commitment, and innovation[J]. Journal of Applied Psychology, 1990, 75:51-59.

❷ EISENBERGER R, CUMMINGS J, ARMELI S, LYNCH P. Perceived organizational support, discretionary treatment, and job satisfaction[J]. Journal of Personality and Social Psychology, 1997, 82:812-820.

❸ EISENBERGER R, STINGLHAMBER F, VANDENBERGHE C. Perceived supervisor support: contributions to perceived organizational support and employee retention[J]. Journal of Applied Psychology, 2002, 87(3): 565-573.

续表

代表学者	维度名称
McMillian[6]	亲密支持、尊重支持、网络整合、信息支持、物质支持、人员支持；其中前三者可归于社会情感性支持，后三者可归于工具性支持
刘智强[7]	职业协助支持、上级支持、公正性支持、工作保障支持、尊重支持、亲密支持、社群支持

资料来源：①EISENBERGER R,HUNTINGTON R,HUTCHISON S,SOWA D. Perceived organizational support[J]. Journal of Applied Psychology,1986,71:500-507.

②凌文辁,张治灿,方俐洛. 中国职工组织承诺研究[J]. 中国社会科学,2001(2):90-102.

③杨海军. 企业员工组织支持感探讨[D]. 广州：暨南大学,2003.

④KRAIMER M,WAYNE S J. An examination of perceived organizational support as a multidimensional construct in the context of an expatriate assignment[J]. Journal of Management,2004,30:209-237.

⑤陈志霞. 知识员工组织支持感对工作绩效和离职倾向的影响[D]. 武汉：华中科技大学,2006.

⑥MCMILLIAN R. Customer satisfaction and organizational support for service providers[D]. Gainesville,Florida：University of Florida,1997.

⑦刘智强. 知识员工职业停滞测量与治理研究[D]. 武汉：华中科技大学,2005.

McMillian 开发了由 15 个题项组成的组织支持感量表。❶亲密支持、尊重支持、网络整合支持的内部一致性系数分别为 0.85、0.84、0.78，物质支持、人员支持、信息支持的内部一致性系数分别为 0.82、0.84、0.78。

凌文辁、杨海军、方俐洛基于中国的文化背景，开发了组织支持感量表。❷该量表由 24 个题目组成，分为 3 个维度，其总体同质性信度为 0.96；工作支持、利益关心和价值认同三个分量表的同质性信度分别为 0.92、0.89、0.85。

❶ MCMILLIAN R. Customer satisfaction and organizational support for service providers[D]. Gainesville,Florida：University of Florida,1997.

❷ 凌文辁,杨海军,方俐洛. 企业员工的组织支持感[J]. 心理学报,2006,38(2):281-287.

2.2 组织承诺理论相关研究

2.2.1 组织承诺的定义

组织承诺（organizational commitment）这个概念是由美国社会学家 Becker 于 1960 年首先提出的。半个多世纪以来，学界对组织承诺的研究不断深入，然而对其的定义却没有一致的看法。基于不同的研究视角，这些观点大体可分为四类：一是情感视角的定义；二是代价视角的定义；三是义务视角的定义；四是综合性定义。

第一，情感视角的定义。该类定义反映了员工对组织的感情依恋。如 Porter、Steers、Mowday 和 Boulian 将组织承诺定义为员工认同和融入组织的强度。❶他们进一步解释道，员工对组织的承诺至少有三个特征：一是对组织目标的高度信任与接受；二是愿意为组织付出额外的心力；三是对保持该组织的成员身份的强烈愿望。

第二，代价视角的定义。该类定义反映了员工对离开组织的代价的意识，表明组织承诺是员工对作为一个组织成员的利弊进行权衡的结果。如 Becker 将承诺定义为连续从事某种工作的倾向性，如果个体终止该工作则其累计的"单边投入"就会付诸东流。❷相似地，Kanter 提出，当留下来受益，离开则受损时，就会出现认知-持续承诺（cognitive-continuance commitment）。❸

第三，义务视角的定义。该类定义反映了员工留在组织的义务感。如 Marsh 和 Mannari 认为，拥有终生承诺（lifetime commitment）的员工认为留在公司从道义上讲是正确的，而不考虑其在公司的地位状况及满意度。❹Wiener 认为，承诺反映的是员工由于一般性内化规范压力的存在，而以符合组织目标及

❶ PORTER L W, STEERS R M, MOWDAY R T, BOULIAN P V. Organizational commitment, job satisfaction and turnover among psychiatric technicians[J]. Journal of Applied Psychology, 1974, 9(5):603-609.

❷ BECKER H S. Notes on the concept of commitment[J]. American Journal of Sociology, 1960, 66:32-40.

❸ KANTER R M. Commitment and social organization: a study of commitment mechanisms in Utopian communities[J]. American Sociological Review, 1968, 33(4):499-517.

❹ MARSH R M, MANNARI H. Organizational commitment and turnover: a predictive study[J]. Administrative Science Quarterly, 1977, 22:57-75.

利益的方式行事。❶

第四，综合性定义。Meyer和Allen主张，情感承诺、持续承诺和规范承诺应该看作组织承诺的三个组成部分，而不是三种不同的类型，并认为这三种承诺的共同点在于体现了员工与组织间关系的一种心理状态，这种心理状态对于员工是否留在组织具有重要意义。❷凌文辁、张治灿、方俐洛认为，组织承诺是员工对组织的一种态度，它可以解释员工为什么要留在某企业。❸这可以看作是对组织承诺的综合性定义。

在Steers看来，组织承诺之所以会引起人们的广泛关注，是因为三个方面的原因：一是相比工作满意度来说，组织承诺对离职倾向的预测力更强；二是高组织承诺的员工其工作绩效也更佳；三是组织承诺可作为组织效能的一个有用的预测指标。❹Bateman和Strasser也指出，学界之所以对组织承诺的研究热情不断，是因为组织承诺被一贯认为与下列因素相关：一是员工的行为，如工作找寻、离职、旷工及较弱程度上的绩效表现；二是员工的态度、情感与认知，如工作满意度、工作卷入、工作紧张等；三是员工的工作与角色特征，如工作自主性、责任性、工作多样性及统一性等；四是员工的个人特征，如年龄、性别、成就需要、工作年限等。❺除了以上这些因素外，人们还相信，与工作满意度相比，组织承诺是一种相对稳定的态度。这些均凸显了研究组织承诺的重要意义。

---

❶ WIENER Y. Commitment in organizations: a normative view[J]. Academy of Management Review, 1982(3):418-428.

❷ MEYER J P, ALLEN N J. A three-component conceptualization of organizational commitment[J]. Human Resource Management Review, 1991,1(1):61-90.

❸ 凌文辁,张治灿,方俐洛. 中国职工组织承诺研究[J]. 中国社会科学,2001(2):90-102.

❹ STEERS R M. Antecedents and outcomes of organizational commitment[J]. Administrative Science Quarterly,1977,22:46-56.

❺ BATEMAN T S, STRASSER S. A longitudinal analysis of the antecedents of organizational commitment[J]. Academy of Management Journal, 1984,27(1):95-112.

2.2.2 组织承诺的前因变量

组织承诺的前因变量大体上可分为个体因素和环境因素两类。

第一，个体因素。个体因素主要涉及人格特质、主观幸福感（subjective well-being）、工作满意度、工作倦怠、工作投入、职业认同、歧视感（perceived discrimination）、公平感、组织支持感、心理资本（psychological capital）、职业高原、工作压力、效能感、自尊、心理契约、人口统计学变量等。

在Salovey和Mayer看来，情绪智力（emotional intelligence）是社会智力的一种类型，它包括审视并区别自我与他人情绪的能力，以及利用相关信息去指导自我思维和行动的能力，由情绪自我意识、自信、移情、人际关系、压力容忍、动机控制等六个方面组成。❶情绪智力是决定一个人取得成功的一个重要因素，会直接影响到个体的心理健康与生活的满意程度。伊朗学者Anari以84位高中英语教师为样本，研究发现，情绪智力与组织承诺显著正相关。❷

吴云鹏、李文静、王鹏和高峰强以421名高职院校教师为有效样本，研究发现，人格中的外倾性与价值承诺显著积极相关，神经质与价值承诺、留任承诺、努力承诺显著负相关，精神质与努力承诺和留任承诺显著负相关，且组织承诺分别在外倾性与工作倦怠间、神经质和工作倦怠间有不完全中介效应；组织承诺在精神质和工作倦怠间有完全中介效应。❸

Diener、Suh、Lucas和Smith认为主观幸福感是一个综合性的概念，它包括人们的情感反应、具体领域的满意度状况以及对生活满意度的总体判断。❹他们将主观幸福感的组成部分分成四大类，即愉快的情感、不愉快的情感、生活满意度及具体领域的满意度。主观幸福感高的组织成员会有更多的积极情感、更少的消极情感及更高的生活满意度，因此也会利于其形成对组织的积极看法。

---

❶ SALOVEY P, MAYER J D. Emotional intelligence[J]. Imagination, Cognition and Personality, 1990(9): 185-211.

❷ ANARI N N. Teachers: emotional intelligence, job satisfaction, and organizational commitment[J]. Journal of Workplace Learning, 2012, 24(4): 256-269.

❸ 吴云鹏, 李文静, 王鹏, 高峰强. 职业高校教师组织承诺在人格特征和工作倦怠间的中介效应[J]. 中国心理卫生杂志, 2011, 25(7): 533-537.

❹ DIENER E, SUH E M, LUCAS R E, SMITH H L. Subjective well-being: three decades of process[J]. Psychological Bulletin, 1999, 125(2): 276-302.

严国栋、徐美雯以台湾地区900名公立初中学教师为有效样本，探究了教师追求快乐取向、主观幸福感与组织承诺的关系。研究结果表明，主观幸福感与组织承诺显著积极相关，主观幸福感的三个维度即正向情绪、负向情绪及生活满意度均对组织承诺具有显著解释力。❶

心理资本是个体一般积极性的核心心理要素，具体表现为符合积极组织行为标准的心理状态，它超越了人力资本和社会资本，并能够通过有针对性的投资和开发而使个体获得竞争优势。❷仲理峰以内蒙古四家国有企业的198对直接领导与下属为有效样本的研究表明，在控制了性别和年龄两个人口统计学变量后，心理资本的希望、乐观和坚韧性三种积极心理状态均对组织承诺有显著积极效应。❸

Zeinabadi收集了德黑兰地区131名小学校长和652名教师的配对数据，统计结果显示教师的内在工作满意度对价值承诺具有显著积极影响，且价值承诺部分中介了内在工作满意度与组织公民行为的关系。❹

职业认同与组织承诺间的密切关系已被相关研究所证实。如张伟锋以国内289名高校教师为有效样本，研究结果表明，职业认同能显著预测组织承诺，具体表现为单位认同对组织承诺具有正向预测作用，而社会认同和职业认同对组织承诺则有反向预测作用。❺

歧视感是个体对因其所属群体成员身份而被差别或不公平对待的知觉。❻歧视感能够影响组织成员的工作态度、行为甚至组织的财务健康状况，因此近年来受到了人们的关注。Ensher、Grant-Vallone和Donaldson以366名不同种族的

❶ 严国栋，徐美雯. 国中教师追求快乐取向、主观幸福感与组织承诺关系之研究[J]. 屏东教育大学学报：教育类，2012，38：93–126.

❷ LUTHANS F，AVOLIO B J，WALUMBWA F O，et al. The psychological capital of Chinese workers：exploring the relationship with performance[J]. Management and Organization Review，2005，1(2)：247–269.

❸ 仲理峰. 心理资本对员工的工作绩效、组织承诺及组织公民行为的影响[J]. 心理学报，2007，39(2)：328–334.

❹ ZEINABADI H. Job satisfaction and organizational commitment as antecedents of organizational citizenship behavior(OCB) of teachers[J]. Procedia Social and Behavioral Sciences，2010(5)：998–1003.

❺ 张伟锋. 高校教师职业认同、组织承诺及其关系研究[D]. 天津：天津师范大学，2010.

❻ MIRAGE L. Development of an instrument measuring valence of ethnicity and perception of discrimination[J]. Journal of Multicultural Counseling and Development，1994，22：49–59.

一线员工为有效样本，研究发现，上级歧视感和组织层面歧视感均对员工的组织承诺有显著负向效应。●

Garstka收集了南加利福尼亚有不同绩效评价结构的三个组织的337名员工的相关数据，研究发现，组织支持感与组织承诺显著积极相关。●

谢宝国、龙立荣（2008）的研究显示，在控制了性别、年龄、工作任期、工龄、学历、工作类型、企业性质后，职业生涯高原中的内容高原和中心化高原维度分别对组织承诺有显著负向效应。●

董敏敏以573名公务员为有效样本，探讨了工作压力源与组织承诺的关系。●结果表明，工作过载与情感承诺显著负相关，工作过载与规范承诺显著负相关，角色冲突与持续承诺显著负相关。同时该研究还发现，情绪耗竭对角色冲突和角色模糊影响情感承诺的过程具有显著负向调节作用，去人性化对角色模糊影响情感承诺、角色冲突和角色模糊影响规范承诺的过程都具有显著负向调节作用，职业效能降低对角色冲突和角色模糊影响持续承诺的过程具有显著负向调节效应；人-组织匹配在角色冲突、角色模糊影响情感承诺和持续承诺的过程中分别具有显著负向调节作用。

Ashton和Webb认为，教师自我效能感包括一般教学自我效能感和个人教学自我效能感两个方面，前者指教师能影响或改变学生学业结果的信念；后者指教师对个人所具备教学技巧或能力的信念。●张静的研究发现，中学教师的教学自我效能感与组织承诺显著积极相关，个人教学效能感可以显著预测组织承诺的各个维度，一般教学效能感可以显著预测理想承诺和规范承诺。●但是也有研

● ENSHER E A,GRANT-VALLONE E J,DONALDSON S I. Effects of perceived discrimination on job sat-isfaction,organizational commitment,organizational citizenship behavior,and grievances[J]. Human Resource Development Quarterly,2001,12(1):53–72.

● GARSTKA M L. The effects of performance appraisal structure on perceived organizational support and organizational commitment[D]. Unpublished master degree thesis,California State University,1993.

● 谢宝国,龙立荣.职业生涯高原对员工工作满意度、组织承诺和离职意愿的影响[J].心理学报,2008,40(8):927–938.

● 董敏敏.工作压力源、工作倦怠与组织承诺的关系研究:以公务员为例[D].杭州:浙江大学,2007.

● ASHTON P T,WEBB R B. Making a difference:teachers' sense of efficacy and student achievement[M]. New York:Longman,1986.

● 张静.中学教师教学效能、组织承诺和组织公民行为的关系研究[D].天津:天津师范大学,2007.

究表明，教师自我效能是组织承诺的结果变量。如林彩云、林启超的研究表明，教师组织承诺中的组织认同维度分别对教师自我效能的工作脉络效能、一般教学效能有显著积极效应，努力意愿分别对个人教学效能和一般教学效能具有显著积极预测效应，而留任倾向对教师自我效能无显著影响。[1]

连晖的研究表明，在控制了性别、年龄、学历、工龄、职能部门、公司性质后，组织自尊分别对情感承诺、规范承诺和持续承诺有显著积极效应。此外，组织自尊部分中介了价值认同、工作支持与情感承诺的关系；组织自尊部分中介了工作支持与规范承诺的关系。[2]

李原、郭德俊对心理契约和组织承诺二者间的异同进行了比较。[3]他们认为，二者的共同之处都是从个体角度出发来探讨员工与组织的关系。二者的差异是，组织承诺是单向的，是员工对于组织的感情；而心理契约是一种双向的关系，即员工对自己应承担责任的信念，及对组织应承担责任的信念，在此过程中，员工会对双方履行责任的程度进行对比。相关研究表明，心理契约是组织承诺的有效预测变量。如李志鹏的研究显示，心理契约满足对组织承诺有显著积极效应。[4]

人口统计学变量往往被作为控制变量加以考察。相关研究考察了性别、学历、职称、教龄、年龄、婚姻、工作年限等因素对组织承诺的影响。如李娜以四川省六所独立学院的247名教师为有效样本，研究结果表明，婚姻状况在组织承诺的经济承诺维度上存在显著差异，已婚教师的平均得分显著高于未婚教师；在机会承诺上，女教师得分显著高于男教师；在感情承诺上，30岁以下及51岁以上教师的得分显著高于其他年龄段；在理想承诺上，硕士及博士学历教师的得分显著高于其他学历教师，副教授和教授职称的教师得分显著低于讲师和助教。[5]崔国印以南京市669名高校教师为有效样本，研究发现教龄对组织承

❶ 林彩云,林启超. 小学教师组织承诺、教师自我效能与知识分享之关系研究[J]. 东海教育评论,2012,12:74-101.

❷ 连晖. 知识员工组织支持感、组织自尊和组织承诺的关系研究[D]. 上海:华东师范大学,2009.

❸ 李原,郭德俊. 组织中的心理契约[J]. 首都师范大学学报:社会科学版,2002(1):108-113.

❹ 李志鹏. 组织支持、心理契约、组织承诺和工作满意度关系研究——从国有商业银行员工留职视角的分析[D]. 杭州:浙江大学,2006.

❺ 李娜. 独立学院教师组织承诺与工作绩效实证研究[D]. 成都:西南交通大学,2007.

诺有显著影响，10年及以上教龄教师在情感承诺及持续承诺上得分均高于其他教龄教师。❶

所静、李祥飞、张再生、肖凤翔以国内1327名知识型员工为有效样本，探讨了工作年限与组织承诺的关系。❷研究发现，工作年限对情感承诺具有正向显著效应，对规范承诺有负向显著效应，但对持续承诺的效应不显著。同时，研究还发现，工作年限对情感承诺和规范承诺的效应分别受到了内在与外在薪酬的调节，具体表现为：①在高外在薪酬情况下，随着工作年限的增加，员工的情感承诺水平呈下降趋势；而在低外在薪酬情况下，员工情感承诺水平反而随工作年限的增加而提高。②相对于低外在薪酬的情况，在高外在薪酬的情况下，员工规范承诺的水平随着员工工作年限的增加下降得更快。③相对于低外在薪酬的情况，在高外在薪酬的情况下，情感承诺水平会随工作年限的增加提高得更快。

第二，环境因素。组织承诺的环境因素主要涉及领导方式、组织政策、工作条件、人力资源管理实践、组织文化、集体主义等。

Nguni、Sleegers和Denessen以坦桑尼亚545名公立小学教师为有效样本，研究结果表明，变革型领导对教师价值承诺与留任承诺均具有显著正向预测作用，交易型领导仅对留任承诺具有显著积极预测作用。❸Goh和Low以177名公司员工为有效样本，研究结果表明，服务型领导不但对组织承诺有直接显著积极效应，还通过对领导的信任对后者有间接显著效应。❹Garstka的研究表明，绩效评价结构对组织承诺有显著积极影响。❺

---

❶ 崔国印. 高校教师组织公平、组织承诺与离职倾向关系研究[D]. 南京:南京理工大学,2012.

❷ 所静,李祥飞,张再生,肖凤翔. 工作年限对知识型员工组织承诺的影响作用研究——基于内外在薪酬的调节作用[J]. 西安交通大学学报:社会科学版,2013,33(2):41-48.

❸ NGUNI S,SLEEGERS P,DENESSEN E. Transformational and transactional leadership effects on teachers' job satisfaction, organizational commitment, and organizational citizenship behavior in primary schools: the Tanzanian case[J]. School Effectiveness and School Improvement,2006,17(2):145-177.

❹ GOH S K,LOW B Z. The influence of servant leadership towards organizational commitment: the mediating role of trust in leaders[J]. International Journal of Business and Management,2014,9(1):17-25.

❺ GARSTKA M L. The effects of performance appraisal structure on perceived organizational support and organizational commitment[D]. Los Angeles ,California:California State University,1993.

工作特质涉及的因素比较广泛，如工作环境、薪酬与福利、安全感、回馈性、受尊重、必备的技能、自主性、挑战性、学习新知识与发展的机会、工作中的人际关系、工作的内在报酬等。林俊颖、侯雅婷、谢亚恒、徐慧莹以台湾地区花莲县340名公私立幼儿园教师为有效样本，研究结果表明，工作专业性、工作自主性、工作受尊重、人际互动等均对价值承诺有显著积极影响，工作劳累性则对价值承诺有显著负向效应。●

组织实施的人力资源培训与发展措施是对员工经济上和情感上的双重投入，体现了组织对员工的信任与承诺。根据互惠原则，员工会逐步认同组织的目标及价值，提升自己对组织的情感依恋。如张燕、刘三锁、章振、王辉的研究发现，人力资源培训与发展措施对组织承诺有显著积极效应，但是该效应会受到组织公平的调节，具体表现为：当员工感知到的分配公平低时，人力资源培训发展措施与组织承诺之间的相关要弱于分配公平高时两者之间的相关；在高程序公平条件下，分配公平对人力资源培训发展措施和组织承诺之间关系的影响作用要弱于低程序公平时的影响。●

绩效评价是人力资源管理实践中的重要组成部分，指的是上下级之间定期进行的正式互动，在这个过程中，上级检查下属的以往绩效，指出下属在完成绩效目标中的优缺点，并探讨如何提升能力，改进绩效，进而设定未来的绩效目标。●员工如果认为其绩效得到了组织的公正评价并给予了相应奖励，而且认为反馈信息有助于其提升自身能力的话，该员工的组织承诺水平应该会得到提升。李海、张勉、杨百寅的研究发现，绩效评价系统和绩效评价程序均对组织承诺有显著积极影响，且组织承诺中介了绩效评价与组织公民行为的关系。●不过，杜旌的研究发现，在企业效益好或不好时，无论采取何种考评方法，知识

● 林俊颖,侯雅婷,谢亚恒,徐慧莹. 工作特质与学前教师工作投入的因果关系:组织承诺的中介角色探究[J]. 教育与社会研究,2010,20:105-143.

● 张燕,刘三锁,章振,王辉. 人力资源培训发展措施与组织承诺——组织公平的作用[J]. 经济科学,2011(3):118-128.

● LATHAM G P, WEXLEY K N. Increasing productivity through performance appraisal[M]. Reading, MA: Addison-Wesley, 1994.

● 李海,张勉,杨百寅. 绩效评价对组织公民行为的影响:组织承诺的中介作用[J]. 管理工程学报,2010,24(1):146-152.

员工的组织承诺水平都没有显著性差异，只有当企业效益一般时，绩效考评方法才对知识员工的组织承诺有显著性影响；不论采取何种绩效考评方法，有效提高绩效考评中的程序公正感和过程满意度，都可以进一步提高知识员工的组织承诺。❶

　　Schein将组织文化定义为：一个组织在应对外部适应性和内部一体化问题过程中，创造、发现和发展的，被证明行之有效的，并用来教育形成长远正确认识、思考和感觉上述问题的基本假设。❷Zhu、Devos和Li以北京181名中小学教师为有效样本，研究结果显示，教师感知学校文化中的目标导向、领导方式及共享愿景等维度对组织承诺有显著积极影响。❸樊耘、阎亮、张克勤的研究表明，组织文化的激励性与公平性越强，员工情感承诺越强；组织文化的激励性与公平性通过组织的人力资源管理实践对员工的情感承诺产生正向影响。❹

　　组织文化的激励性是指文化本身所具有的激发组织成员与组织目标的实现保持一致的动机的特征，组织文化的公平性是指文化本身所具有的按照组织刚性要求的基本道德规范与行为准则保持正当的秩序、合理的待人处事的特征。❺樊耘、阎亮、余宝琦的研究发现，组织文化的公平性对情感承诺和持续承诺有显著积极效应，组织文化的激励性对情感承诺有显著积极效应，此外，组织文化的激励性对情感承诺的影响要强于组织文化的公平性。❻

　　集体主义是一种视集体的需要和利益重于个人的需要和利益的心理倾向，包括个人的群体融入性、个人利益的妥协性和对集体规范的服从性三个方面。❼

---

❶ 杜旌. 绩效考评对组织承诺和组织公民行为的影响研究[D]. 武汉：华中科技大学，2005.

❷ SCHEIN E. Organizational culture and leadership[M]. 4th ed. San Francisco：Jossey-Bass，2010.

❸ ZHU C，DEVOS G，LI Y. Teacher perceptions of school culture and their organizational commitment and well-being in a Chinese school[J]. Asia Pacific Education Review，2011，12：319-328.

❹ 樊耘，闫亮，张克勤. 组织文化、人力资源管理实践与组织承诺[J]. 科学学与科学技术管理，2012，33(9)：171-180.

❺ 樊耘，余宝琦，杨照鹏. 基于激励性与公平性特征的企业文化模式研究[J]. 科研管理，2007，28(1)：110-117.

❻ 樊耘，阎亮，余宝琦. 组织文化激励性与公平性对组织承诺的影响[J]. 软科学，2011，25(9)：86-90.

❼ WANGER J A. Studies of individualism-collectivism：effects of cooperation in groups[J]. Academy of Management Journal，1995，38(1)：152-172.

陈瑾、梁欢以国内336名企业员工为有效样本的研究表明，集体主义的群体融入性、利益妥协性、规范服从性三个维度均对情感承诺有显著正向作用，群体融入性和规范服从性对规范承诺有显著正向效应，群体融入性和利益妥协性对持续承诺有显著负向效应。[1]

2.2.3 组织承诺的结果变量

组织承诺的结果变量大体上可以分为个人反应与组织反应两类。

第一，个人反应。个人反应变量主要包括组织公民行为、消极工作行为、工作绩效、离职倾向、知识分享、工作满意度、人力资本（human capital）、敬业度、创新行为等。

O'Reilly和Chatman的研究表明，组织承诺（分为服从、认同和内化三个维度）对离职倾向有显著影响，组织承诺的认同维度对组织公民行为有显著效应，组织承诺对工作绩效的作用不明显。[2]Meyer、Stanley、Herscovitch和Topolnytsky的元分析结果表明，组织承诺的结果变量有离职倾向与退缩认知、旷工、工作绩效、组织公民行为、压力/疲劳感、工作-家庭冲突。[3]

在组织承诺与工作绩效之间关系的研究中，最有代表性的理论模式为Mowday、Porter和Steers提出的组织承诺的前因后果模式。[4]模型如图2.1所示。

---

❶ 陈瑾,梁欢.集体主义对组织承诺的影响研究[J].浙江社会科学,2013(2):101-105.

❷ O'REILLY C A,CHATMAN J. Organizational commitment and psychological attachment: the effects of compliance,identification and internalization on prosocial behavior[J]. Journal of Applied Psychology,1986,71:492-499.

❸ MEYER J P,STANLEY D J,HERSCOVITCH J, TOPOLNYTSKY L. Affective,continuance,and normative commitment to the organization: a meta-analysis of antecedents,correlates,and consequences[J]. Journal of Vocational Behavior,2002,61:20-52.

❹ MOWDAY R T,PORTER L W,STEERS R M. Organizational linkage: the psychology of commitment,absenteeism,and turnover[M]. New York: Academic Press,1982.

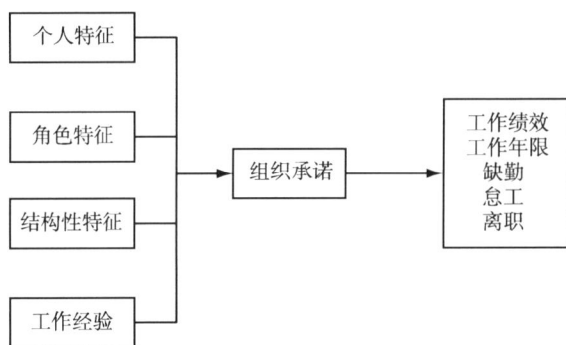

图2.1　Mowday、Porter和Steers的组织承诺前因后果模型

　　Mowday及其同事提出的组织承诺理论模式综合了个人特征、角色特征、结构特征、工作经验等前因变量，透过组织承诺影响工作绩效。其中，个人特质包括年龄、工作年限、受教育水平、性别、种族及人格特质等；角色特征包括工作范围、挑战性、角色冲突、角色模糊等；结构性特征包括组织规范、工会介入、控制幅度、正式化、分权程度、决策参与度等；工作经验包括组织可依赖性、个人重要性、期望程度、团体规范等。

　　基于前人的研究，Mathieu和Zajac提出了另一个组织承诺前因后果理论模型，揭示了组织承诺与工作绩效的关系模式。❶模型如图2.2所示。

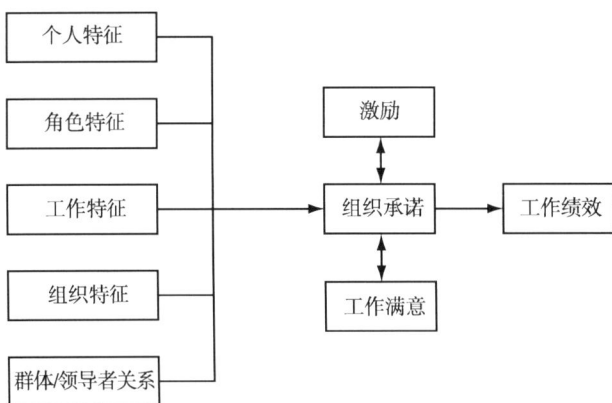

图2.2　Mathieu和Zajac的组织承诺理论模型

---

❶ MATHIEU J E，ZAJAC D M. A review and meta-analysis of the antecedents，correlates，and consequences of organizational commitment[J]. Psychological Bulletin，1990，180（2）：171-194.

该模型把个人特征、角色特征、工作特征、组织特征、群体/领导者关系作为前因变量，组织承诺作为中介变量，把激励和工作满足作为相关变量，工作绩效作为结果变量。个人特征包括年龄、性别、教育程度、婚姻状况、职位年限、组织工作年限、成就的知觉、技能水平、薪水、新教工作伦理、职位层级等。角色特征包括角色模糊、角色冲突、角色负荷过重等；工作特征包括工作多样性、工作自主性、工作挑战性、工作范围；组织特征包括组织大小、组织集权；群体/领导者关系包括群体凝聚力、任务相依性、领导者的创意、领导者的体恤、领导者的沟通、参与式领导等。激励包括整体激励、内在激励、工作投入、压力、职业承诺、工会承诺等；工作满足包括整体满足、内在满足、外在满足、上级、同事、升迁、薪酬、工作本身等。工作绩效包括他人的评价、产出的衡量、感知工作替代、寻找工作意向、离职意向、出勤、迟到、离职等。

员工沉默与组织报复行为（organizational retaliatory behavior）均属于消极组织工作行为。Duan、Lam、Chen和Zhong以国内17家国有企业的361名员工为有效样本，研究发现，情感承诺分别对沉默、组织报复行为有显著负向效应，且情感承诺中介了领导公正与沉默、组织报复行为的关系。[1]

知识分享是知识拥有者对知识需求者的"施教"行为，旨在帮助知识需求者的学习，发展其新行动的能力，可分为分享个人内在知识、分享学习机会及促进他人学习等三个方面。[2]林彩云、林启超以台中市408位小学教师为有效样本，探讨了教师组织承诺、教师自我效能感和知识分享行为的关系。[3]研究结果表明，组织承诺的组织认同维度对分享个人内在知识和促进他人学习有显著积极影响，努力意愿维度对知识分享的三个维度均有显著积极影响，而留职意向维度对知识分享的三个维度均没有显著影响。

Bateman和Strasser收集了129名护理人员的纵向数据，研究了组织承诺的

———————————

[1] DUAN J Y, LAM W, CHEN Z G, et al. Leadership justice, negative organizational behaviors, and the mediating effect of affective commitment[J]. Social Behavior and Psychology, 2010, 38(9):1287-1296.

[2] SENGE P. Sharing knowledge[J]. Executive Excellence, 1997, 15:11-12.

[3] 林彩云, 林启超. 小学教师组织承诺、教师自我效能与知识分享之关系研究[J]. 东海教育评论, 2012, 12:74-101.

前因变量，结果发现总体工作满意度不是组织承诺的前因变量，而是后者的结果变量。[1]对此，Bateman和Strasser解释道，这可能是因为在员工承诺于其组织后，满意态度才会有意义地产生。而事实上，组织承诺会产生得相当早，或许进入组织之前的经历就会促使员工产生组织承诺。

郑洲全、李秀如采用专业能力、专业承诺和创新能力三个层面来衡量教师人力资本。[2]其中，专业能力指的是教学评价、辅导、评价、班级经营、沟通等能力；专业承诺指的是教师以教育工作为乐，认同教学工作，能遵守教师伦理规范，对工作与学生愿意付出等；创新能力指的是新方法、新策略的采用，教学的检讨改进，以及参与创新教学设计等。他们的研究发现，教师的情感承诺、持续承诺分别对人力资本有显著积极效应，而规范承诺对人力资本则有显著负向效应。

吴文婷以202名涉农企业员工为有效样本，探讨了组织承诺与敬业度的关系，研究结果表明，情感承诺、理想承诺分别对敬业度中的组织认同、活力、任务聚焦、专注、价值内化、责任心等维度有显著积极效应；情感承诺对工作努力有显著积极效应；持续承诺对责任心有负向显著效应。[3]

吴文华以181名高科技企业知识型员工为有效样本，探讨了组织承诺与创新行为的关系。[4]结果表明，情感承诺和持续承诺分别对创新行为具有显著积极效应，而规范承诺对创新行为有显著负向效应。此外，该研究还发现，女性、大专以下学历、在国有或集体企业工作、2年以下工作年限等情况下，情感承诺对其创新行为起主导和积极的作用；而男性、26—35岁，硕士及以上学历，在私企工作，6年以上工作年限等情况下，持续承诺对创新行为起主导促进作用；而在25岁以下、国有或集体性质企业、2年以下工作年限等情况下，规范

---

❶ BATEMAN T S, STRASSER S. A longitudinal analysis of the antecedents of organizational commitment [J]. Academy of Management Journal, 1984, 27(1): 95-112.

❷ 郑洲全, 李秀如. 小学教师组织承诺与人力资本关系之研究——知识分享策略之中介效果[J]. 新竹教育大学教育学报, 2010, 27(1): 1-32.

❸ 吴文婷. 涉农企业员工组织承诺与敬业度关系的实证研究[J]. 武汉: 华中农业大学学报: 社会科学版, 2010, 86(2): 55-59.

❹ 吴文华. 组织承诺与创新行为的关系——基于高科技企业知识型员工的实证研究[J]. 管理现代化, 2011(6): 50-52.

承诺对创新行为负面影响比较显著。

第二，组织反应。组织承诺的组织反应变量主要有团队绩效、组织绩效等。吴万益、林志成、傅贞凤的研究发现，组织承诺中的价值承诺维度对组织绩效的财务维度、顾客维度、内部流程维度及学习成长维度均有显著积极效应。❶张晓芹的研究显示，情感承诺、规范承诺和持续承诺等组织承诺的三个维度均对团队绩效有显著积极影响。❷马苓的研究表明，教师组织承诺对大学绩效总体及社会满意、师生满意、流程绩效、战略绩效四个层面均具有显著影响，其中情感承诺和理想承诺对大学绩效各层面具有正向影响；而规范承诺和持续承诺对大学绩效各层面具有负向影响。❸

2.2.4 组织承诺的维度与测量

第一，关于组织承诺的维度构成。半个世纪以来，学者们基于各自的研究视角提出了不同的组织承诺维度结构，如单维度、二维度、三维度及五维度等，其代表性观点如表2.2所示。

表2.2　组织承诺维度构成的主要观点

研究者	维度构成
Becker[①]	单边投入（side bet），即持续承诺
Kanter[*]	持续承诺（continuance commitment）、凝聚承诺（cohension commitment）、控制承诺（control commitment）
Wiener[②]	规范承诺
Angle & Perry[③]	价值承诺（value commitment）、留任承诺（commitment to stay）
O'Reilly & Chatman[**]	顺从（compliance）、认同（identification）、内化（internalization）
Mayer & Schoorman[④]	持续承诺、价值承诺

❶ 吴万益,林志成,傅贞凤.领导形态与组织文化对组织承诺及组织绩效影响之研究——以台湾不同国籍制业厂为例[J].企业管理学报,2006,71:35-76.

❷ 张晓芹.组织承诺、组织公民行为与高管团队绩效的关系研究[D].江门:五邑大学,2008.

❸ 马苓.教师的组织承诺对组织公民行为及大学绩效的影响研究[D].天津:河北工业大学,2009.

续表

研究者	维度构成
Allen & Meyer	情感承诺、持续承诺、规范承诺
凌文辁、张治灿、方俐洛	情感承诺、理想承诺、规范承诺、经济承诺、机会承诺

资料来源：①BECKER H S. Notes on the concept of commitment[J]. American Journal of Sociology,1960,66:32-40.

②WIENER Y. Commitment in organization: a normative view[J]. Academy of Management Review,1982(3):418-428.

③ANGLE H L,PERRY J L. An empirical assessment of organizational commitment and organizational effectiveness[J]. Administrative Science Quarterly,1981,26(1):1-14.

④MAYER R C,SCHOORMAN F D. Predicting participation and production outcomes through a two-dimensional model of organizational commitment[J]. Academy of Management Journal,1992(3):671-684.

注：*持续承诺主要涉及个体的认知取向(cognitive orientation)的形成，它反映的是，当社会系统的参与者考虑收益与损失时，发现离开该系统的损失大于收益，因而留下来。凝聚承诺主要涉及个体的精神取向(cathectic orientation)的形成，它反映的是，感情纽带将个体与群体连在一起，并使其在与他人的相处中获得满足感。控制承诺指的是个体坚守团体规范与制度，它主要涉及个体积极的评价取向(evaluative orientation)的形成。——KANTER R M. Commitment and social organization: a study of commitment mechanisms in Utopian communities[J]. American Sociological Review,1968,33(4):499-517.

**O'Reilly & Chatman基于Kelman的研究提出了这种组织承诺维度划分方法。——O'REILLY C A,CHATMAN J. Organizational commitment and psychological attachment: the effects of compliance, identification and internalization on prosocial behavior[J]. Journal of Applied Psychology,1986,71:492-499.

Kelman在一项有关个体态度转变基础的研究中指出，个体能够以三种不同的方式接受影响：一是顺从或交换；二是认同或依附；三是内化或价值趋同。当个体接受某种态度或行为不是因为共享的信念而是为了获得特定的报酬时，顺从就发生了；当个体接受某种影响并建立令人满意的关系，即个体为自己是团队的一员而骄傲，尊重团队的价值和成就，但并没有把团队的价值或承诺视为自己的时，认同就发生了；当个体的价值与团队或组织的价值趋同时，内化就发生了。——KELMAN H C. Compliance, identification, and internalization: three processes of attitude changes[J]. Journal of Conflict Resolution,1958,2:51-60.

在这些观点中，Allen和Meyer基于前人的研究提出的组织承诺三因素理论模型受到了广泛关注。该理论模型如图2.3所示。根据他们的观点，组织承诺包括三个维度，分别是情感承诺、持续承诺和规范承诺。情感承诺指的是员工对组织的感情依恋、认同感及卷入程度；持续承诺指的是基于员工离开组织带来的损失的承诺；规范承诺指的是员工感到有责任留在组织中。❶

---

❶ ALLEN N J,MEYER J P. The measurement and antecedents of affective, continuance and normative commitment to the organization[J]. Journal of Occupational Psychology,1990,63(1):1-18.

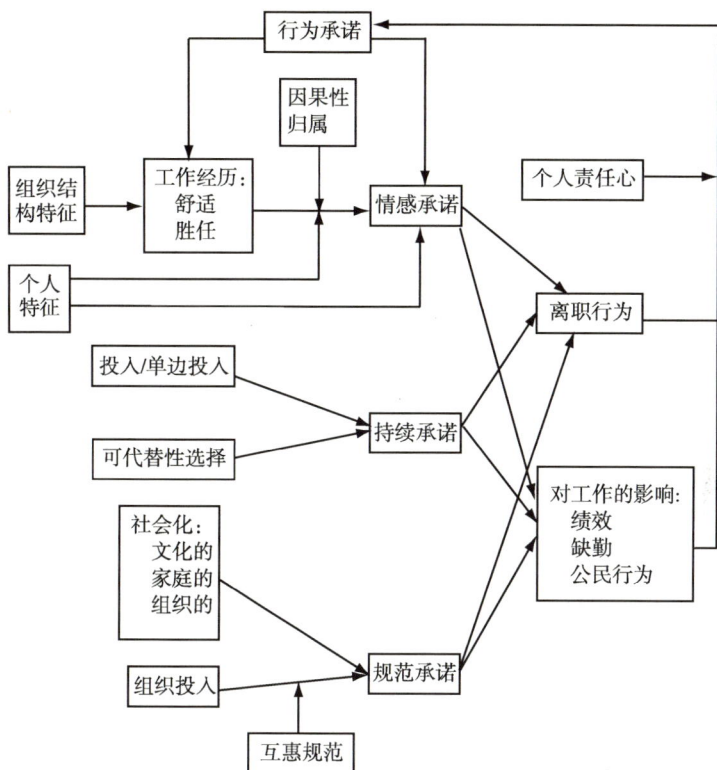

图2.3　Allen 和 Meyer 的组织承诺三因素理论模型

资料来源：MEYER J P,ALLEN N J. A three-component conceptualization of organizational commitment[J]. Human Resource Management Review,1991,1(1):61-90.

　　基于中国的文化背景，凌文辁、张治灿和方俐洛提出了组织承诺的五因素理论模型，这五个因素分别是感情承诺、理想承诺、规范承诺、经济承诺和机会承诺。[●] 其中，感情承诺指的是，员工对单位认同，感情深厚，愿意为单位的生存与发展做出贡献，甚至不计报酬，在任何情况下都不会跳槽。理想承诺指的是，员工重视个人的成长，追求理想的实现，因此非常关注个人的专长在该单位是否能得到发挥，单位是否能提供适当的工作条件、学习提高和晋升的机会。规范承诺指的是，员工对单位的态度和行为表现均以社会规范和职业道德为准则，对组织有责任感，认为应全身投入，对单位应忠诚热爱。经济承诺指

[●] 凌文辁,张治灿,方俐洛. 中国职工组织承诺的结构模型研究[J]. 管理科学学报,2000,3(2):76-81.

的是，员工因担心离开单位会蒙受经济损失，所以会留下来。机会承诺指的是，之所以待在该单位是因为找不到别的令其满意的单位，或者因为自身能力受限，另外的工作机会不好找。

第二，组织承诺的测量。在组织承诺的测量方面，目前应用比较广泛的量表主要有：

（1）Mowday 等学者编制的组织承诺问卷（Organizational Commitment Questionnaire）。[1]该问卷主要用来测量员工的情感承诺，由 15 个题目组成。因子分析表明，所有题项归属于同一个因子。

（2）Allen 和 Meyer 编制的组织承诺量表。[2]该量表由情感承诺、持续承诺与规范承诺等三个分量表组成，每个分量表均有 8 个题目，其内部一致性系数分别为 0.87、0.75、0.79。

（3）Meyer、Allen 和 Smith 对 1990 年量表的修订版。[3]题目经删减后，三个分量表各保留 6 个题目。情感承诺、持续承诺与规范承诺的内部一致性系数分别为 0.86、0.84、0.86。

此外，凌文辁、张治灿和方俐洛基于中国文化背景编制了组织承诺量表。[4]该量表包括情感承诺、理想承诺、规范承诺、经济承诺、机会承诺等五个分量表，量表总体及各分量表的 Cronbach α 系数分别为 0.67、0.85、0.79、0.69、0.81、0.82。

2.3 工作满意度理论相关研究

2.3.1 工作满意度的定义

由于研究视角不同，学者们对工作满意度的定义各有侧重。Hoppock 被认

---

[1] MOWDAY R T, PORTER L W, STEERS R M. The measurement of organizational commitment[J]. Journal of Vocational Behavior, 1979(14):224-247.

[2] ALLEN N J, MEYER J P. The measurement and antecedents of affective, continuance and normative commitment to the organization[J]. Journal of Occupational Psychology, 1990,63(1):1-18.

[3] MEYER J P, ALLEN N J, SMITH C A. Commitment to organizations and occupations: extension and test of a three-component conceptualization[J]. Journal of Applied Psychology, 1993(78):538-551.

[4] 凌文辁, 张治灿, 方俐洛. 中国职工组织承诺的结构模型研究[J]. 管理科学学报, 2000,3(2):76-81.

为最先对工作满意度进行了定义，即工作满意度是员工由于心理、生理及工作
环境等因素的影响而对工作本身产生的一种态度或情感反应。●Porter 和 Lawlar
认为，工作满意度取决于工作者对于工作实际报酬与预期报酬之差距，差距越
大，工作满意度越低；差距越小，工作满意度越高。●Locke 认为工作满意度是
个体对其工作、工作成就及工作体验评价后产生的一种积极愉悦的反应。●
Smith、Kendall 和 Hullin 认为，工作满意度是个体根据参考架构对工作特征加以
解释的结果，某种工作情境是否影响工作满意度涉及许多其他因素，如工作好
坏的比较、与他人的比较、个人的能力及过去的经验等。●Gruneberg 将工作满
意度定义为个体关于其工作的总体感觉，他认为工作本身、报酬、工作环境等
都是影响工作满意度的重要变量。●Okafor 同时定义了工作满意度和工作不满意
度，前者指的是员工对工作环境实现其需求程度的评价；后者指的是员工关于
工作的一种消极情感，这种情感会关联到反生产性的结果。●Igbaria 和 Guima-
raes 认为工作满意度是个体对工作不同构面及工作体验的基本情感反应。●Spec-
tor 认为工作满意度就是人们喜欢他们的工作的程度。●罗宾斯（Robbins）将工
作满意度定义为：个体对其所从事的工作的一般态度，工作满意度高，其对工
作就可能持积极的态度；工作满意度不高，其对工作就可能持消极的态度。●国
内学者陈敏、时勘认为，工作满意度是指组织成员根据其对工作特征的认知评

● HOPPOCK R. Job satisfaction[M]. New York：Happer & Row，1935.

● PORTER L W，LAWLAR E E. What job attitudes can tell us about employee motivation[J]. Harvard Business Review，1968，46（1）：118-126.

● LOCKE E A. What is job satisfaction?[J]. Organizational Behavior and Human Performance，1969，4：309-336.

● SMITH P C，KENDALL L M，HULIN C L. The measurement of satisfaction in work and retirement[M]. Chicago：Rand McNally，1969.

● GRUNEBERG E. Understanding job satisfaction[M]. New York：John Wiley and Sons，1979.

● OKAFOR A. An investigation of job satisfaction of unionized and nonunionized office workers[J]. Delta Pi Epsilon Journal，1985，27：48-59.

● IGBARIA M，GUIMARAES T. Antecedents and consequences of job satisfaction among information center employees[J]. Journal of Management Information Systems，1993，9（4）：145-174.

● SPECTOR P E. Industrial and organizational psychology：research and practice[M]. New York：John Wiley，1996.

● 罗宾斯. 组织行为学精要[M]. 8 版. 郑晓明，葛春生，译. 北京：电子工业出版社，2005：28.

价，比较实际获得的价值与期望获得的价值之间差距之后，对工作各个方面是否满意的态度和情感体验。❶由上述可知，尽管这些定义不尽一致，但是基本上都认可工作满意度是人们对其工作及工作环境所持有的一种情感态度。

2.3.2 工作满意度的前因变量

工作满意度的影响因素大体可分为个体因素和环境因素两类。

（1）个体因素对工作满意度的影响。

相关研究表明，人格、内部动机、积极或消极情感、成就需要、情绪智力、主观幸福感、胜任力、工作倦怠、组织承诺、组织支持感、心理弹性（psychological resilience）、情绪控制力、工作压力、职业认同、职业高原（career plateau）、工作价值观、工作不安全感（job insecurity）、组织公平感、组织政治知觉（perceptions of organizational politics）、工作-家庭冲突等因素会影响工作满意度。

人格是位于个体心理系统之内的动态组织，是决定个体思想与行为的独特模式。❷人格特质可分为五个向度，分别是神经质（neuroticism）、外向性（extraversion）、经验开放性（openness to experience）、宜人性（agreeableness）、勤勉性（conscientiousness）。Furnham、Eracleous 和 Chamorro-Premuzic 以202名全日制员工为有效样本的研究发现，人格中的尽责性对内在工作满意度、外在工作满意度及总体工作满意度有显著积极预测作用。❸

心理弹性（亦称心理韧性）是个体为保持或提高系统平衡，随着环境特征的变化而向任何一个方向调整个体独特的自我控制水平的动态能力。❹心理弹性意味着在暂时性的、需要适应的压力影响确实不存在后，个体具有的改变并恢复其独特的自我控制水平的能力。心理弹性不但有助于个体从预期的威胁中恢复，还有助于其提高适应生活的能力，因此被认为会影响到个体的工作态度。

❶ 陈敏,时勘.工作满意度评价及其在工业诊断中的应用[J].中外管理导报,2001,10:56-59.

❷ ALLPORT G W. Pattern and growth in personality[M]. New York:Holt,Rinehart & Winston,1961.

❸ FURNHAM A,ERACLEOUS A,CHAMORRO-PREMUZIC T. Personality,motivation and job satisfaction:Hertzberg meets the big five[J]. Journal of Managerial Psychology,2009,24(8):765-779.

❹ BLOCK J,KREMEN A M. IQ and egoresiliency:conceptual and empirical connections and separateness[J]. Journal of Personality and Social Psychology,1996,70(2):349-361.

如Roman-Oterwig的研究表明，教师的心理弹性是工作满意度的显著积极预测因子。❶

情绪控制力是情绪智力的一个核心组织部分，指的是调控自我及他人情绪状态的能力。Brakett、Palomera和Mojsa-Kaja的研究表明，教师情绪控制力通过校长支持和积极情感对工作满意度产生显著积极影响。❷

对于控制点（locus of control）的研究始于20世纪50年代。在Rotter看来，内/外部控制（internal versus external control）指的是人们对强化或其行为的结果是取决于他们的自己的行为或个性特征的期望，或者是对强化或行为结果是取决于机会、运气或命运，或是取决于强权者，或是完全无法预测的期望。❸Spector指出，具有内控特质（internal locus of control）的个体其工作满意度更高，因为他们更少处在一种令人不满意的工作状态中，而更可能在组织中取得成功。❹王学玛以广州和四川的346名护士为样本，研究结果显示，内控与内在满意度和整体满意度显著积极相关，外控与外在满意度显著积极相关，内控对工作满意度及各维度均有显著预测力。❺

鲁海军以四川成都200名高校教师为有效样本，研究结果显示，教师工作压力与工作满意度显著负相关，其中组织功能压力、人际沟通压力、职业发展压力、工作负荷压力对工作满意度有较好的预测力。❻

严玉梅收集了长沙8所高校共300名教师的有效数据，探讨了教师职业认同与工作满意、离职倾向的关系。❼分析结果表明，高校教师职业认同是工作满意度的显著积极预测变量，具体表现为职业认同中的职业认识、职业技能、职业情感、职业价值观等四个维度，均对工作本身满意度有显著积极预测作用，职

❶ ROMAN-OTERWIG S. Teacher resilience and job satisfaction[D]. North Carolina：University of North Carolina at Chapel Hill，2004.

❷ BRAKETT M A，PALOMERA R，MOJSA-KAJA J. Emotion-regulation ability，burnout，and job satisfaction among British secondary-school teachers[J]. Psychology in the Schools，2010，47（4）：406-418.

❸ ROTTER J B. Internal versus external control of reinforcement[J]. American Psychologist，1990，45：489-493.

❹ SPECTOR P E. Behavior in organizations as a function of employee's locus of control[J]. Psychological Bulletin，1982，91：482-497.

❺ 王学玛. 护士工作满意度、组织承诺、控制点与离职倾向的关系研究[D]. 广州：华南师范大学，2009.

❻ 鲁海军. 高校教师工作压力和工作满意度与组织承诺关系研究[D]. 成都：四川大学，2007.

❼ 严玉梅. 高校教师职业认同、工作满意度与离职倾向的关系研究[D]. 长沙：湖南师范大学，2008.

业认识和职业价值观对福利报酬满意度有显著积极预测作用。

职业高原是个体在职业生涯的某个阶段获得进一步晋升的可能性很小的状态[1]，而员工对职业高原的主观感受将会对其工作态度与行为产生重要影响。白光林、凌文辁和李国昊以592名员工为有效样本的研究结果表明，职业高原对工作满意度有显著负向预测作用，且工作满意度部分中介了职业高原与离职倾向的关系。[2]

刘建国以192名高职院校教师为有效样本，研究发现，工作价值观对工作满意度有显著积极效应，具体而言，工作价值观的能力和成长维度对领导管理、薪酬福利、工作环境、人际关系的满意度有显著积极效应；舒适和安全维度对薪酬福利、工作本身、人际关系的满意度有显著积极效应；地位和独立维度对工作本身、人际关系满意度有显著预测效应。[3]

工作不安全感是指个体对自己未来失去工作可能性的评价[4]，它是员工对目前的工作能否持续下去的一种不安的心理状态，会影响员工的工作态度与行为。陈佳雯、陆洛以大中华地区各类组织的380名全职工作者为有效样本，研究发现，对两岸三地的员工而言，工作不安全感与工作满意度显著负相关。不过，也有研究发现工作不安全感与工作满意度的关系受到了某些变量的调节。[5]如姚娜指出，情绪劳动的主动深度行为、被动深度行为和表面行为等维度分别调节了工作不安全感和工作满意度之间的关系，即主动深度行为在二者之间关系中起缓冲作用，被动深度行为和表面行为在二者之间关系中起加强作用。[6]

---

❶ FERENCE T P,STONER J A,WARREN E K. Managing the career plateau[J]. Academy of Management Review,1977,2(4):602-612.

❷ 白光林,凌文辁,李国昊. 职业高原维度结构与工作满意度、离职倾向的关系研究[J]. 科技进步与对策,2011,28(3):144-148.

❸ 刘建国. 高职院校教师工作价值观、工作满意度与组织承诺的关系研究[D]. 长沙:中南大学,2011.

❹ ANDERSON C J,PONTUSSON J,ANDERSON C J,PONTUSSON J. Workers,worries and welfare states:social protection and job insecurity in 15 OECD countries[J]. European Journal of Political Research,2007,46(2):211-235.

❺ 陈佳雯,陆洛. 大中华地区员工之工作不安全感与工作满意度及行为的关系:以情感性组织承诺为调节变项[J]. 组织与管理,2013,6(1):59-92.

❻ 姚娜. 高校教师情绪劳动在工作不安全感与工作满意度之间关系的调节效应研究[D]. 天津:天津师范大学,2010.

作为工作满意度的重要预测变量，组织公平感也受到学界的广泛关注。一般认为，员工的组织公平感越高，其工作满意度就越高。如李淑敏、李旭培、时勘以376名企业员工为有效样本探讨了组织公平与工作满意度的关系。[1]研究发现，组织公平对工作满意度有显著积极效应，但是二者间的关系受到了组织认同的调节，即在低分配公平组中，组织认同在程序公平对工作满意度的影响中存在调节作用，具体表现为与低组织认同的员工相比，当高组织认同的员工得到不利的分配结果时，程序公平对其工作满意度的预测作用更强。

潘明以浙江两所高校的216名教师为有效样本，探讨了薪酬公平感与工作满意度的关系。[2]研究发现，薪酬程序公平、薪酬分配公平、薪酬信息公平、薪酬人际公平分别与福利满意度、公平待遇满意度、报酬满意度、晋升机会满意度均显著积极相关。此外，该研究还发现，人格中的开放性与薪酬公平感对工作满意度具有显著积极交互作用，神经质与薪酬公平感对工作满意度有显著负向交互作用。

组织政治知觉是指个人对组织政治的认知与感受。组织政治指的是组织中的个人或团体在各自利益诉求存在分歧时，为维护或增加其各自利益而对其他个人或团体施加社会性影响过程中所采取的利己行为。[3]孙汉银以北京市557名中学教师为有效样本的研究表明，组织政治知觉与工作满意度显著负相关，但是二者的关系受到了组织公平的调节，具体表现为：组织公平调节了组织政治知觉的行政管理行为知觉维度与内在工作满意度的关系；组织公平调节了上级行为的政治知觉与内在工作满意度的关系。[4]

工作-家庭冲突与工作满意度之间的密切关系受到了相关研究的支持。Kossek和Ozeki的研究发现，工作-家庭冲突与较低的工作满意度或不满意正相关，并且工作-家庭冲突与工作满意度之间的相关关系要比家庭-工作冲突与工

❶ 李淑敏,李旭培,时勘. 组织公平对工作满意度的影响:组织认同的调节作用[J]. 人类工效学,2010,16(3):31-35.

❷ 潘明. 人格对高校教师薪酬公平感与工作满意度的缓冲作用探讨[J]. 心理学探析,2009(4):68-71.

❸ KACMAR K M, CARLSON D S. Further validation of the perceptions of politics scale(POPS):a multiple sample investigation[J]. Journal of Management,1997,23(5):627-658.

❹ 孙汉银. 组织公平对组织政治知觉与工作满意度之间关系的调节作用——以北京市中学教师为例[J]. 北京师范大学学报:社会科学版,2009(1):60-67.

作满意度之间强得多。●此外，还有研究发现，工作-家庭冲突与工作满意度的关系会受到某些变量的调节。如孙桂苓以325名高中教师为有效样本的研究表明，心理资本中的乐观维度能显著负向调节家庭-工作冲突与工作满意度的关系，即当家庭-工作冲突水平较高的时候，乐观水平高的个体仍旧能保持较高的工作满意度水平。●

人口统计学变量往往被作为控制变量加以考察。相关研究考察了性别、年龄、工作年限、学历、职称、婚姻等对工作满意度的影响，不过有些结论并不一致。

Oshagbemi收集了英国23所大学的554名教师的有效数据，探讨了工作满意度在性别上的差异。●研究结果比较有意思，即性别对大学教师工作满意度没有直接影响，但是性别与职称的交互作用对工作满意度的影响是显著的，女性高级职称教师工作满意度高于相同职称的男教师。

而国内学者杨彩青收集了河南和上海三所高校共329名教师的有效问卷，统计结果显示，性别对教师工作满意度有显著影响，具体表现为男教师的物质条件满意度、工作本身满意度及总体工作满意度均低于女教师。●

张丽芳以山西省675名中学教师为有效样本的研究表明，学历对教师工作满意度有显著影响，专科及以下学历教师的工作满意度显著高于本科及以上学历教师；同时，学历和学校性质的交互作用明显，在重点中学专科及以下学历教师工作满意度显著高于本科及以上学历教师，普通中学的专科及以下学历教师工作满意度显著低于重点高中专科及以下学历教师。●

刘建国以湖南六所高职院校的192名教师为有效样本的研究发现，婚姻对

● KOSSEK E E,OZEKI C. Work-family conflict,policies,and the job-life satisfaction relationship:a review and directions for organizational behavior-human resources research[J]. Journal of Applied Psychology,1998,83:139-149.

● 孙桂苓. 高中教师工作-家庭冲突与工作满意度关系研究[D]. 曲阜:曲阜师范大学,2009.

● OSHAGBEMI T. Gender differences in the job satisfaction of university teachers[J]. Women in Management Review,2000,15(7):331-343.

● 杨彩青. 普通高校教师工作压力、工作满意度与组织承诺关系研究[D]. 贵阳:贵州师范大学,2007.

● 张丽芳. 山西省中学教师工作满意度、激励偏好与工作投入的关系研究[D]. 石家庄:河北师范大学,2008.

工作环境满意度有显著效应，未婚教师工作环境满意度显著高于已婚教师；工龄对工作满意度有显著效应，两年及以下工龄教师的领导管理及薪酬福利满意度最高，十年及以上工龄教师的领导管理及薪酬福利满意度最低。❶

在中国目前的文化情境中，在学校担任一定的行政职务，意味着有更多的机会参与学校管理、与上级互动及个人发展，因此，担任行政职务的教师其工作满意度往往高于普通教师。如朱君伟的研究表明，工作性质对小学教师工作满意度有显著影响，行政管理人员在工作本身、与主管的关系及薪酬福利方面的满意度均高于学科任课教师及班主任教师。❷

（2）环境因素对工作满意度的影响。

环境因素主要涉及工作特征、组织特征、领导方式、组织文化、个人–组织匹配（person-organization fit）、沟通、领导–成员交换、劳动关系氛围、社会文化等。

卢嘉、时勘、杨继锋的研究表明，员工满意度的影响因素主要有企业形象（管理制度、客户服务、质量管理、参与管理），领导（管理者、工作认可），工作回报（报酬、福利、培训与发展、工作环境），工作协作（同事、沟通、尊重），工作本身（工作胜任感、成就感、安全感）等。❸鲁森斯（Luthans）提出，根据工作满意度的主要构面可以将其影响因素分为工作本身、薪水、晋升、上级的管理、工作团队、工作条件等六个方面。❹

研究表明，领导方式对下属的工作满意度有重要影响。Nguni、Sleegers 和 Denessen 的研究表明，变革型领导和交易型领导分别对工作满意度有显著积极影响❺。林声洙、杨百寅的研究表明，家长式领导中的德行领导、仁慈领导维度分别与工作满意度显著积极相关，威权领导与工作满意度显著负相关；在控制了人口统计学变量后，仁慈领导和德行领导对工作满意度的积极效应显著，而

---

❶ 刘建国. 高职院校教师工作价值观、工作满意度与组织承诺的关系研究[D]. 长沙：中南大学，2011.

❷ 朱君伟. 小学教师组织承诺、工作满意度与组织公民行为的关系研究[D]. 太原：山西大学，2008.

❸ 卢嘉，时勘，杨继锋. 工作满意度的评价结构和方法[J]. 中国人力资源开发，2001(1)：15-17.

❹ 鲁森斯. 组织行为学[M]. 王垒，译. 北京：人民邮电出版社，2003：160-161.

❺ NGUNI S, SLEEGERS P, DENESSEN E. Transformational and transactional leadership effects on teachers' job satisfaction, organizational commitment, and organizational citizenship behavior in primary schools: the Tanzanian case[J]. School Effectiveness and School Improvement, 2006, 17(2): 145-177.

威权领导对工作满意度的效应不显著。[1]吴宗佑以台湾地区249名企业员工为有效样本的研究显示，威权领导与下属工作满意度显著负相关，而且情绪智力中的自我情绪调节能力对二者的关系具有显著调节作用，即当调节自我情绪能力较高时，威权领导与工作满意度之间的负向关系越强。[2]王碧英指出，在控制了人口统计学变量后，公仆型领导（即服务型领导）中的为社区创造价值、授权、把下属放在首位、遵守道德规范等维度对工作满意度有显著积极预测效应。[3]

学校组织文化是在学校中经过长期内在系统运作与外在环境互动结果的产物，是学校组织成员共同持有的基本假设、价值、信念、规范及行为的综合体，它具有独特性，可使学校互相区别，规范并指导成员的行为。[4]Pan和Qin以湖南229名初级中学教师为有效样本，探讨了学校组织文化与教师工作满意度的关系。[5]研究结果表明，行政氛围对工作满意度中的工作本身、薪水、晋升、领导管理等维度有显著积极效应，教学氛围对工作本身、薪水、领导管理满意度有显著积极效应，学习氛围对工作本身、物质条件、晋升、领导管理满意度有显著积极效应。

个人-组织匹配探讨的是个体与组织间的相容性问题，体现为两个方面的匹配：一是二者有相似的特征，涉及组织文化、气氛、价值观、目标、规范与个体的人格、态度、价值观的关系，这是辅助性匹配；二是至少一方满足另一方的需要，涉及员工在知识、技能、经验、努力、承诺方面能否适应组织的需求，或者组织是否为员工提供了适当的财政、物质、心理资源及发展机会等，

──────────

❶ 林声洙,杨百寅.家长式领导对员工工作满意度的影响:组织支持感的中介作用[J].现代管理科学,2013(2):3-5.

❷ 吴宗佑.主管威权领导与部属的工作满意度与组织承诺:信任的中介历程与情绪智力的调节效果[J].本土心理学研究,2008(30):3-63.

❸ 王碧英.公仆型领导:量表的修订与作用效果[J].理论探讨,2010(2):153-156.

❹ 黄采凤.嘉义县小学学校组织文化与学校执行力之研究[D].嘉义:嘉义大学,2007.

❺ PAN X F, QIN Q W. An analysis of the relation between secondary school organizational climate and teacher job satisfaction[J]. Chinese Education and Society,2007,40(5):65-77.

这是补偿性匹配。[1]韩翼、刘竞哲以国内429名企业员工为有效样本的研究结果显示，在控制了人口统计学变量后，个人-组织匹配与工作满意度显著积极相关，个人-组织匹配对工作满意度有显著积极预测作用。[2]

在组织正常运行过程中，沟通发挥着黏合剂的作用，是一种重要的管理过程，其中，上下级沟通是组织中信息和影响传递的关键环节，其对员工的工作态度有着重要的影响。顾盼以浙江省部分地区的235名商业银行员工为有效样本，研究结果表明，上下级沟通的频率对工作满意度有显著积极效应。[3]

根据领导-成员交换理论（leader-member exchange），领导者会通过一系列的与工作相关的交换与下属形成不同的关系，即有一部分员工将会成为领导者的圈内人，而另一部分员工将会成为领导者的圈外人。[4]一旦某种质量的领导-成员关系建立起来，领导者与每个圈子成员的关系便会就有不同特征。[5]拥有高质量领导-成员交换的个体有更多自主做决定的权利，能获得特殊的信息以完成工作，在组织决策做出之前会被征求意见，以及会获得特殊指导的机会。Han和Jekel以美国一家医院的181护士为有效样本探讨了领导-成员交换、工作满意度和离职倾向的关系，研究结果显示，领导-成员交换与工作满意度显著积极相关，且工作满意度完全中介了领导-成员交换与离职倾向的关系。[6]

崔勋、张义明、瞿皎娇以国内1607名企业员工为有效样本，探讨了劳动关

[1] KRISTOF A L. Person-organization fit: an integrative review of item conceptualization, measurement and implications[J]. Personnel Psychology, 1996, 49: 1-49.

[2] 韩翼, 刘竞哲. 个人-组织匹配、组织支持感与离职倾向——工作满意度的中介作用[J]. 经济管理, 2009, 31(2): 84-91.

[3] 顾盼. 上下级沟通、角色压力与知识共享及工作满意度研究[D]. 杭州: 浙江大学, 2007.

[4] GRAEN G B, CASHMAN J. A role-making model of leadership in formal organizations: a developmental approach[C]//HUNT J, LARSEN L L. Leadership frontiers. Kent, OH: Kent State University, 1975.

[5] SEKIGUCHI T, BURTON J P, SABLYNSKI C J. The role of job embeddedness on employee performance: the interactive effects with leader-member exchange and organization-based self-esteem[J]. Personnel Psychology, 2008, 61: 761-792.

[6] HAN G H, JEKEL M. The mediating role of job satisfaction between leader-member exchange and turnover intentions[J]. Journal of Nursing Management, 2011, 19: 41-49.

系氛围与工作满意度的关系，及组织承诺的调节作用。❶研究发现，劳资双赢氛围显著地提升员工的内在和外在满意度，劳资对立氛围显著地降低员工的内在和外在满意度，员工参与氛围仅能显著提升员工的内在工作满意度。同时，员工情感承诺能显著增强劳资双赢氛围对内在和外在工作满意度的积极影响，能显著降低劳资对立氛围对内在工作满意度的消极影响，而对员工参与氛围的影响不具有调节作用。此外，研究还发现交易承诺不存在调节效果。

作为更大的背景因素，社会文化与工作满意的关系也受到了学界的重视。如 Lincoln 和 Kalleberg 的研究发现，持个人主义的美国人要比持集体主义的日本人在总体工作满意度上得分高。❷Sun 在研究中指出，对于美国员工和中国员工来说，集体主义均与工作满意度显著积极相关，而个体主义与工作满意度只有微弱相关。❸

2.3.3 工作满意度的结果变量

相关研究表明，高的工作满意度可以减少离职倾向、离职行为、工作倦怠、背离行为等。

根据 Ajzen 提出的计划行动理论（theory of planned behavior），个体对特定行为的态度、主观规范和行为控制知觉是其行为意向的三个独立的决定因素。❹在此基础上，Han 和 Jekel 指出，对工作不满意的员工将会产生对工作的消极态度，而对离职倾向则会产生积极态度；如果员工认为他们拥有控制离职行为的资源，并且离职行为与主观规范不冲突的话，他们可能将会形成离职倾向，而离职倾向则最终会导致离职。❺工作满意度与离职倾向之间的密切关系不仅有相

---

❶ 崔勋,张义明,瞿皎娇. 劳动关系氛围和员工工作满意度：组织承诺的调节作用[J]. 南开管理评论, 2012,15(2):19-30.

❷ LINCOHN J R, KALLEBERG A L. Work organization and workforce commitment: a study of plants and employees in U. S. and Japan[J]. American Sociological Review, 1985, 50:738-760.

❸ SUN S B. Predicting job satisfaction and organizational citizenship behavior with individualism-collectivism in P. R. China and the United States[D]. Tampa，FL: University of South Florida, 2001.

❹ AJZEN I. The theory of planned behavior[J]. Organizational Behavior and Human Decision Processes, 1991, 50:179-211.

❺ HAN G H, JEKEL M. The mediating role of job satisfaction between leader-member exchange and turnover intentions[J]. Journal of Nursing Management, 2011, 19:41-49.

关的理论依据，而且还得到了经验研究的支持。谭小宏、秦启文、潘孝福收集了国内611名企业员工的有效数据，分析结果表明，工作满意度与离职意向总体及换职意向、换岗意向分别显著负相关，工作满意度对换岗意向与换职意向分别具有显著负向预测作用。❶不过，也有研究表明，工作满意度与离职倾向之间的关系会受到某些变量的调节。如郭云贵以河南省4所高校的287名教师为有效样本的研究显示，工作嵌入（job embeddedness）对工作满意度与离职倾向的关系有显著正向调节作用，即工作满意度一致的情况下，对于那些工作嵌入性比较高的高校青年教师来说，工作满意度与离职倾向的关系相应变弱，而对于那些工作嵌入性比较低的高校青年教师来说，工作满意度与离职倾向的关系相应变强。❷

工作倦怠是一种心理上的症状，是个体长期面对工作压力的反应，可分为情感衰竭（emotional exhaustion）、去人性化（depersonalization）及低成就感（reduced personal accomplishment）三个层面。❸吴伟社以陕西省257名省直机关公务员为有效样本的研究表明，工作满意度总体及内在工作满意度、外在工作满意度维度分别对工作倦怠的玩世不恭、情绪衰竭维度具有显著负向预测作用，工作满意度整体与内在工作满意度对工作倦怠的低成就感有显著负向预测作用。❹

同时，高的工作满意度会提高留职意愿（intention to stay）、工作热情、工作敬业度（work engagement）、组织承诺、组织认同、组织公民行为、知识分享行为、建言行为、创新行为、工作绩效等。

员工是否愿意留任组织是其离职行为的有效预测变量，而其留任意愿之高

---

❶ 谭小宏,秦启文,潘孝福. 企业员工组织支持感与工作满意度、离职意向的关系研究[J]. 心理科学,2007,30(2):441-443.

❷ 郭云贵. 高校青年教师工作嵌入、工作满意度与离职倾向的关系研究[J]. 周口师范学院学报,2013,30(2):150-153.

❸ MASLACH C,JACKSON S E. Maslach burnout inventory-human service survey(MBI-HSS)[M]//MASLACH C,JACKSON S E,LEITER M P. Maslach burnout inventory manual. 3rd ed. Palo Alto,California:Consulting Psychologist Press,1996.

❹ 吴伟社. 公务员工作压力、工作满意度和工作倦怠关系研究——以陕西省省直机关为例[D]. 西安:西北大学,2008.

低又与工作满意度有密切联系。曾文彦以台湾地区北部228名地方公务人员为有效样本，研究发现，工作满意度对留任意愿有显著积极影响。❶

关于工作满意度与组织承诺的关系，学界尚不存在统一的认识，其中部分学者主张，工作满意度是组织承诺的有效积极预测变量。如Chen的研究表明，工作满意度对组织承诺有积极显著预测作用。❷也有部分学者主张，组织承诺是工作满意度的显著预测变量。

组织认同是个体感觉到的与组织的一致性或从属于组织，体现个体与组织在价值观上的一致性，是社会认同的特殊形式。❸张伟以山西331名国有企业员工为有效样本的研究发现，对管理者满意度、工作本身满意度、报酬满意度分别对组织认同有显著积极效应。❹

Schaufeli、Salanova、Gonzalez-Romá和Bakker将工作敬业度定义为一种与工作相关的积极的、完满的心灵状态，这种心灵状态以活力、奉献和专注为特征。❺他们进一步指出，工作敬业度不是一种暂时性的、具体的状态，并不聚焦于某种特定的物体、事件、个体或行为，而是一种更加持久且弥散性的情感–认知状态。李晓收集了大庆地区1133名中学任课教师、245名学校领导的有效数据，研究结果发现，任课教师工作满意度对工作敬业度有显著积极预测作用。❻

在学校文化背景下，教师间的知识分享对教育质量的提升具有重要意义：通过知识分享，个体教师可以有效扩充自己的教学经验体系，实现自身专业素养的快速提升；此外，知识分享可以有效防止因教学经验丰富的教师离职或退

---

❶ 曾文彦. 公务人员职家冲突、工作满意影响留任意愿、工作绩效与组织公民行为之研究——以工作中心性为干扰变项[D]. 台北：铭传大学，2011.

❷ CHEN L T. Exploring the relationship among transformational and transactional leadership behavior, job satisfaction, organizational commitment and turnover on the IT department of research and development in Shanghai, China[D]. Fort Lauderdale：Nova Southeastern University，2005.

❸ ASHFORTH B E, MAEL F. Social identity theory and the organization[J]. Academy of Management Review，1989，14(1)：20–39.

❹ 张伟. 国有企业员工的工作满意度、组织认同与组织公民行为关系的实证研究[D]. 广州：中山大学，2010.

❺ SCHAUFELI W B, SALANOVA M, GONZALEZ-ROMÁ V, BAKKER A B. The measurement of engagement and burnout：a confirmative analytic approach[J]. Journal of Happiness Studies，2002，3：71–92.

❻ 李晓. 学校领导行为、教师工作满意度及工作投入的关系研究[D]. 哈尔滨：哈尔滨师范大学，2012.

休而导致的知识流失，促进学校内公共知识的不断累积。Suliman 和 Al-Hosani 以 488 名石油企业员工为有效样本的研究显示，工作满意度对知识分享总体及知识贡献与知识收集两个维度均有显著积极预测效应。[❶]

段锦云、钟建安以长三角地区 17 家国有企业的 282 名白领员工为样本，探讨了工作满意度与建言行为的关系。[❷]研究发现，工作满意度与建言行为具有线性正向因果关系；同时，情感承诺对二者的关系具有正向缓冲作用，即工作满意度越高，情感承诺越高，员工更会做出建言行为。他们进一步指出，之所以满意感会线性地促进建言行为的发生，可能有两个原因。一是"特质激活"。这种基于联接主义（interactionism）的观点强调情境对特质表达（trait expression）的重要性，高满意感是一种积极的情绪状态，它会激活员工潜在的建言欲望，从而做出建言行为。二是基于社会交换的潜在认知动机。高满意感通常意味着对工作和福利措施满意，作为回报，员工此时更愿意投入工作中而贡献自己的智慧。

一般认为，工作绩效包括任务绩效和关系绩效两个方面。沈捷以国内不同工作部门的 104 名员工为有效样本的研究发现，工作满意度中的和谐因素与激励因素对工作绩效有显著积极效应，但是保健因素对工作绩效的效应不明显。[❸]周丽萍以国内 202 名高新技术企业员工为有效样本，研究结果表明，工作满意度可以有效预测任务绩效与周边绩效。[❹]

但是鲁森斯（Luthans）却认为，在工作满意度与绩效、效率的关系上没有单一的结论，结果是从弱到强是一个连续体。[❺]如 Iffaldano 和 Muchinsky 的一项元分析结果表明，工作满意度与绩效的相关系数只有 0.17。[❻]Hackett 的研究表

❶ SULIMAN A，AL-HOSANI A A. Job satisfaction and knowledge sharing：the case of the UAE[J]. Issues in Business Management and Economics，2014，2(2)：24-33.

❷ 段锦云，钟建安. 工作满意度与建言行为的关系探索：组织承诺的缓冲影响[J]. 管理工程学报，2012，26(1)：170-174.

❸ 沈捷. 知识型员工工作压力及其与工作满意度和工作绩效的关系研究[D]. 杭州：浙江大学，2003.

❹ 周丽萍. 基于组织待遇的组织支持感知、工作态度与工作结果关系研究[D]. 杭州：浙江大学，2006.

❺ 鲁森斯. 组织行为学[M]. 王磊，译. 北京：人民邮电出版社，2003.

❻ IFFALDANO M T，MUCHINSKY P M. Job satisfaction and job performance：a meta-analysis[J]. Psychological Bulletin，1985，97：251-273.

明，工作满意度与缺勤只存在弱的负相关。❶

同时，也有研究表明，工作满意度对前面提及的一些变量的影响并不显著。如Stewart的研究显示，工作满意度与留职意向相关并不显著。❷Baker通过元分析指出，工作满意度对退却行为几乎没有影响。❸由上述分析可知，工作满意与结果变量的关系是非常复杂的，因为在某个变量受到工作满意度影响的同时，还可能会受到其他因素的影响。

2.3.4 工作满意度的维度与测量

2.3.4.1 工作满意度的维度测量

从大的方面来看，工作满意度有单维和多维两种分类方法。关于工作满意维度划分的主要观点如表2.3所示。从表2.3可知，在工作满意度的多维划分中，其维度多有重叠之处。

表2.3 工作满意度维度构成的主要观点

研究者	维度
Vroom[①]	管理、晋升、工作性质、上级、薪酬、工作条件、同事
Smith, Kendall & Hulin[②]	工作、升迁、报酬、管理者、同事
Herzberg, Mausner & Snyderman[③]	激励因素：工作本身、升迁、成就、认可、责任 保健因素：薪酬、公司政策与管理、监管、人际关系、工作条件、工作保障
Spector[④]	薪水、升迁、上司、福利、奖赏、工作程序、同事关系、工作本身、沟通
Pond & Geyer[⑤]	总体工作满意度

---

❶ HACKETT R D. Work attitudes and employee absenteeism：a synthesis of the literature[J]. Journal of Occupational Psychology，1989，62(3)：235-248.

❷ STEWART D W. The relationship of job stress to job satisfaction and the intention of army nurse corps officers to stay in active military service[D]. Fairfax，Virginia：George Mason University，2002.

❸ BAKER W K. Antecedents and consequences of job satisfaction：testing a comprehensive model using integrated methodology[J]. Journal of Applied Business Research，2004，20(3)：41-44.

续表

研究者	维度
陈云英、孙少邦[⑥]	工作性质、职业投入感、人际关系、薪水、领导管理、进修提升、物理条件
冯伯麟[⑦]	自我实现、工作强度、工资收入、领导关系、同事关系

资料来源：① VROOM V H. Work and motivation[M]. New York: Wiley, 1964.

② SMITH P C, KENDALL L M, HULIN C L. The measurement of satisfaction in work and retirement[M]. Chicago: Rand McNally, 1969.

③ HERZBERG F, MAUSNER B, SNYDERMAN B. The motivation to work[M]. New York: John Wiley & Sons Inc. , 1959.

④ SPECTOR P E. Measurement of human service staff satisfaction: development of the job satisfaction survey [J]. American Journal of Community Psychology, 1985, 13: 693–713.

⑤ POND S, GEYER P. Differences in the relation between job satisfaction and perceived work alternatives among older and younger blue collar workers[J]. Journal of Vocational Behavior, 1991, 39: 251–261.

⑥ 陈云英, 孙少邦. 教师工作满意度的测量研究[J]. 心理科学, 1994, 17(3): 146–149.

⑦ 冯伯麟. 教师工作满意及其影响因素的研究[J]. 教育研究, 1996(2): 42–49.

2.3.4.2 工作满意度的测量

由于在工作满意度的定义与维度构成上意见不一，关于工作满意度的测量工具也不一而足。概括而言，工作满意度的测量工具大体上可分为多维量表与单维量表两类。比较有代表性的量表有：

（1）Smith 及其同事编制的工作描述指数量表（Job Descriptive Index，JDI）。[❶]该量表分为工作、升迁、报酬、管理者及同事等五个部分，各个构面分量表得分加总即为整体工作满意度。该量表目前已得到了广泛应用。

（2）Weiss 及其同事编制的明尼苏达工作满意度调查表（Minnesota Satisfaction Questionnaire，MSQ）。[❷]该量表共有三个版本可用，即1967年长式版、1977年长式版、1977年短式版。1977年长式版是经过对1967年长式版中的反应类别

[❶] SMITH P C, KENDALL L M, HULIN C L. The measurement of satisfaction in work and retirement[M]. Chicago: Rand McNally, 1969.

[❷] WEISS D J, DAWIS R V, ENGLAND G W, LOFQUIST L H. Manual for the Minnesota Satisfaction Questionnaire[J]. Minnesota Studies in Vocational Rehabilitation, 1967, 22: 1–119.

进行修改而形成的。1977年短式版是由从1977年长式版中抽出的20个题目组成的。长式版量表有100个题目，可测量员工对20个工作方面的满意度及总体满意度。短式版量表有20个题目，包括内在满意度、外在满意度和一般满意度3个分量表。

（3）Spector编制的工作满意度量表（Job Satisfaction Survey，JSS）。[1]该量表共有36个题目，采用李克特六点量表形式测量员工对薪水、升迁等九个方面的态度。总体满意度可用总分或平均分来表示。量表总体内部一致性系数为0.91，各分量表内部一致性系数在0.60—0.82之间。

（4）Schriesheim和Tsui编制的工作满意度量表。[2]该量表由六个题项组成，从工作本身、直接上级、同事关系、薪酬、晋升及总体满意度等方面对工作满意度进行测量，其内部一致性系数为0.73。

（5）Pond和Geyer修订的总体工作满意度量表（Global Job Satisfaction Scale，GJSS）。[3]该量表由六个题项组成，属于单维度量表，用来测量总体工作满意度，并不涉及具体的工作构面。

2.4 组织公民行为理论相关研究

2.4.1 组织公民行为的定义

组织的有效运行不仅需要成员完成角色规定的任务，还需要成员表现出某些超越角色规定的行为。Katz指出，一个运行良好的组织离不开三类行为：一是吸引人们进入并留在组织；二是成员以可靠的方式完成工作任务；三是在完成组织目标的过程中必须有超越角色规定的创新的、自发的行为。[4]他进一步提出，任何组织都无法预测其运行中的所有随机因素，无法准确判断环境的变

❶ SPECTOR P E. Measurement of human service staff satisfaction：development of the job satisfaction survey [J]. American Journal of Community Psychology，1985，13：693-713.

❷ SCHRIESHEIM C，TSUI A S. Development and validation of a short satisfaction instrument for use in survey feedback interventions[C]. [S. l.]：The Annual Meeting of the Western Academy of Management，1980.

❸ POND S，GEYER P. Differences in the relation between job satisfaction and perceived work alternatives among older and younger blue collar workers[J]. Journal of Vocational Behavior，1991，39：251-261.

❹ KATZ D. The motivational basis of organizational behavior[J]. Behavior Science，1964，9：131-146.

化，或者精确控制其成员的可变性，因此组织成员的创新行为、自发合作行为及保护性行为对组织的生存和效能来说非常重要。

在相关研究的基础上，Bateman和Organ等学者于1983年正式提出了组织公民行为这个概念。Organ对组织公民行为进行了操作化定义，即组织公民行为是指不会直接或明确地为正式的报酬体系所认可，但从整体上会提升组织运作效能的个体自主行为。❶Organ进一步解释道，此类行为不是劳动合约明确规定的工作角色所强制要求的，即使不做也不会受到惩罚；此类行为或许在未来会得到某些奖赏，但这些奖赏至多也是间接的、不确定的；此类行为会有助于组织效能的提升。

面对许多学者对组织公民行为界定条件的质疑，Organ重新审视了组织公民行为的操作性定义，认为对角色外行为和非合约报酬这两个条件的界定存在困难，于是在借鉴Borman和Motowidlo于1993年提出的关系绩效这个概念的基础上，将组织公民行为重新定义为支持完成任务绩效所需的社会与心理环境的绩效。❷尽管Organ同意组织公民行为与关系绩效是同义词，但他仍然坚持使用组织公民行为这个术语。根据定义，组织公民行为包括帮助他人、自愿以远高于最低要求的标准完成工作、严格遵守工作规定而不嫌给自己带来麻烦等行为。❸

在相关的研究中，存在着几个与组织公民行为含义比较接近的概念，如角色外行为（extra-role behavior）、亲社会组织行为、关系绩效（contextual performance）、组织自发行为等。Van Dyne和LePine的研究表明，角色内行为（in-role behavior）与角色外行为可被有意义地进行区分。❹角色内行为是被要求或被期望的行为，它构成了日常工作绩效的基石，如果员工没有完成被要求的行为，他们就不会得到组织的报酬，还可能丢掉工作，不完成角色内行为会导致

---

❶ ORGAN D W. Organizational citizenship behavior：the good soldier syndrome[M]. Lexington，MA：Lexington Books，1988.

❷ ORGAN D W. Organizational citizenship behavior：it's construct clean-up time[J]. Human Performance，1997，10(2)：85-97.

❸ ORGAN D W，RYAN K. A meta-analytic review of attitudinal and dispositional predictors of organizational citizenship behavior[J]. Personnel Psychology，1995，48：775-802.

❹ VAN DYNE L，LEPINE J A. Helping and voice extra-role behaviors：evidence of construct and predictive validity[J]. Academy of Management Journal，1998，41：108-119.

斥责及负面的经济后果。相反，角色外行为是积极的和自主性的：首先，它不会被工作要求所提前规定；其次，它不被正式的薪酬体系所认可；最后，即使不做这种行为也不会受到处罚。尽管如此，管理者还是很重视这类行为，因为变动不定的环境使得无法对所有期望的员工行为进行预测和规定。

Brief 和 Motowidlo 认为，帮助行为（helping）、分享行为（sharing）、捐献行为（donating）、合作行为（cooperating）及自愿行为（volunteering）等都属于亲社会组织行为，人们做出这些行为是在为别人谋福祉。❶他们进一步提出，亲社会组织行为具有以下特点：①这种行为是由组织中的某个成员做出的；②该行为是该成员在完成自己的组织角色任务时，指向与其互动的他人、团体或组织的行为；③该成员做出这种行为是为了提升他人、团队或组织的福祉。他们进而指出，亲社会组织行为中有的是组织功能性行为，利于组织的健康发展，而有的却不是，如组织成员帮助同事实现其个人目标，而其目标与组织目标却不一致；同时，亲社会组织行为有的属于角色规定的行为，最明显的是咨询工作与心理治疗工作，也有的是角色外的行为。但是 Organ 却认为，亲社会组织行为与组织公民行为的主要区别在于：亲社会组织行为可以是角色内职责规定的行为，也可以是角色外的行为，而组织公民行为属于角色外行为；此外，亲社会组织行为可能对个体有积极影响但是对组织可能有负面影响。❷

George 和 Brief 认为，组织自发行为是一种利于组织效能的岗位职责规定以外的自愿行为，它包括帮助同事（helping co-workers）、保护公司财产（protecting the organization）、提建设性的意见（making constructive suggestions）、自我发展（developing oneself）、传播良好意愿（spreading goodwill）五种形式。❸

❶ BRIEF A P, MOTOWIDLO S J. Prosocial organizational behaviors[J]. Academy of Management, 1986, 11: 710–725.

❷ ORGAN D W. Organizational citizenship behavior: the good soldier syndrome[M]. Lexington, MA: Lexington Books, 1988.

❸ GEORGE J M, BRIEF A P. Feeling good-doing good: a conceptual analysis of the mood at work organizational spontaneity relationship[J]. Psychological Bulletin, 1992, 112(2): 310–329.

Borman 和 Motowidlo 认为职务绩效包括任务绩效和关系绩效。[1]任务绩效是指任职者通过直接的生产活动、提供材料和服务对组织的技术核心所做的贡献，主要受经验、能力及与工作有关的知识等因素的影响。关系绩效则不是直接的生产与服务行为，它并不支持技术核心本身，而是支持技术核心运行于其中的社会及心理环境的行为，包括自愿行为、组织公民行为、亲社会组织行为、组织奉献以及与特定工作任务无关的绩效行为，如自愿承担额外的工作、帮助同事等，它能够促进组织内的沟通，对社会沟通能起润滑的作用，降低紧张的情绪反应，可以促进任务绩效的完成，从而有助于提升组织的整体效能。进而，Borman 和 Motowidlo 将组织公民行为、亲社会组织行为及其他的一些概念整合进关系绩效的框架内。[2]根据他们的观点，关系绩效分为五个维度，分别是：帮助他人和与他人合作（helping and cooperating with others）、支持与维护组织目标（endorsing, supporting and defending organizational objectives）、遵守组织规章制度（following organizational rules and procedures）、对工作保持热情并付出额外努力以成功地完成自己的工作任务（persisting with enthusiasm and extra effort as necessary to complete own task activities successfully）、自愿承担额外的任务（volunteering to carry out task activities that are not formally part of own job）。

这些概念都是对员工岗位职责之外的自发性行为的描述，彼此间多有重叠之处。孙建群、段锦云、田晓明认为组织公民行为和关系绩效是两个术语不同但相通的概念，组织公民行为的结果便是关系绩效。[3]同时他们认为，角色外行为和负面组织行为属于自愿性工作行为，前者包括组织公民行为、建言行为、周边或关系绩效、亲社会组织行为、组织自发行为、个体自主性等；后者包括反生产行为、沉默行为、越轨行为、反社会组织行为、不当行为和组织报复行为等。

---

[1] BORMAN W C, MOTOWIDLO S J. Expanding the criterion domain to include elements of contextual performance[M]//SCHMITT W C. Personnel selection in organizations. San Francisco: Jossey-Bass, 1993: 71-98.

[2] BORMAN W C, MOTOWIDLO S J. Task performance and contextual performance: the meaning for personnel selection research[J]. Human Performance, 1997, 10(2): 99-109.

[3] 孙建群, 段锦云, 田晓明. 组织中员工的自愿性工作行为[J]. 心理科学进展, 2012, 20(4): 561-574.

2.4.2 组织公民行为的前因变量

组织公民行为的影响因素大体上可分为个体因素和环境因素两类。

（1）个体因素。

相关研究表明，影响组织公民行为的个体因素主要有工作满意度、组织承诺、职业承诺、组织信任、组织认同（organizational identification）、工作卷入（job involvement）、工作嵌入、工作敬业度、工作倦怠、犬儒主义（cynicism）、公平感、组织支持感、心理契约、印象管理（impression management）、心理授权、心理所有权（psychological ownership）、心理资本、胜任特征、工作价值观、工作-家庭冲突等。

Organ 和 Ryan 的一项元分析表明，工作满意度是组织公民行为强有力的预测因素。[1]潘孝福、谭小宏、秦启文、王蕾对来自重庆和湖南郴州的1325名中小学教师的有效数据进行分析，结果显示，教师工作倦怠的情绪枯竭、低成就感、去人性化维度分别是组织公民行为的显著负向预测因素。[2]

万涛以国内183名员工为有效样本探讨了信任与组织公民行为的关系。[3]结果表明，对组织领导的信任与员工的组织公民行为显著积极相关，但是二者间的关系受到了心理授权整体及能力和自我决策两个维度的调节作用。具体表现为：在高心理授权、高意义和高自我决策的条件下，信任对组织公民行为的影响更为显著；而在低心理授权、低意义和低自我决策的条件下，直线的斜率变小，趋于平缓，信任对组织公民行为的影响减弱。

组织认同是指个体用组织成员的身份来定义自我的程度，是个体感知到的和组织的同一性。[4]组织认同对员工的工作态度及行为具有重要影响。

李旭培、王桢、时勘以北京市219名公务员为有效样本探讨了组织认同与

---

[1] ORGAN D W, RYAN K. A meta-analytic review of attitudinal and dispositional predictors of organizational citizenship behavior[J]. Personnel Psychology, 1995, 48: 775-802.

[2] 潘孝福, 谭小宏, 秦启文, 王蕾. 教师组织公平感与组织公民行为：工作倦怠的中介作用[J]. 心理发展与教育, 2010(4): 409-416.

[3] 万涛. 信任与组织公民行为：心理授权的调节作用实证研究[J]. 南开管理评论, 2009, 12(3): 59-66.

[4] ASHFORTH B E, MAEL F. Social identity theory and the organization[J]. The Academy of Management Review, 1989, 14(1): 20-39.

组织公民行为的关系，研究发现，在控制了人口统计学变量后，组织认同对帮助行为和谏言行为具有正向预测作用。[1]此外，该研究还发现上级信任感在组织认同与帮助行为、组织认同与谏言行为的关系上具有调节作用，具体表现为：上级信任感较高时，组织认同对帮助和谏言行为有正向影响；上级信任感较低时，组织认同对帮助和谏言行为的影响并不显著。

Paullay、Alliger 和 Stone-Romero 主张，工作卷入是个体在认知上专心从事、承诺及关心自己目前工作的程度。[2]如果员工对工作有积极的感情，其将会更加积极地看待组织的目标及规章制度。那些高工作卷入的员工将会为组织目标的实现投入相当的努力，而更少可能离开所在组织。Chen 和 Chiu 对来自台湾地区 323 对员工与直接上级的匹配数据进行统计分析后发现，工作卷入对组织公民行为具有显著积极预测效应。[3]

工作嵌入指的是个体与组织的内外环境存在着复杂的关系，这些关系形成一张网络，使个体"深陷"其中，并成为其中的一个结点，其行为在不同程度上会受到网络中各种关系的影响。[4]单鑫以开封和郑州四家企业的 278 名员工为有效样本，探讨了工作嵌入、工作满意度与组织公民行为的关系。[5]研究结果显示，工作嵌入的部分维度对组织公民行为部分维度分别有显著积极效应。

鉴于敬业的员工会比不敬业的员工在工作时更投入，因此他们应该会更愿意超出正式工作角色的规定而参与组织公民行为。此外，由于敬业度反映了个体对工作的关注与结合程度，它会培育一种心智框架，在其中个体的工作角色被认为包含了范围更广的一系列行为，而这些行为最终将有益于组织。[6]张萍以

[1] 李旭培，王桢，时勘. 组织认同对公务员组织公民行为的影响：上级信任感的调节作用[J]. 软科学，2011,25(8):82-86.

[2] PAULLAY I M, ALLIGER G M, STONE-ROMERO E F. Construct validation of two instruments designed to measure job involvement and work centrality[J]. Journal of Applied Psychology, 1994,79(2):224-228.

[3] CHEN C C, CHIU S F. The mediating role of job involvement in the relationship between job characteristics and organizational citizenship behavior[J]. The Journal of Social Psychology, 2009,149(4):474-494.

[4] MITCHELL T R, HOLTOM B C, LEE T W, et al. Why people stay: using job embeddedness to predict voluntary turnover[J]. Academy of Management Journal, 2001,44(6):1102-1121.

[5] 单鑫. 工作嵌入与工作满意度、组织公民行为的关系研究[D]. 开封：河南大学，2011.

[6] RICH B L, LEPINE J A, CRAWFORD E R. Job engagement: antecedents and effects on job performance [J]. Academy of Management Journal, 2010,53(3):617-635.

国内379名制造业员工为有效样本，探讨了工作敬业度与组织公民行为的关系。❶研究发现，工作敬业度中的活力维度对公司认同、个人主动性有显著积极预测效应；奉献维度对公司认同、个人主动性、利他行为及保护公司资源有显著积极预测效应；专注维度对公司认同、个人主动性及利他行为有显著积极预测效应。同时，该研究还发现，组织认同调节了工作敬业度与组织公民行为的关系，具体表现为：组织认同对活力与利他行为的关系有显著正向调节作用；组织认同对专注与利他行为的关系有显著负向调节作用；组织认同对活力与个人主动性的关系有正向显著调节作用。

犬儒主义指的是一种在工作场域中所产生的负向态度。犬儒主义者主要针对组织和主管，他们认为组织、主管是基于组织利益或个人利益，违反了诚信、公平及诚实原则，从而对组织、主管产生悲观、讽刺、批评及不可信赖、不信任的想法。❷刘筱以安徽省交通运输有限公司的180名管理人员为有效样本，研究结果表明，员工犬儒主义与组织公民行为中的利他主义、运动员精神、责任意识、公民美德维度显著负相关，犬儒主义显著负向预测组织公民行为。❸

在以往研究的基础上，Greenberg提出了组织公平感的四因素模型，即程序公平、分配公平、信息公平与互动公平。❹陈景刚以国内217名企业员工为有效样本的研究表明，分配公平与互动公平分别对组织公民行为中的人际和睦有显著积极效应，分配公平和程序公平分别对协助同事、敬业精神有显著积极效应，程序公平对认同组织有显著积极效应，分配公平对公私分明有显著积极效应。❺但同时也有研究发现，程序公平与组织公民行为之间的关系会受到某些变量的调节。如陈曦、宋合义、薛贤的研究表明，价值认同对薪酬程序公平与指向个体的公民行为和指向组织的公民行为关系分别具有负向调节作用，也就是

---

❶ 张萍. 国企员工工作投入与组织公民行为的关系研究——组织认同的调节效应检验[D]. 成都：西南交通大学，2011.

❷ 黄怡祯. 组织中的雇用关系与职场偏差行为[D]. 桃园：中原大学，2006.

❸ 刘筱. 攻击性管理行为与员工犬儒主义和组织公民行为的关系研究[D]. 合肥：中国科技大学，2010.

❹ GREENBERG J. The social side of fairness：interpersonal and informational classes of organizational justice[M]//CROPANZANO R. Justice in the work place：approaching fairness in human resource management. Hillsdale，NJ：Lawrence Erlbaurn，1993：79-103.

❺ 陈景刚. 国企员工组织信任知觉、公平感与组织公民行为关系研究[D]. 成都：西南交通大学，2006.

说当员工对组织价值观高度认可时，对薪酬程序公平的感知没有直接影响到员工的组织公民行为；而当员工对组织价值观的认同度低时，员工对薪酬程序公平的感知直接作用于员工的组织公民行为。❶

组织支持感与组织公民行为之间的积极关系已被诸多研究所证实，但也有研究发现，二者间的关系会受到某些变量调节。如 Duffy 和 Lilly 在研究中指出，员工的权力需求分别显著负向调节了组织信任、组织支持感与指向组织的公民行为的关系，归属需求显著负向调节了组织支持感与指向组织的公民行为的关系，成就需求分别显著负向调节了组织信任、组织支持感与指向组织的公民行为的关系。❷

心理契约是形成员工工作态度与行为的重要因素。如彭川宇以成都地区 16 家高科技企业的 276 名员工为有效样本的研究表明，交易型心理契约对组织公民行为中的认同组织维度有显著积极影响，关系型心理契约和发展型心理契约分别对利他行为有显著积极效应。❸赵磊、沈伊默、魏春梅、张庆林的研究发现，心理契约破坏对个体导向的公民行为及组织导向的公民行为均具有显著负向预测效应，不过这种负向预测效应会受到同事支持感的调节，即当个体感知到较高程度的同事支持时，虽然个体感受到心理契约被破坏，也会维持较高程度的组织公民行为。❹

印象管理是一种试图影响他人对自己形成某种印象的过程。❺印象管理可以分为五个维度，即奉承（ingratiation）、自我推销（self-promotion）、作秀（exem-

❶ 陈曦，宋合义，薛贤. 价值认同对程序公平与组织公民行为之间关系的作用研究[J]. 科学学与科学技术管理，2012,33(9):135-144.

❷ DUFFY J A，LIFFY J. Do individual needs moderate the relationships between organizational citizenship behavior,organizational trust and perceived organizational support?[EB/OL]. (2009-07-30)[2014-05-17]. http://www. ibam. com/pubs/jbam/articles/vol14/No3/Article% 204_Duffy_% 20after%20assistant%20editor. pdf.

❸ 彭川宇. 高科技企业研发员工的心理契约与组织公民行为及离职倾向的关系研究[J]. 科技管理研究，2009(5):380-383.

❹ 赵磊，沈伊默，魏春梅，张庆林. 心理契约破坏对组织公民行为的影响:同事支持感的调节作用[J]. 心理学探析，2011,31(6):549-553.

❺ ROSENFELD P R,GIACALONE R A，RIORDAN C A. Impression management in organizations:theory, measurement,and practice[M]. New York:Routledge,1995.

plification）、示弱（supplication）、威慑（intimidation）。❶印象管理是组织中常见的一种现象，对员工的工作行为有重要影响。如郭晓薇、李成彦的研究表明，印象管理对主管评价的个体层面、群体层面、组织层面的组织公民行为具有显著预测效应，但与同事评价的组织公民行为的各个层面无显著相关。❷Bolino、Varela、Bande和Turnley以122个主管与下属的配对样本检验了印象管理策略与主管评价的组织公民行为之间的关系，研究发现，以主管为中心的印象管理策略与主管对组织公民行为的评价显著积极相关，然而以工作为中心的印象管理策略却与这类评价显著负相关；此外，主管对组织公民行为的评价还中介了以主管为中心的印象管理策略与下属受主管喜欢度的关系。❸

柯丽菲的研究显示，员工的随和性与外倾性对组织公民行为有正向显著影响。❹Somech和Ron认为，消极情感与教师组织公民行为负相关，而积极情感则与教师组织公民行为不相关。❺陈启山、温忠麟以企事业单位的414名员工为有效样本，研究发现，内控对组织公民行为具有正向预测作用，而外控则对组织公民行为具有负向预测效应。❻

在工作组织中，拥有高组织自尊的个体会形成和保持积极的工作态度，并高效率地工作，因为这样的态度和行为是与他们对自己是有能力的成员的看法一致的；而低组织自尊的个体则会形成和保持消极的工作态度，并无效率地工

❶ JONES E E，PITTMAN T S. Toward a general theory of strategic self-presentation[M]//SULS J. Psychological perspectives on the self. Hillsdale，NJ：Lawrence Erlbaum，1982.

❷ 郭晓薇，李成彦. 印象管理对组织公民行为的预测作用的实证研究[J]. 心理科学，2005，28（2）：480-482.

❸ BOLINO M C，VARELA J A，BANDE B，TURNLEY W H. The impact of impression-management tactics on supervisor ratings of organizational citizenship behavior[J]. Journal of Organizational Behaviour，2006，27：281-297.

❹ 柯丽菲. 企业工作团队组织公民行为研究[D]. 成都：西南交通大学，2008.

❺ SOMECH A，RON I. Promoting organizational citizenship behavior in schools：the impact of individual and organizational characteristics[J]. Educational Administration Quarterly，2007，43：38-66.

❻ 陈启山，温忠麟. 印象整饬和心理控制源对组织公民行为的影响[J]. 心理科学，2010，33（5）：1270-1272.

作,以与他们对自己是能力差的成员的自我认识保持一致。❶高组织自尊的成员相信自己有能力对组织做出贡献,因此他们将会有动机表现得更好,并参与组织公民行为;而低组织自尊的成员则会减少组织公民行为,以与他们消极的自我观保持一致。欧朝辉以国内1578名中小学教师为有效样本的研究表明,教师组织自尊对组织公民行为的利组织行为、利他行为和主动行为三个维度分别具有显著积极预测效应。❷

　　心理所有权指的是人们对客体(物质形态或非物质形态)所产生的占有感。❸员工的这种占有感可以激发其积极的组织自主行为。欧朝辉的研究发现,教师心理所有权中的总体所有权感、对物的所有权感及对人员成就的所有权感,对组织公民行为有显著积极影响,但对学生的所有权感对组织公民行为的影响不显著。❹

　　杨岚以229名企业员工为有效样本探讨了心理资本与组织公民行为的关系,研究显示,心理资本总体及其自我效能、希望、韧性、乐观四个维度均对组织公民行为有显著积极效应。❺此外,该研究还发现,组织公平感对心理资本与组织公民行为的关系具有调节作用,具体表现为:随着员工的组织公平感的提升,其自我效能对组织公民行为的正向作用将得到增强;随着员工组织公平感的降低,其自我效能对组织公民行为的正向作用将有所减弱。

　　胜任特征是个体所拥有的在一个工作岗位上取得出色业绩的潜在特质,它可能是动机、特质、技能、自我形象或社会角色或其他所使用的知识实体。❻龚

　　❶ PIERCE J L,GARDNER D G,CUMMINGS L L,et al. Organization-based self esteem:construction definition,measurement and validation[J]. Academy of Management Journal,1989,32(3):622-648.

　　❷ 欧朝辉. 教师心理所有权及其基于组织的自尊、组织公民行为的关系研究[D]. 上海:华东师范大学,2007.

　　❸ PIERCE J L,KOSTOVA T,DIRKS K T. The state of psychological ownership:integrating and extending a century of research[J]. Review of General Psychology,2003,7:84-107.

　　❹ 欧朝辉. 教师心理所有权及其基于组织的自尊、组织公民行为的关系研究[D]. 上海:华东师范大学,2007.

　　❺ 杨岚. 心理资本对组织公民行为的影响研究——以组织公平感为调节变量[D]. 南京:南京理工大学,2010.

　　❻ BOYATZIS R E. The competent manager:a model for effective performance[M]. New York:John Wiley & Sons,Inc. ,1982.

冠州以高雄县380名公立中学教师为有效样本，研究显示，教师工作胜任特征对组织公民行为有显著积极影响。❶

清教工作伦理（protestant work ethic）可分为四个维度，即努力工作、避免悠闲（leisure avoidance）、禁欲主义（asceticism）、独立性。❷Ryan探讨了工作价值观与组织公民行为的关系，研究发现，在控制了年龄、性别、工作年限、组织公正后，对由会计人员组成的样本来说，清教伦理中的努力工作维度对助人行为有显著积极效应，独立性维度对助人行为有显著负向效应；对由宗教人员组成的样本来说，努力工作对助人行为和公民美德具有显著积极效应，独立性对助人行为有显著负向效应，禁欲主义对助人行为有显著积极效应。❸

Bragger、Rodriguez-Srednicki、Kutcher、Indovino 和 Rosner将工作-家庭冲突分为工作影响家庭冲突和家庭影响工作冲突两类，其研究结果显示，两种类型的工作-家庭冲突均会负向影响组织公民行为。❹曾文彦以公务员群体为样本的研究表明，工作影响家庭冲突与家庭影响工作冲突分别与成员组织公民行为显著负相关，家庭影响工作冲突与机构组织公民行为显著负相关，且工作中心性对家庭影响工作冲突与成员组织公民行为的负向关系具有显著正向调节效应，即具有高度工作中心认知的公务员，当经历家庭影响工作冲突时，工作中心性会干扰成员组织公民行为的降低。❺

此外，相关研究还探讨了性别、年龄、学历、工作年限、婚姻、职务等人口统计学变量对组织公民行为的影响，但研究结论并不完全一致。如马苓的研究表明，学历、教龄、职称对组织公民行为的认同组织和保护资源维度存在显

❶ 龚冠州.教师胜任特征、心理契约、组织公民行为与学校效能之研究[D].高雄:树德科技大学,2008.

❷ BLAU G,RYAN J. On measuring work ethic:a neglected work commitment facet[J]. Journal of Vocational Behavior,1997,51:435-448.

❸ RYAN J J. Work values and organizational citizenship behaviors:values that work for employees and organizations[J]. Journal of Business and Psychology,2002,17(1):123-132.

❹ BRAGGER J D,RODRIGUEZ-SREDNICKI O,KUTCHER E J,et al. Work-family conflict,work-family culture,and organizational citizenship behavior among teachers[J]. Journal of Business Psychology,2005,20(2):303-324.

❺ 曾文彦.公务人员职家冲突、工作满意影响留任意愿、工作绩效与组织公民行为之研究——以工作中心性为干扰变项[D].台北:铭传大学,2011.

著影响。❶严辉以510名中小学教师为有效样本，研究发现，在主动助人和敬业守法维度上女教师得分显著高于男教师；在自我要求和尊重学校利益维度上中老年教师得分显著高于青年教师；学历对组织公民行为的各维度没有显著影响；担任行政职务的教师在组织公民行为的各个维度上得分均显著高于普通教师；在重视学校效益上，高级职称教师显著高于中级职称，中级职称教师显著高于初级职称教师。❷王健康的研究表明，在关心学生学习生活、关心学生思想交流、帮助同事、维护学校形象等维度上，已婚且有孩子的教师得分显著高于未婚及已婚无孩子的教师。❸

Chattopadhyay探讨了人口变量差异性与组织公民行为的关系。❹研究显示，性别差异与种族差异分别对利他主义有负向显著效应，年龄差异对利他主义的影响不显著，但是年龄差异与年龄具有交互效应。事后分析表明，在女性占多数的群体中，性别对性别差异与利他主义的关系具有显著负向调节效应；种族差异在少数民族占多数的群体中对利他主义有显著影响，而在白种人占多数的群体中对利他主义的影响不显著；种族差异与种族对利他主义的交互效应在少数民族占多数的群体中显著，而在白种人占多数的群体中则不显著。

（2）环境因素。

相关研究表明，领导方式、工作特征、团队特征、组织特征、文化环境等因素会影响组织公民行为。

领导方式被认为是对组织公民行为有重要影响的一类因素，主要包括魅力型领导、变革型领导、事务型或交易型领导、诚信领导（authentic leadership）、服务型领导、共享型领导（shared leadership）、破坏型领导（destructive leadership）、威权领导等。

周兆透的研究表明，交易型领导分别通过教师工作满意度、组织承诺、对领导的信任对教师组织公民行为具有显著积极影响，变革型领导通过教师对领

❶ 马苓. 教师的组织承诺对组织公民行为及大学绩效的影响研究[D]. 天津:河北工业大学,2009.

❷ 严辉. 中小学教师组织公民行为探析[D]. 北京:首都师范大学,2009.

❸ 王健康. 中小学教师组织公民行为研究——基于中国大陆地区11省市的实证分析[D]. 苏州:苏州大学,2008.

❹ CHATTOPADHYAY P. Beyond direct and symmetrical effects:the influence of demographic dissimilarity on organizational citizenship behavior[J]. Academy of Management Journal,1999,42(3):273-287.

导的信任对教师组织公民行为具有显著积极影响。❶

Walumbwa 及其同事将诚信领导分为四个维度，分别是领导者的自我意识（leadership self-awareness）、关系透明（relational transparency）、内在道德标准（internalized moral perspective）、平衡的信息处理（balanced processing）。❷周蕾蕾的研究表明，诚信领导中的内化道德观对组织公民行为的自我管理维度具有显著积极预测效应，领导特质维度对主动行为有显著积极预测效应，诚实不欺维度对帮助同事有显著积极预测效应。❸

由于服务型领导强调以下属为中心，优先考虑下属而不是领导者自身的利益，旨在使下属更独立，且更有能力及意愿为他人服务，因此能够有效激发下属为组织做出额外奉献的动机。如邓志华、陈维政的研究表明，服务型领导不仅对员工组织公民行为具有直接显著积极影响，而且还通过工作满意度对其有显著间接积极影响。❹

共享领导是团队成员之间相互激励并提供积极的反馈，通过持续的交流和行动，使目标得以实现的管理过程。❺Khasawneh 以约旦三所公立大学的558名教师为有效样本探讨了共享领导与组织公民行为的关系。❻研究发现，共享领导对组织公民行为有显著积极影响，前者解释了后者36.4%的变异。

破坏型领导指的是领导者（包括主管与经理）反复表现出的侵害组织合法权益的系统性行为，这些行为阻碍了组织目标、任务的实现，消耗了组织的资

❶ 周兆透. 大学学术组织中的领导行为与教师组织公民行为关系研究[D]. 杭州:浙江大学,2007.

❷ WALUMBWA F O , AVOLIO B J, GARDNER W L, et al. Authentic leadership:development and validation of a theory-based measure[J]. Journal of Management,2008,34(1):89-126.

❸ 周蕾蕾. 企业诚信领导对员工组织公民行为影响研究——以领导-成员交换为中介变量[D]. 武汉:武汉大学,2010.

❹ 邓志华,陈维政. 服务型领导对员工工作行为的影响——以工作满意度为中介变量[J]. 科学学与科学技术管理,2012,33(11):172-180.

❺ ENSLEY M D, HMIELESKI K M, PEARCE C L. The importance of vertical and shared leadership within new venture top management teams:implications for the performance of startups[J]. Leadership Quarterly,2006,17:217-231.

❻ KHASAWNEH S. Shared leadership and organizational citizenship behaviour in Jordanian public universities:developing a global workforce for the 21st century[J]. Educational Management Administration & Leadership,2011,39(5):621-634.

源，降低了组织效率，侵蚀了下属的工作动机、福利，降低了下属的工作满意度。❶破坏型领导所表现出的攻击性管理行为（abusive supervision）被认为会对下属的积极工作态度与行为产生负面影响。如刘筱的研究发现，攻击性管理行为不但会导致员工的犬儒主义，还通过后者对员工的组织公民行为产生显著负向影响。❷

威权领导是一种命令式的领导行为。其特征表现为：领导者表现出对员工的绝对权威，倾向于独自做出决策，并要求下属无条件服从，沟通方式为上级对下级的单向沟通；为维持自己的权威，领导者往往会隐匿自己的行为以和员工保持距离；领导者会对下属提出严格的纪律要求和高的绩效标准，对不遵守纪律者和绩效表现差者进行批评，让员工按照自己的指导进一步完成任务。❸张燕、怀明云在研究中指出，威权式领导行为通过降低低权力距离取向下属对领导的信任程度进而减少其组织公民行为；相反，威权式领导的负面影响对于高权力距离取向下属会变弱，甚至转化为一种正面影响。❹

有学者探讨了工作特征对组织公民行为的影响。如 Asgari 及其同事的研究表明，工作特征如技能多样性、任务一致性、任务重要性、自主性、反馈等对组织公民行为具有显著影响。❺Chen 和 Chiu 的研究表明，任务完整性、任务重要性及自主性通过工作卷入对组织公民行为有显著积极影响，而任务多样性对组织公民行为有负向显著影响。❻

影响组织公民行为的团队特征主要有群体凝聚力、团队支持感、领导-成员

❶ EINARSEN S, AASLAND M S, SKOGSTAD A. Destructive leadership behaviour: a definition and conceptual model[J]. The Leadership Quarterly, 2007, 18: 207-216.

❷ 刘筱. 攻击性管理行为与员工犬儒主义和组织公民行为的关系研究[D]. 合肥: 中国科技大学, 2010.

❸ FARH J L, CHENG B S. A cultural analysis of paternalistic leadership in Chinese organizations[C]//LI J T, TSUI A S, WELDON E. Management and organizations in the Chinese context. London: Macmillan, 2000.

❹ 张燕, 怀明云. 威权式领导行为对下属组织公民行为的影响——下属权力距离的调节作用[J]. 管理评论, 2012, 24(11): 97-106.

❺ ASGARI A, SILONG A D, AHMAD A, et al. The relationship between organizational characteristics, task characteristics, cultural context and organizational citizenship behaviors[J]. European Journal of Economics, Finance and Administrative Sciences, 2008, 13: 94-107.

❻ CHEN C C, CHIU S F. The mediating role of job involvement in the relationship between job characteristics and organizational citizenship behavior[J]. The Journal of Social Psychology, 2009, 149(4): 474-494.

交换、领导支持等。如Gaa的研究表明，高质量的领导-成员交换与组织公民行为中的帮助行为、公民美德、运动员精神等维度显著积极相关。❶

影响组织公民行为的组织特征主要有企业社会责任、绩效考评、组织文化、组织气氛、组织健康、个人-组织匹配、组织学习、反馈环境、组织结构、决策参与等。郗河在研究中指出，企业社会责任文化不但对组织公民行为具有直接显著影响，还通过组织认同对组织公民行为有间接显著影响。❷游小芳通过研究指出，组织气氛中的工作结构对组织公民行为中的参与社会公益活动有显著预测作用，人际关系对促进人际和谐有显著预测效应，管理风格维度对参与群体活动有显著预测作用。❸杨生斌、孟宪芳、王立行和侯普育的研究发现，高绩效工作系统中的员工投入、员工发展、员工参与、员工沟通对组织公民行为有显著积极影响。❹

组织学习是指组织成员创造、获取并推广应用知识以优化组织体系，使组织在不断变化的内外环境中保持竞争优势的一种学习导向。❺

Huber认为组织学习包括四个信息处理过程，即知识获取、知识分发、知识解释、组织记忆。❻李磊的研究表明，组织学习对组织公民行为总体及组织公益行为和面向同事的利他行为均有显著积极预测效应。❼

薪酬绩效（pay-for-performance）是将员工的薪酬水平与工作绩效挂钩的一种薪酬制度，它是组织控制系统的一种，通过控制员工的行为及结果来激励员

❶ GAA S M. An exploratory analysis of the relationships between leadership, safety climate, and organizational citizenship behavior within high-containment biosafety laboratories[D]. Minneapolis, MN: Capella University, 2010.

❷ 郗河. 企业社会责任特征对员工组织承诺及组织公民行为作用机制研究[D]. 杭州: 浙江大学, 2009.

❸ 游小芳. 组织气氛对组织公民行为影响的实证研究[D]. 厦门: 厦门大学, 2008.

❹ 杨生斌, 孟宪芳, 王立行, 侯普育. 高绩效工作系统、组织公民行为对技术创新战略执行的影响——基于航空研究所的实证研究[J]. 情报杂志, 2009, 28(12): 74-78.

❺ 张振刚, 李娟娟, 李云健. 知识型员工创新行为: 组织学习与知识分享的作用研究[J]. 科技进步与对策, 2014(20): 1-7.

❻ HUBER G P. Organizational learning: the contributing process and the literatures[J]. Organization Science, 1991, 2(1): 88-115.

❼ 李磊. 基于组织学习的公司创业与组织公民行为之间关系的研究[D]. 杭州: 浙江大学, 2008.

工将精力放在工作绩效上。❶吴诒瑾收集了来自15个组织的319个主管、员工配对样本的数据，研究发现，基于个体绩效的薪酬对组织公民行为有负面显著影响，当薪酬与个体绩效的联系越密切时，员工表现出的组织公民行为越少；基于群体绩效的薪酬对员工组织公民行为有正面显著影响，当薪酬与群体绩效联系越密切时，员工表现出的组织公民行为越多。❷

影响组织公民行为的文化背景主要有个人主义/集体主义、权力距离（power distance）等。Hofstede认为，权力距离是一个具有文化价值内涵的变量，指的是社会或系统可以接受的权力分配不平等的程度。❸Hofstede进一步指出，低权力距离的员工认为领导与下属在地位上是平等的，他们具有较强的参与感，期望与领导之间的人际互动；而高权力距离的员工则倾向于与领导形成正式的上下级关系，善于遵循领导的意愿，以领导布置的任务为中心努力工作。Cohen的研究显示，权力距离对指向组织的公民行为具有显著影响，而对利他行为影响不显著；个人主义/集体主义对利他行为影响显著，而对指向组织的公民行为影响不显著。❹张燕、怀明云通过研究指出，下属的权力距离取向会调节威权型领导与下属组织公民行为的关系，具体表现为同等水平的威权型领导下，高权力距离的下属表现出了比低权力距离下属的更高水平的组织公民行为。❺

2.4.3 组织公民行为的结果变量

目前对组织公民行为结果变量的探讨主要集中在三个方面：一是对管理者对员工工作绩效的评价和对加薪、晋升等判断的影响；二是对组织绩效及成功的影响；三是对员工个体工作态度与行为的影响。

---

❶ OLIVER R L, ANDERSON E. Behavior-and outcome-based sales control systems: evidence and consequences of pure-form and hybrid governance[J]. Journal of Personal Selling and Sales Management, 1995, 4: 1-15.

❷ 吴诒瑾. 绩效薪酬与组织公民行为的关系研究——以角色定义幅度为中介[D]. 武汉：华中科技大学, 2007.

❸ HOFSTEDE G. Culture's consequences: international differences in work-related values[M]. Beverly Hills, Cal.: Sage, 1980.

❹ COHEN A. The relationship between multiple commitments and organizational citizenship behavior in Arab and Jewish culture[J]. Journal of Vocational Behavior, 2006, 69: 105-118.

❺ 张燕, 怀明云. 威权式领导行为对下属组织公民行为的影响——下属权力距离的调节作用[J]. 管理评论, 2012, 24(11): 97-106.

（1）组织公民行为对管理者评价工作绩效等的影响。

Podsakoff等学者总结相关研究后指出，组织公民行为或关系绩效对管理人员对员工的总体绩效评价及与薪水、晋升有关的决定有积极影响。[1]

（2）组织公民行为对组织绩效的影响。

Podsakoff等学者的研究表明，助人行为与运动员精神对团队绩效的数量有显著影响，助人行为对团队绩效的质量有显著积极影响，而公民美德对团队绩效的数量或质量没有影响。[2]

学校效能是指一所学校在校长领导、学生学业成绩、学校氛围、教师的教学技巧、学校文化以及教职员工发展等各个方面均有良好的绩效，进而能够达成学校所预定的目标以及对学生所产生的教学影响的程度。[3]曹科岩、龙君伟、戴健林、杨玉浩的研究发现，教师组织公民行为与学校效能之间存在着显著的正相关，教师组织公民行为的学校认同、责任意识和利他行为因素对学校效能有着显著的预测作用。[4]

在吴清山看来，学校创新经营不仅是一种理念，更是一种重视行动的实践，它是创新与经营的结合体，通过以创新为体，以经营为用，发挥学校教育的功能，展现教育活力与创意，丰富教育内涵与活动，确保学校生存与发展，引领教育革新与进步，乃至促进教育品质提升与卓越。[5]萧佳纯、崔念祖以332名台湾地区公立小学教师为有效样本的研究发现，组织公民行为中的助人行为、关怀学校效益、尊重学校体制对学校创新经营的不同维度有显著积极预测效应。[6]同时，该研究还发现，学习型学校中的系统思考对助人行为与行政运作

[1] PODSAKOFF P M, MACKENZIE S B, PAINE J B, et al. Organizational citizenship behavior: a critical review of the theoretical and empirical literature and suggestions for future research[J]. Journal of Management, 2000 (26): 513-563.

[2] PODSAKOFF P M, AHEARNE M, MACKENZIE S B. Organizational citizenship behavior and the quantity and quality of work group performance[J]. Journal of Applied Psychology, 1997, 82: 262-270.

[3] 吴清山. 学校效能研究[M]. 2版. 台北: 五南图书出版公司, 1998.

[4] 曹科岩, 龙君伟, 戴健林, 杨玉浩. 教师组织公民行为与学校效能的关系研究[J]. 社会心理科学, 2007, 22(1-2): 123-127.

[5] 吴清山. 学校创新经营理念与策略[J]. 教师天地, 2004, 128: 30-44.

[6] 萧佳纯, 崔念祖. 小学教师组织公民行为与学校创新经营关系之研究——以学习型学校为调节变项[J]. 嘉大教育研究学刊, 2011(27): 81-112.

创新的关系中有负向调节效果；改善心智模式分别在工作自我要求与课程教学创新、关怀学校效益与课程教学创新的关系中有负向调节效果；改善心智模式分别在助人行为与资源应用创新，及在工作自我要求与资源应用创新的关系中有正向调节效果。

作为学校组织绩效的重要指标，学生学业表现被认为是教师组织公民行为的重要结果变量。谢傅崇、王琼满以台湾地区698名小学教师为有效样本，研究显示教师组织公民行为对学生学业表现有显著积极预测效应。[1]

Podsakoff等学者在对相关研究分析后提出，组织公民行为会有助于组织取得成功，主要有以下几个方面的原因。[2]①可以提高员工的工作效率。如员工对新同事的帮助行为可以使其更快地提高生产力；随着时间的推移，帮助行为能有助于有效的工作方法在工作团队或组织内传播。②可以提高管理人员的工作效率。如果员工展现公民美德行为的话，管理人员可以就自己关于提高组织效能的想法从员工那里得到一些有价值的建议或反馈。③可以使组织省出一些资源以用于更有效率的活动上去。如果员工能够互助解决工作问题的话，管理人员就不必做这些事了；具有责任心的员工需要更少的监督，允许管理人员更多地向他们授权，这样就节约了管理者的时间；经验丰富的员工主动帮助新同事适应工作会节约组织的培训资源；如果员工能具有运动员精神的话，就可以节约管理者用于处理员工琐碎抱怨的时间。④可以减少将稀缺资源用于纯粹的组织维持功能的需要。如利他行为的一个自然的附带效应，是有助于提高团队精神、士气及凝聚力，这样便节约了员工或管理者用于团队维持功能的时间；又如文明有礼行为会有助于减少团队内的冲突，这样便会减少用于冲突管理活动的时间。⑤可以有效协调团队成员之间及整个组织内部的活动。如自愿积极参加工作小组会议的行为会有助于协调小组成员的努力，这样便能提高小组的效能与效率。⑥有助于使组织变成一个有吸引力的地方，从而提升组织吸引与

---

❶ 谢傅崇,王琼满. 小学校长分布式领导、教师组织公民行为对学生学业表现之影响研究[J]. 新竹教育大学教育学报,2008,28(1):32-67.

❷ PODSAKOFF P M,MACKENZIE S B,PAINE J B,et al. Organizational citizenship behavior:a critical review of the theoretical and empirical literature and suggestions for future research[J]. Journal of Management,2000(26):513-563.

留住优秀人才的能力。⑦可以提升组织绩效的稳定性，如代替缺勤员工工作或帮助工作负荷过重的员工行为会有助于保持工作团队绩效的稳定性。⑧可以提升组织适应环境变化的能力。如与市场密切接触的员工主动提供环境变化的信息，并向组织提供建议如何应对等；再如员工愿意承担新责任或学习新技能，会提高组织适应变革的能力。

（3）组织公民行为对个体工作态度与行为的影响，主要包括工作绩效、知识分享行为、离职倾向等。

Podsakoff 和 MacKenzie 以 116 名保险公司代理人为样本的研究显示，组织公民行为解释了代理人绩效 17% 的变异。❶Kernodle 的研究表明，组织顺从、运动员精神、组织忠诚、个人主动性、公民美德、自我发展在领导-成员交换与员工绩效关系中发挥了部分中介作用。❷但是也有研究表明，组织公民行为与工作绩效的关系会受到其他变量的调节。如赵红梅指出，组织公民行为对关系绩效和任务绩效均有显著正向影响，但这种影响会受到大五人格和个人-组织契合度调节。❸魏江茹的研究发现，印象管理对组织公民行为与任务绩效的关系具有调节作用，具体表现为：印象管理中的自我推销、作秀以及示弱维度分别对助人行为和任务绩效的关系有显著积极影响；奉承和威慑对助人行为和任务绩效的关系有显著负面影响；自我推销和作秀对公民道德和任务绩效的关系有显著的积极影响。❹

Lin 的研究发现组织公民行为中的利他主义、文明礼貌、责任意识、运动员精神、公民美德等维度均对知识分享有显著积极预测效应。❺同时，该研究还发

---

❶ PODSAKOFF P M, MACKENZIE S B. Organizational citizenship behaviors and sales unit effectiveness [J]. Journal of Marketing Research, 1994, 31(3):351-363.

❷ KERNODLE T A. Antecedents and consequences of organizational citizenship behavior: a hierarchical linear modeling study[D]. Vallejo, CA: Touro University International, 2007.

❸ 赵红梅. 组织公民行为与员工绩效关系研究——基于个人特质与个人-组织契合度的调节作用[D]. 福州: 东南大学, 2009.

❹ 魏江茹. 变色龙变色吗: 印象管理对组织公民行为和任务绩效的调节效应[J]. 经济管理, 2009(6): 173-178.

❺ LIN C P. Clarifying the relationship between organizational citizenship behaviors, gender, and knowledge sharing in workplace organizations in Taiwan[J]. Journal of Business Psychology, 2008, 22:241-250.

现，性别变量调节了组织公民行为与知识分享的关系，具体表现为：相对男性来讲，在利他主义对知识分享的影响方面女性更强；而在文明礼貌和运动员精神对知识分享的影响方面，则男性高于女性；在责任意识和公民美德对知识分享的影响方面，男性与女性相似。

Podsakoff和MacKenzie指出，由于组织公民行为能提高同事及管理者的生产率、节省资源、促进合作及有助于组织获得适应变革的能力等，因此可以提高组织绩效。❶衡量组织绩效的指标有多个，离职也被认为是其中的一个。如果离职是组织有效运行的指标的话，那么组织公民行为与其应该负相关。Chen、Hui和Sego认为，鉴于迟到、工作拖拉、缺勤等回避行为太显眼，所以不能很好地预测离职。❷Chen、Hui和Sego进一步指出，之所以如此，是因为即使一位员工有离职意向，由于回避行为可能会对其工资待遇等产生不利影响，采取回避行为并不符合其利益；而具有自主性的组织公民行为水平的降低并不会对员工产生任何消极影响，因此当组织公民行为减少时很可能预示着该员工产生了离职意向。Paillé和Grima探讨了组织公民行为与离开现有工作的倾向和离开所在组织的倾向之间的关系，结果表明，利他主义与离开现有工作倾向及所在组织的倾向均无显著相关；运动员精神、公民美德、助人行为是离开现有工作倾向及离开所在组织倾向的最强负向预测因素。❸

以上文献探讨了组织公民行为的积极结果。但是，正如一枚硬币有两个面一样，组织公民行为也可能存在负面效应。Organ和Ryan曾提及，参与高水平组织公民行为的个体可能会不堪重负。❹Bolino、Turnley和Niehoff对传统组

❶ PODSAKOFF P M,MACKENZIE S B. Impact of organizational citizenship behavior on organizational performance:a review and suggestions for future research[J]. Human Performance,1997,10:133-151.

❷ CHEN X P,HUI C,SEGO D J. The role of organizational citizenship behavior in turnover:conceptualization and preliminary tests of key hypotheses[J]. Journal of Applied Psychology,1998,83(6):922-931.

❸ PAILLÉ P, GRIMA F. Citizenship and withdrawal in the workplace:relationship between organizational citizenship behavior,intention to leave current job and intention to leave the organization[J]. The Journal of Social Psychology,2011,151(4):478-493.

❹ ORGAN D W,RYAN K. A meta-analytic review of attitudinal and dispositional predictors of organizational citizenship behavior[J]. Personnel Psychology,1995,48:775-802.

织公民行为研究中的三个基本假设提出了质疑[1]：①组织公民行为并不都是由亲社会动机或对组织的关心引起，也可能出于利己动机或消极的工作态度；②组织公民行为对组织所产生的影响并不都是积极和有益的（尤其是组织公民行为的质量较差或用组织公民行为代替角色内行为）；③组织公民行为不一定能够提升组织的吸引力，不一定能够帮助组织吸引并留住员工。Bolino 和 Turnley 的研究发现，个体主动性与角色超载、工作压力和工作-家庭冲突显著正相关。[2]

国内学者严瑜和张倩基于以往研究，总结了组织公民行为可能对个人和组织产生的负面效应。[3]对个体的消极作用主要体现在三个方面：①个体在组织公民行为上消耗较多资源，则用于家庭、角色内任务等的资源就减少，从而导致工作-家庭冲突、角色内任务与角色外任务冲突，进而损害个体工作绩效。②主管或者同事对于个体实施组织公民行为动机的负向归因。主管或同事如果将个体从事组织公民行为的动机归因于利己的，则对其绩效评定时，不仅不会给予评价偏好，甚至会给予低评价，从而对个体产生消极作用。③强制公民行为会使个体失去自主性。强制公民行为会使个体感到自由受到威胁，且因为其强制性，个体并不能自主调节进行组织公民行为的水平，进而会对个体产生危害。对组织的消极作用也主要体现在三个方面：①个体出于印象管理等非亲社会动机所表现的组织公民行为因其质量较差，从而对组织产生消极作用。②在任务交互作用不高的组织情境中，组织活动仅需要少量的组织公民行为，如果该行为盛行反而会对组织产生消极作用。③个体资源的有限性。Rapp、Bachrach 和 Rapp 运用资源分配理论和社会交换理论系统对

❶ BOLINO M C, TURNLEY W H, NIEHOFF B P. The other side of the story: reexamining prevailing assumptions about organizational citizenship behavior[J]. Human Resource Management Review, 2004,14(2):229-246.

❷ BOLINO M C, TURNLEY W H. The personal costs of citizenship behavior: the relationship between individual initiative and role overload, job stress, and work-family conflict[J]. Journal of Applied Psychology, 2005, 90(4):740-748.

❸ 严瑜,张倩. "过犹不及"——组织公民行为消极面的解读与探析[J]. 心理科学进展,2014,22(5):834-844.

组织公民行为的"过犹不及"效应进行了深入剖析。[1]他们指出，在组织情境中，建立在对等基础上的员工互动对员工顺利完成工作是必要的，如果员工从事较少的组织公民行为，他们与其他员工间的社会交换就会变得困难，从而减少社会资本以及其他与完成任务相关的资源。相反，根据资源分配理论，从事过多组织公民行为的员工将没有足够时间去从事自己角色内工作，从而使其感受到角色超荷，降低他们完成角色内任务的能力，从而损害个体的任务绩效，并间接地对团队或组织的总体绩效产生不利的影响。

社会惰化（social loafing）指的是个体在群体中工作不如单独一个人工作时努力的倾向。[2]社会惰化是在工作场合常见的现象，俗话说的"一个和尚挑水吃，两个和尚抬水吃，三个和尚无水吃"就是这种社会心理机制的形象体现。Sesen、Soran和Caymaz的研究发现，教师指向个体的公民行为能引起同事更多的社会惰化，同事的社会惰化又会促使教师本人更多的社会惰化，而且同事的社会惰化会对教师本人对学校的承诺有负面影响，而教师本人对学校的承诺对其社会惰化又有负面影响。[3]他们指出，之所以组织公民行为会导致社会惰化现象是因为两个方面：一是在团体环境中个体努力的不容易确定性；二是个体努力的可分配性。根据Latané、Williams和Harkins的观点，如果报酬是平均分配的而没有区别个体的努力，那么个体就会躲在或消失于群体中，以较小的努力从团体成功中获益。[4]这样的话，那些展现更多组织公民行为的个体就会减少自愿行为以取得努力与报酬的平衡。Kerr和Brunn指出，当在一起工作时，团队成员会付出更少的努力，因为他们认为个体的能力对

❶ RAPP A A, BACHRACH D G, RAPP T L. The influence of time management skill on the curvilinear relationship between organizational citizenship behavior and task performance[J]. Journal of Applied Psychology, 2013,98(4):668-677.

❷ WILLIAMS L J, KARAU S J. Social loafing and social compensation: the effects of expectations of co-worker performance[J]. Journal of Personality and Social Psychology, 1991,61:570-581.

❸ SESEN H, SORAN S, CAYMAZ E. Dark side of organizational citizenship behavior(OCB): testing a model between OCB, social loafing, and organizational commitment[J]. International Journal of Business and Social Science,2014,5(5):125-135.

❹ LATANÉ B, WILLIAMS K, HARKINS S. Many hands make light the work: the causes and consequences of social loafing[J]. Journal of Personality and Social Psychology, 1979,37:822-832.

于完成高质量的团队项目来讲不是必要的。❶这种现象就是"搭便车"(free-rider)行为。

2.4.4 组织公民行为的维度与测量

(1)组织公民行为的维度构成。

在组织公民行为的维度构成方面,学者们并没有取得一致的看法,代表性的观点如表2.4所示。

表2.4　组织公民行为维度构成的主要观点

研究者	维度
Smith,et al.[①]	利他主义(altruism)、一般顺从(generalized compliance)
Organ[②]	责任意识(conscientiousness)、运动员精神(sportsmanship)、公民美德(civic virtue)、文明礼貌(courtesy)、利他主义(altruism)
Williams & Anderson[③]	指向组织的组织公民行为(OCBO)、指向个体的组织公民行为(OCBI)
林淑姬[④]	认同组织、协助同事、不生事争利、公私分明、敬业守法、自我充实
Deckop,et al.[⑤]	指向教学的OCB、指向教师的OCB、指向学校的OCB
Moorman & Blakely[⑥]	人际互助(interpersonal helping)、忠诚激励(loyalty boosterism)、个人勤奋(personal industry)、个人主动性(individual initiative)
Podsakoff,et al.[⑦]	帮助行为(helping behavior)、运动员精神、组织忠诚、组织顺从(organizational compliance)、个人主动性、公民美德、自我发展
Farh,Earley,& Lin[⑧]	认同公司(identification with company)、利他主义(altruism toward colleagues)、责任意识、人际和谐(interpersonal harmony)、保护公司资源(protecting company resources)

❶ KERR N L, BRUNN S E. Dispensability of member effort and group motivation losses:free-rider effects [J]. Journal of Personality and Social Psychology, 1983, 44:78-94.

续表

研究者	维度
Farh, Zhong, & Organ⑨	积极主动、帮助同事、意见表露、参与集体活动、宣传公司形象、自我培训、参与公益活动、保护与节约公司资源、保持工作场所整洁、人际和谐

资料来源:① SMITH C,ORGAN D W,NEAR J P. Organizational citizenship behavior:its nature and antecedents[J]. Journal of Applied Psychology,1983,68(4):653-663.

② ORGAN D W. Organizational citizenship behavior:the good soldier syndrome[M]. Lexington,MA:Lexington Books,1988.

③ WILLIAMS L J,ANDERSON S E. Job satisfaction and organizational commitment as predictors of organizational citizenship behavior and in-role behavior[J]. Journal of Management,1991,17(3):601-617.

④ 林淑姬.薪酬公平、程序公正与组织承诺、组织公民行为关系研究[D].台北:政治大学,1992.

⑤ DECKOP J R,MCCLENDON J A,HARRIS-PERELES K L. The effect of strike militancy intentions and general union attitudes on the organizational citizenship behaviour of university faculty[J]. Employee Responsibilities and Rights Journal,1993,6(2):85-97.

⑥ MOORMAN R H,BLAKELY G L. Individualism and collectivism as an individual difference predictor oforganizational citizenship behavior[J]. Journal of Organization Behavior,1995,16:127-142.

⑦ PODSAKOFF P M,MACKENZIE S B,PAINE J B,et al. Organizational citizenship behavior:a critical review of the theoretical and empirical literature and suggestions for future research[J]. Journal of Management,2000(26):513-563.

⑧ FARH J L,EARLEY P C,LIN S C. Impetus for action:a cultural analysis of justice and organizational citizenship behavior in Chinese society[J]. Administrative Science Quarterly,1997,42(8):421-444.

⑨ FARH J L,ZHONG C B,ORGAN D W. Organizational citizenship behavior in the People's Republic of China[J]. Organization Science,2004,15(2):241-253.

迄今为止，学者们提出的组织公民行为的维度多达几十种，其中有些维度存在交叉或重叠。Farh 等学者总结了西方文化背景下的组织公民行为常见的九个维度❶，如表2.5所示。

---

❶ FARH J L,ZHONG C B,ORGAN D W. Organizational citizenship behavior in the People's Republic of China[J]. Organization Science,2004,15(2):241-253.

表2.5　西方文化背景下组织公民行为的主要维度

维度	定义	相似维度
利他主义（altruism）	自发帮助同事完成与组织相关的任务或解决问题	帮助行为（helping）、人际互助（interpersonal helping）
责任意识（conscientiousness）	员工在出勤、遵守规章制度、休息等方面自愿做出的超出组织最低要求的行为	服从（obedience）、个人勤奋（personal industry）
运动员精神（sportsmanship）	员工在不理想的环境中毫无怨言，不抱怨、不责怪琐碎的事情，不小题大做	
谦恭有礼（courtesy）	员工主动采取的避免同事出现工作问题的行为	
公民美德（civic virtue）	员工负责任地参加、参与或关心组织的日常活动	
功能性参与（functional participation）	员工关注自己而非他人的参与性贡献，如完成额外的工作，自愿承担特殊的工作安排等	
倡导性参与（advocacy participation）	鼓励沉默的同事在会议上发言等指向他人的行为	个体主动性（individual initiative）
忠诚（loyalty）	对组织忠诚，为组织利益着想	忠诚激励（loyalty boosterism）
意见表露（voice）	为改进组织的工作提出建设性的建议	

　　Organ 及其同事则将学界经常使用的组织公民行为维度归结为七个：帮助行为、运动员精神、组织忠诚、组织顺从、个体主动性、公民美德、自我发展。❶由上述可知，总的来看，所有这些组织公民行为的维度，大体上可以归为指向自我的行为、指向同事的行为和指向组织的行为三类。

---

　　❶ ORGAN D W，PODSAKOFF P M，MACKENZIE S B. Organizational citizenship behavior：its nature，antecedents，and consequences[M]. Thousand Oaks：Sage Publications，2006：297.

（2）组织公民行为的测量。

在组织公民行为的测量方面，学者们基于不同的维度模型编制了相应的测量工具，主要如下。

① Smith 及其同事编制的组织公民行为量表。❶包括利他主义和一般顺从两个分量表，由 16 个题目组成。

② Williams 和 Anderson 修订的组织公民行为量表。❷该量表由 15 题目组成，包括指向组织的公民行为和指向个体的公民行为两个分量表。两个分量表的 Cronbach α系数分别为 0.75、0.88。

③ Podsakoff 及其同事编制的组织公民行为量表。❸该量表由 24 个题目组成，量表总体及责任意识、运动员精神、公民美德、文明礼貌、利他主义等分量表的内部一致性系数分别为 0.941、0.82、0.85、0.70、0.85、0.85。

④ Farh 及其同事编制的组织公民行为量表。❹该量表由 20 个题目组成，包括认同公司、利他主义、责任意识、人际和谐、保护公司资源等五个分量表。

⑤ Farh 及其同事编制的中国大陆地区的组织公民行为量表。❺该量表由 20 个题目组成，包括 10 个维度，这 10 个维度又分属自我、团体、组织及社会四个层面。

❶ SMITH C, ORGAN D W, NEAR J P. Organizational citizenship behavior: its nature and antecedents[J]. Journal of Applied Psychology, 1983, 68(4): 653-663.

❷ WILLIAMS L J, ANDERSON S E. Job satisfaction and organizational commitment as predictors of organizational citizenship behavior and in-role behavior[J]. Journal of Management, 1991, 17(3): 601-617.

❸ PODSAKOFF P M, MACKENZIE S B, MOORMAN R H, FETTER R. Transformational leader behaviors and their effects on followers' trust in leader, satisfaction, and organizational citizenship behaviors[J]. Leadership Quarterly, 1990, 1(2): 107-142.

❹ FARH J L, EARLEY P C, LIN S C. Impetus for action: a cultural analysis of justice and organizational citizenship behavior in Chinese society[J]. Administrative Science Quarterly, 1997, 42(8): 421-444.

❺ FARH J L, ZHONG C B, ORGAN D W. Organizational citizenship behavior in the People's Republic of China[J]. Organization Science, 2004, 15(2): 241-253.

第三章

理 论 构 建 与 假 设 提 出

本章内容包括五个部分：一是总结了已有研究的贡献与不足；二是确定了本研究要解决的关键问题；三是对组织支持感、工作满意度、组织承诺、组织公民行为四个概念进行了界定；四是提出了本研究的理论模型；五是根据理论分析的结果提出了相应的研究假设。

3.1 已有研究的贡献与不足

3.1.1 已有研究的主要贡献

已有研究的贡献主要体现在以下三个方面。

一是学界对组织支持感、组织公民行为、组织承诺、工作满意度的发生及效应机制进行了比较深入的探讨。针对组织承诺与工作满意度的研究已持续了半个多世纪，对组织支持感与组织公民行为的研究也有30年左右的时间。学者们广泛探讨了组织成员的此类工作态度及行为的前因变量及结果变量，并得出了许多有价值的结论。总的来看，前因变量大体可分为个体因素与环境因素两类，结果变量大体可分为个体反应及组织反应两类。当然还可以将环境因素再细分为工作特征、团队特征、组织特征、社会文化等。

二是学界对组织支持感、组织公民行为、组织承诺、工作满意度之间关系的研究已在多种组织文化及大的社会文化背景下展开。学界最初对这几种工作态度及行为的研究基本上是在企业文化背景下展开的，随着时间的推移，针对其他职业群体诸如军事人员、教师、医护人员、警察等的研究越来越多。可以说，针对每个主要的职业群体几乎都有相关的研究。跨国界的比较研究也逐渐增多。

三是对组织支持感对组织公民行为的影响机制进行了一些探讨。两者间的直接关系以及通过组织承诺或工作满意度而产生的间接关系，均获得了相关研究的支持。如 Eisenberger 及其同事的研究表明，个体组织支持感越高，就越有可能展现更多的有利于组织的角色外行为。❶Liu 通过研究指出，组织支持感不但对指向组织的公民行为具有直接显著积极影响，同时还通过情感承诺对其有显著积极影响。❷周丽萍认为，工作满意度在组织支持感与周边绩效间关系中发挥了完全中介作用。❸

3.1.2 已有研究的主要不足

已有研究存在的不足之处主要体现在以下两个方面。

一方面，现有研究对在组织支持感影响组织公民行为的路径中组织承诺或工作满意度的中介作用的探讨不够深入。相关研究大多仅考察了情感承诺或工作满意度分别在组织支持感与组织公民行为关系中的中介作用，很少有研究把组织承诺和工作满意度同时纳入模型予以考察。而且，以往研究对组织承诺在组织支持感与组织公民行为关系中的中介作用的探讨，仅考察了情感承诺的中介作用，而没有考察规范承诺和持续承诺的中介作用。因此，还需要实证研究来检验持续承诺和规范承诺对组织支持感与组织公民行为关系的中介效应。

另一方面，在学校文化背景下探讨教师组织支持感与组织公民行为关系的研究比较少，且相关研究大都把中小学教师群体作为研究对象。目前还没有出现专门以我国高职院校教师群体为调查对象的相关研究。作为我国高等教育半壁江山的高职院校，其良好的运行及核心竞争力的提升在很大程度上也需要教师们展现出更多的组织公民行为。鉴于高职院校办学特点与普通本科院校办学

---

❶ EISENBERGER R, FASOLO P, DAVIS-LAMASTRO V. Perceived organizational support and employee diligence, commitment, and innovation[J]. Journal of Applied Psychology, 1990, 75:51–59.

❷ LIU Y W. Perceived organizational support and expatriate organizational citizenship behavior: the mediating role of affective commitment towards the parent company[J]. Personnel Review, 2009, 38(3):307–319.

❸ 周丽萍. 基于组织待遇的组织支持感知、工作态度与工作结果关系研究[D]. 杭州:浙江大学, 2006.

特点存在一定的差异，因此有必要在高职院校组织文化背景下，深入探讨教师组织支持感与组织公民行为的关系，为高职院校教师人力资源管理实践提供相应的理论依据。

3.2 本研究拟解决的关键问题

本研究拟解决两大方面的问题。一是考察高职教师的组织支持感、组织承诺、工作满意度、组织公民行为在人口统计学变量上的差异。二是探讨高职教师组织支持感影响组织公民行为的直接与间接路径，包括组织支持感分别对组织承诺三个维度、工作满意度、组织公民行为的影响；工作满意度对组织公民行为、组织承诺三个维度的影响；组织承诺三个维度对组织公民行为的影响；工作满意度和组织承诺的三个维度对组织支持感与组织公民行为关系的中介作用等。

3.3 相关概念的界定

本研究旨在以我国高职院校教师为调查对象，探讨组织支持感影响组织公民行为直接路径与间接路径，涉及组织支持感、组织公民行为、组织承诺及工作满意度等四个变量。以下是对这四个变量的定义。

本研究借鉴杨海军对组织支持感的定义❶，将教师组织支持感定义为教师对学校支持其工作、关心其福祉和认同其价值的感受。在维度构成上，本研究也采用其观点，即组织支持感是一个多维构念，由价值认同、工作支持和利益关心三个维度构成。

本研究将教师组织公民行为定义为：不会直接或明确地为正式的报酬体系认可，但从整体上会提升学校运作效能的个体自主行为。在组织公民行为的维度划分方面，本研究在参考前人研究成果的基础上，将其划分为三个维度，即指向他人行为、指向组织行为和自我要求行为。

---

❶ 杨海军.企业员工组织支持感探讨[D].广州:暨南大学,2003.

本研究借鉴 Meyer 和 Allen 对组织承诺的定义❶，将教师组织承诺定义为：体现教师与学校间关系的一种心理状态，这种心理状态对于教师是否留在学校具有重要意义。在该构念的维度构成上，本研究也采用两位学者的观点，即组织承诺是个多维的构念，由规范承诺、持续承诺和情感承诺三个维度构成。

本研究将教师工作满意度定义为教师对其工作的总体感觉。在工作满意度的维度构成上，本研究将其视为单维度构念。

3.4　研究的理论模型

基于以上分析，本研究提出了相应的理论模型，如图3.1所示。

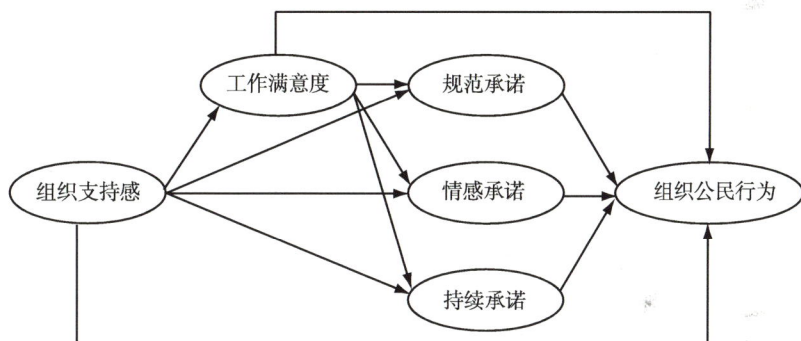

图3.1　组织支持感影响组织公民行为的理论模型

从图3.1可以看出，该理论模型主要假设了组织支持感影响组织公民行为的四种路径：一是组织支持感对组织公民行为产生直接影响；二是组织支持感通过规范承诺、持续承诺、情感承诺对组织公民行为产生间接影响；三是组织支持感通过工作满意度对组织公民行为产生间接影响；四是组织支持感首先影响工作满意度，而后影响规范承诺、持续承诺、情感承诺，最后影响组织公民行为。也就是说，在组织支持感影响组织公民行为的路径中，工作满意度、规范承诺、持续承诺、情感承诺可能会发挥中介作用。同时，工作满意度在组织支持感与组织承诺各维度之间可能有中介作用；而组织承诺各维度又在工作满意

❶ MEYER J P, ALLEN N J. A three-component conceptualization of organizational commitment[J]. Human Resource Management Review,1991,1(1):61-90.

度与组织公民行为之间可能起到了中介作用。

3.5 研究假设的提出

3.5.1 高职教师组织支持感与组织公民行为的关系及假设

社会交换理论认为，员工对雇用关系的积极看法会促使其出于责任感而表现出有利的工作行为以回报组织。[1]Rhoades 和 Eisenberger 在一项元分析研究中也指出，组织支持感应该能提高标准的工作行为及超越工作职责的那些行为的绩效。[2]组织支持感对组织公民行为的积极影响已得到许多研究的证实。如Moorman 及其同事收集了美国中西部一所大型军事医院的 255 名员工的相关数据，分析结果表明，组织支持感对人际互助、个人勤奋和组织忠诚等维度具有显著积极预测作用。[3]陈俊分析了来自 20 家不同企业的 316 名员工的相关数据，结果表明，组织支持感是组织公民行为总体及利他行为、认同组织和个人主动性维度的极其显著预测因子。[4]根据以上分析，本研究提出如下假设：

H1：高职院校教师组织支持感对组织公民行为具有显著积极影响。

3.5.2 高职教师组织支持感与工作满意度的关系及假设

Rhoades 和 Eisenberger 通过元分析指出，组织支持感通过满足员工的社会情感需求、提高绩效-报酬预期以及表示可以为员工提供帮助等，应该会提高其工作满意度。[5]目前，组织支持感对工作满意度的显著积极预测作用已得到许多实证研究的支持。如 O'Driscoll 和 Randall 收集了四家奶制品企业的 350 名员工的

---

[1] BLAU P. Exchange and power in social life[M]. New York：Wiley，1964.

[2] RHOADES L，EISENBERGER R. Perceived organizational support：a review of the literature[J]. Journal of Applied Psychology，2002，87（4）：698-714.

[3] MOORMAN R H，BLAKELY G L，NIEHOFF B P. Does perceived organizational support mediate the relationship between procedural justice and organizational citizenship behavior?[J]. Academy of Management Journal，1998，41（3）：351-357.

[4] 陈俊. 企业组织支持对组织公民行为影响的实证研究[D]. 长沙：湖南大学，2007.

[5] RHOADES L，EISENBERGER R. Perceived organizational support：a review of the literature[J]. Journal of Applied Psychology，2002，87（4）：698-714.

相关数据，研究发现，组织支持感与工作满意度显著积极相关。❶Bogler 和 Nir 的研究表明，教师组织支持感对内在工作满意度与外在工作满意度均有显著积极预测作用。❷Allen 及其同事在一项历时性研究中收集了 215 名前台销售人员和 197 名保险代理的两个样本的相关数据，分析结果表明，在两个样本中，组织支持感对总体工作满意度具有显著积极预测作用。❸窦先琴以 180 名企业员工为样本的研究表明，组织支持感中的工具性支持、情感性支持和上级支持维度对工作满意度具有显著积极预测作用。❹根据以上分析，本研究提出如下研究假设：

H2：高职院校教师组织支持感对工作满意度具有显著积极影响。

3.5.3 高职教师组织支持感与组织承诺的关系及假设

基于互惠原则，组织支持感会促使员工产生一种责任感去关心组织的健康。而这种以关心去交换关心的责任感会提高员工对拟人化组织的情感承诺。同时，组织支持感通过满足员工的诸如依附及情感支持等社会情感性需求，也会增强员工的情感承诺。此外，Shore 和 Tetrick 指出，组织支持感可能会减轻由于辞职的高代价而被迫留在组织的被迫感（feelings of entrapment）。❺组织支持感对组织承诺的影响除了获得了理论上的支持外，还得到了一些实证研究结果的支持。如 Nasurdin 及其同事收集了来自马来西亚制造业部门的 214 名员工的相关数据，进行分析后发现，组织支持感与情感承诺显著积极相关，组织支持

---

❶ O'DRISCOLL M P, RANDALL D M. Perceived organisational support, satisfaction with rewards, and employee job involvement and organisational commitment[J]. Applied Psychology: An International Review, 1999, 48 (2): 197–209.

❷ BOGLER R, NIR A E. The importance of teachers' perceived organizational support to job satisfaction[J]. Journal of Educational Administration, 2012, 50(3): 287–306.

❸ ALLEN D G, SHORE L M, GRIFFETH R W. The role of perceived organizational support and supportive human resource practices in the turnover process[J]. Journal of Management, 2003, 29(1): 99–118.

❹ 窦先琴. 企业员工组织支持感、工作压力、工作满意度的关系研究[D]. 武汉：湖北大学, 2009.

❺ SHORE L M, TETRICK L E. A construct validity study of the survey of perceived organizational support [J]. Journal of Applied Psychology, 1991, 76: 637–643.

感能显著预测情感承诺。❶O'Driscoll 和 Randall 的研究表明，组织支持感对持续承诺具有显著负向预测作用。❷Luxmi 和 Yadav 以 120 名中学教师为样本的研究表明，教师组织支持感与组织承诺总体及情感承诺和规范承诺显著积极相关，与持续承诺也有积极的关系，但不显著。❸龚星燕的研究表明，组织支持感总体及工作支持、价值认同、利益关心三个维度与组织承诺总体及情感承诺、持续承诺及规范承诺三维度分别显著积极相关。❹由上述可知，相关研究基本上认可组织支持感与情感承诺、规范承诺的积极关系，但是对组织支持感对持续承诺的影响是正向的还是负向的还存在争议。鉴于持续承诺体现的是员工不得不留在组织的感觉，笔者更倾向于认为，高的组织支持感会有助于减轻这种被迫感。根据以上分析，本研究提出如下假设：

H3a：高职院校教师组织支持感对规范承诺具有显著积极影响；

H3b：高职院校教师组织支持感对持续承诺具有显著负向影响；

H3c：高职院校教师组织支持感对情感承诺具有显著积极影响。

3.5.4 高职教师工作满意度与组织公民行为的关系及假设

用来解释工作满意度和组织公民行为关系的假设实际上根植于这种信念，即由于组织与员工的互惠交换关系的存在，高工作满意度的员工才会表现出组织公民行为。Greenberg 和 Scott 认为，这一假设可能源自于社会交换理论，该理论认为，员工表现出的积极或消极的行为是对组织对待他们方式的反应。❺他们

---

❶ NASURDIN A M, HEMDI M A, GUAT L P. Does perceived organizational support mediate the relationship between human resource management practices and organizational commitment?[J] Asian Academy of Management Journal, 2008, 13(1): 15–36.

❷ O'DRISCOLL M P, RANDALL D M. Perceived organisational support, satisfaction with rewards, and employee job involvement and organizational commitment[J]. Applied Psychology: An International Review, 1999, 48 (2): 197–209.

❸ LUXMI, YADAV V. Reciprocation effect of perceived organizational support on organizational commitment: a study of school teachers[J]. Management and Labour Studies, 2011, 36(2): 175–186.

❹ 龚星燕. 组织支持感、领导-成员交换对员工组织承诺和工作满意度的影响[D]. 苏州: 苏州大学, 2009.

❺ GREENBERG J, SCOTT K S. Why do employees bite the hands that feed them? Employee theft as a social exchange process[J]. Research in Organizational Behavior, 1996, 18: 111–166.

又进一步提出，员工与雇主间的强的社会交换关系会有助于维系积极的工作关系，并能使员工产生诸如工作满意度、组织承诺、信任等积极情感，而这些积极情感反过来又会激发员工表现出组织公民行为。此外，部分研究也证实，工作满意度与组织公民行为存在积极显著的关系。如 Chiboiwa 及其同事在研究中指出，总体工作满意度与组织公民行为总体及公民美德、运动员精神显著积极相关。[1]Salehi 和 Gholtash 以伊朗一所大学的 341 名教师为样本，研究结果发现，工作满意度与组织公民行为显著积极相关。[2]张伟的研究表明，管理者满意度、工作本身满意度、同事满意度对个人层面及人际层面的组织公民行为具有显著积极影响，同事满意度和工作满意度对组织层面的组织公民行为具有显著影响。[3]根据以上分析，本研究提出如下假设：

H4：高职院校教师工作满意度对组织公民行为具有显著积极影响。

3.5.5 高职教师工作满意度与组织承诺的关系及假设

学界对工作满意度与组织承诺之间存在密切关系的看法基本上是一致的，但是对两者关系的方向性却没有达成一致意见，同时在工作满意度与持续承诺的关系上也存在不同观点。如龚星燕的研究表明，工作满意度总体及各维度与组织承诺总体及情感承诺、持续承诺和规范承诺维度均显著积极相关。[4]李凌在研究中指出，工作满意度总体及各维度分别与组织承诺总体及情感承诺、持续

❶ CHIBOIWA M W，CHIPUNZA C，SAMUEL M O. Evaluation of job satisfaction and organizational citizenship behaviour：case study of selected organisations in Zimbabwe[J]. African Journal of Business Management，2011，5(7)：2910–2918.

❷ SALEHI M，GHOLTASH A. The relationship between job satisfaction，job burnout and organizational commitment with the organizational citizenship behavior among members of faculty in the Islamic Azad University-first district branches，in order to provide the appropriate model[J]. Procedia Social and Behavioral Sciences，2011，15：306–310.

❸ 张伟. 国有企业员工的工作满意度、组织认同与组织公民行为关系的实证研究[D]. 广州：中山大学，2010.

❹ 龚星燕. 组织支持感、领导–成员交换对员工组织承诺和工作满意度的影响[D]. 苏州：苏州大学，2009.

承诺、规范承诺及理想承诺等维度均显著积极相关。[1]在工作满意度与组织承诺间关系的方向性上，部分研究者认为，工作满意度是组织承诺的显著预测因素。如Nguni及其同事的研究结果表明，小学教师的工作满意度对组织承诺具有显著积极预测作用。[2]Malik、Nawab、Naeem和Danish以巴基斯坦公立大学教师为样本的研究表明，教师对工作本身、上级监管和报酬的满意度对组织承诺具有积极显著影响。[3]刘勇陟对来自深圳水务集团有限公司的263员工的数据进行分析，结果显示任务自主满足、薪酬满足及升迁发展满足对组织承诺总体影响显著。[4]胡晓乐在研究中指出，高职院校青年教师对组织的满意度、对工作回报的满意度和对工作本身的满意度对情感承诺具有显著积极影响，对工作本身的满意度对规范承诺具有显著积极影响，对工作报酬的满意度对持续承诺具有显著负向影响。[5]然而，有的研究者却认为组织承诺是工作满意度的显著预测因子[6]，即工作满意度水平与组织承诺水平保持一致。同时，还有研究者认为工作满意度和组织承诺是一种相互影响的关系。如Hulpia及其同事收集了来自比利时Flanders地区1522名教师与248名学校管理人员的相关数据，分析结果表明，工作满意度和组织承诺的相互影响均达显著，且工作满意度对组织承诺的效应低于组织承诺对工作满意度的效应。[7]在工作满意度与组织承诺关系的方向性上笔者倾向于前一种观点，即工作满意度是组织承诺的前因变量。同时在工

---

[1] 李凌.中学教师工作满意度、组织承诺与离职倾向的现状及其关系研究[D].桂林:广西师范大学,2007.

[2] NGUNI S, SLEEGERS P, DENESSEN E. Transformational and transactional leadership effects on teachers' job satisfaction, organizational commitment, and organizational citizenship behavior in primary schools: the Tanzanian case[J]. School Effectiveness and School Improvement, 2006, 17(2): 145-177.

[3] MALIK M E, NAWAB S, et al. Job satisfaction and organizational commitment of university teachers in public sector of Pakistan[J]. International Journal of Business and Management, 2010, 5(6): 17-26.

[4] 刘勇陟.工作压力、工作满意度和组织承诺关系研究——以深圳水务集团为例[D].杭州:浙江大学,2005.

[5] 胡晓乐.高职院校青年教师工作满意度与组织承诺的关系研究[D].沈阳:东北大学,2009.

[6] VANDENBERG R J, LANCE C E. Examining the causal order of job satisfaction and organizational commitment[J]. Journal of Management, 1992, 18: 153-167.

[7] HULPIA H, DEVOSB G, ROSSEEL Y. The relationship between the perception of distributed leadership in secondary schools and teachers' and teacher leaders' job satisfaction and organizational commitment[J]. School Effectiveness and School Improvement, 2009, 20(3): 291-317.

作满意度与持续承诺的关系上，笔者更倾向于这种观点，即高的工作满意度会减轻不得不留在组织的被迫感。根据以上分析，本研究提出如下假设：

H5a：高职院校教师工作满意度对规范承诺具有显著正向影响；

H5b：高职院校教师工作满意度对持续承诺具有显著负向影响；

H5c：高职院校教师工作满意度对情感承诺具有显著正向影响。

3.5.6 高职教师组织承诺与组织公民行为的关系及假设

由于组织承诺反映了员工帮助组织的意愿，而不管帮助行为是否会得到奖赏，因此被认为对组织公民行为有预测作用。相关研究在组织承诺总体与组织公民行为总体之间存在显著关系的看法上基本上一致的，但是在组织承诺各维度与组织公民行为各维度间的关系上存在不同的意见。Liu 的研究表明，员工对母公司的组织承诺对组织导向的公民行为具有显著积极预测作用。[1]宁涛收集了湖南省建筑企业567名员工的有效数据，统计分析后发现，情感承诺和规范承诺对组织公民行为的五个维度均有正向显著影响；而持续承诺对认同组织、帮助同事和人际融洽维度具有负向显著影响，对保护资源和敬业精神影响不显著。[2]谢静以某在华韩国企业192名员工为有效样本，探讨了员工组织承诺与组织公民行为的关系，研究结果显示，理想承诺、经济承诺、机会承诺对帮助同事具有显著负向影响，对不生事争利和公私分明则有正向积极影响；理想承诺、情感承诺对帮助同事、不生事争利、公私分明和认同组织具有正向积极影响；规范承诺对不生事争利、公私分明、敬业守法具有显著积极影响。[3]张晓芹的研究表明，情感承诺与组织忠诚显著正相关，规范承诺与组织忠诚、公民道德、敬业守法、助人行为、自我发展显著正相关，持续承诺与敬业守法、助人行为、公民道德显著正相关。[4]在持续承诺与组织公民行为的关系上，笔者认

[1] LIU Y W. Perceived organizational support and expatriate organizational citizenship behavior: the mediating role of affective commitment towards the parent company[J]. Personnel Review, 2009, 38(3): 307–319.

[2] 宁涛. 组织承诺、组织公民行为与团队绩效的关系研究——以湖南建筑企业项目团队为例[D]. 长沙: 中南大学, 2010.

[3] 谢静. 员工的组织承诺与组织公民行为关系研究——以某在华韩企为例[D]. 南京: 南京理工大学, 2008.

[4] 张晓芹. 组织承诺、组织公民行为与高管团队绩效的关系研究[D]. 江门: 五邑大学, 2008.

为，既然持续承诺指的是员工由于各种条件限制无法离开组织而不得不留下来的感觉，那么此种承诺很可能不会激发员工的组织公民行为，甚至会起反作用。根据以上分析，本研究提出如下假设：

H6a：高职院校教师规范承诺对组织公民行为具有显著正向影响；

H6b：高职院校教师持续承诺对组织公民行为具有显著负向影响；

H6c：高职院校教师情感承诺对组织公民行为具有显著正向影响。

3.5.7 高职教师工作满意度对组织支持感与组织公民行为关系的中介作用假设

不但组织支持感与组织公民行为的直接关系获得了相关的理论支持，而且两者的间接关系也可以找到相应的理论依据。如Fishbein和Ajzen指出，员工的行为最终是建立在认知和态度两者基础上。[1]进而，他们提出认知先于态度，而后者导致了行为的产生。组织支持感被认为是一种信念，而工作满意度和情感承诺则属于工作态度，因此工作满意度和情感承诺可能会中介组织支持感与工作行为的关系。为检验这种关系的存在，Muse和Stamper收集了来自美国东南部一家大型制造企业的各个层次的313名员工的相关数据，分析结果表明，工作满意度完全中介了组织支持感与关系绩效中的人际促进及工作奉献维度的关系。[2]周丽萍的研究表明，工作满意度在组织支持感与关系绩效的关系中发挥了较强的中介作用。[3]魏江茹以446名高科技企业员工为样本的研究表明，工作满意度部分中介了组织支持感与组织公民行为的关系。[4]陈植乔的研究表明，民办高校教师的工作满意度部分中介了组织支持感与关系绩效的关系。[5]不过，郑文

---

[1] FISHBEIN M, AJZEN I. Belief attitude, intention, and behavior: an introduction to theory and research [M]. Reading, MA: Addison-Wesley, 1975.

[2] MUSE L A, STAMPER C L. Perceived organizational support: evidence for a mediated association with work performance[J]. Journal of Managerial Issues, 2007, 19(4): 517-535.

[3] 周丽萍. 基于组织待遇的组织支持感知、工作态度与工作结果关系研究[D]. 杭州: 浙江大学, 2006.

[4] 魏江茹. 高科技企业知识员工组织支持和组织公民行为的关系研究[J]. 软科学, 2010, 24(4): 109-111.

[5] 陈植乔. 民办高校专业课教师组织支持感、工作满意度与工作绩效关系研究[J]. 长江大学学报: 社会科学版, 2011, 34(3): 144-145.

全、郭晓娜以国内某高校135名教师为有效样本的研究表明，工作满意度在组织支持感和工作绩效关系中的中介作用不显著。❶根据以上分析，本研究提出如下假设：

H7：高职院校教师工作满意度中介了组织支持感和组织公民行为的关系；

H8a：高职院校教师工作满意度中介了价值认同和指向他人行为的关系；

H8b：高职院校教师工作满意度中介了价值认同和指向组织行为的关系；

H8c：高职院校教师工作满意度中介了价值认同和自我要求行为的关系；

H9a：高职院校教师工作满意度中介了工作支持和指向他人行为的关系；

H9b：高职院校教师工作满意度中介了工作支持和指向组织行为的关系；

H9c：高职院校教师工作满意度中介了工作支持和自我要求行为的关系；

H10a：高职院校教师工作满意度中介了利益关心和指向他人行为的关系；

H10b：高职院校教师工作满意度中介了利益关心和指向组织行为的关系；

H10c：高职院校教师工作满意度中介了利益关心和自我要求行为的关系。

3.5.8 高职教师组织承诺对组织支持感与组织公民行为关系的中介作用假设

组织支持感通过组织承诺对组织公民行为的间接效应得到了部分研究的支持。如Liu的研究表明，情感承诺部分中介了母公司组织支持感与组织导向的公民行为的关系，完全中介了子公司组织支持感与组织导向的公民行为的关系。❷周明建的研究发现，在持"利益交换观"组，员工的组织支持感完全通过情感承诺间接作用于组织导向的公民行为，除了对同事导向的公民行为通过情感承诺有间接作用外，还具有直接作用；在持"利益共同体观"组，员工的组织支持感完全通过情感承诺作用于两类组织公民行为。❸王光玲的研究显示，情

---

❶ 郑文全,郭晓娜. 组织支持、工作满意度与工作绩效——基于高校教师的一项实证研究[J]. 财经问题研究,2010(6):126-130.

❷ LIU Y W. Perceived organizational support and expatriate organizational citizenship behavior：the mediating role of affective commitment towards the parent company[J]. Personnel Review,2009,38(3):307-319.

❸ 周明建. 组织、主管支持,员工情感承诺与工作产出——基于员工"利益交换观"与"利益共同体观"的比较[D]. 杭州:浙江大学,2005.

感承诺完全中介了组织支持感与组织公民行为的关系。❶封展旗认为，高校教师的情感承诺完全中介了工作支持、利益关心分别与敬业爱岗、远见卓识、乐于奉献的关系。❷陈志霞的研究表明，组织支持感不但对关系绩效具有显著直接效应，还通过工作满意度和情感承诺对关系绩效有间接效应，但是直接效应大于间接效应。❸吴肇展以大台北地区医院283名护理人员为有效样本，探讨了组织支持感与服务导向的组织公民行为的关系，研究结果表明，组织承诺在组织支持感分别和忠诚、服务传递、参与等服务导向的组织公民行为三个维度间关系中具有部分中介作用。❹根据以上分析，本研究提出如下假设：

H11：高职院校教师规范承诺中介了组织支持感和组织公民行为的关系；

H12a：高职院校教师规范承诺中介了价值认同和指向他人行为的关系；

H12b：高职院校教师规范承诺中介了价值认同和指向组织行为的关系；

H12c：高职院校教师规范承诺中介了价值认同和自我要求行为的关系；

H13a：高职院校教师规范承诺中介了工作支持和指向他人行为的关系；

H13b：高职院校教师规范承诺中介了工作支持和指向组织行为的关系；

H13c：高职院校教师规范承诺中介了工作支持和自我要求行为的关系；

H14a：高职院校教师规范承诺中介了利益关心和指向他人行为的关系；

H14b：高职院校教师规范承诺中介了利益关心和指向组织行为的关系；

H14c：高职院校教师规范承诺中介了利益关心和自我要求行为的关系；

H15：高职院校教师持续承诺中介了组织支持感和组织公民行为的关系；

H16a：高职院校教师持续承诺中介了价值认同和指向他人行为的关系；

H16b：高职院校教师持续承诺中介了价值认同和指向组织行为的关系；

H16c：高职院校教师持续承诺中介了价值认同和自我要求行为的关系；

H17a：高职院校教师持续承诺中介了工作支持和指向他人行为的关系；

H17b：高职院校教师持续承诺中介了工作支持和指向组织行为的关系；

❶ 王光玲. 民营企业组织支持与组织公民行为关系的实证研究[J]. 统计与决策,2009(17):187-188.

❷ 封展旗. 高校教师组织支持感、情感承诺与组织公民行为的关系研究[D]. 西安:西安交通大学,2010.

❸ 陈志霞. 知识员工组织支持感对工作绩效和离职倾向的影响[D]. 武汉:华中科技大学,2006.

❹ 吴肇展. 护理人员知觉组织支持与服务导向组织公民行为关系之研究——以组织承诺为中介变项[C]//经营管理论坛第三届管理与决策学术研讨会特刊. 台北:[出版者不详],2009印刷:141-155.

H17c：高职院校教师持续承诺中介了工作支持和自我要求行为的关系；

H18a：高职院校教师持续承诺中介了利益关心和指向他人行为的关系；

H18b：高职院校教师持续承诺中介了利益关心和指向组织行为的关系；

H18c：高职院校教师持续承诺中介了利益关心和自我要求行为的关系；

H19：高职院校教师情感承诺中介了组织支持感和组织公民行为的关系；

H20a：高职院校教师情感承诺中介了价值认同和指向他人行为的关系；

H20b：高职院校教师情感承诺中介了价值认同和指向组织行为的关系；

H20c：高职院校教师情感承诺中介了价值认同和自我要求行为的关系；

H21a：高职院校教师情感承诺中介了工作支持和指向他人行为的关系；

H21b：高职院校教师情感承诺中介了工作支持和指向组织行为的关系；

H21c：高职院校教师情感承诺中介了工作支持和自我要求行为的关系；

H22a：高职院校教师情感承诺中介了利益关心和指向他人行为的关系；

H22b：高职院校教师情感承诺中介了利益关心和指向组织行为的关系；

H22c：高职院校教师情感承诺中介了利益关心和自我要求行为的关系。

3.5.9 高职教师工作满意度对组织支持感与组织承诺关系的中介作用假设

组织支持感不仅会对组织承诺有直接效应，而且还会通过工作满意度对其产生间接效应。如 Gaertner 的研究表明，上级支持除对组织承诺有直接影响外，还通过工作满意度间接影响组织承诺。[1]朱震宇在以连云港市制造业211名职工为样本的研究中指出，工作满意度在组织支持感与组织承诺间关系中发挥了部分中介作用，即组织支持感不但对组织承诺有直接显著影响，而且还通过工作满意度间接影响组织承诺。[2]Colakglu、Culha 和 Atay 以土耳其198名宾馆员工为有效样本，研究结果表明，工作满意度在组织支持感与情感承诺、规范承

---

[1] GAERTNER S. Structural determinants of job satisfaction and organizational commitment in turnover models[J]. Human Resource Management Review, 1999, 9(4): 479-493.

[2] 朱震宇. 组织支持感知、工作满意度与组织承诺的关系研究[D]. 南京: 南京理工大学, 2007.

诺、持续承诺关系中发挥了部分中介作用。❶根据以上分析，本研究提出如下假设：

H23a：高职院校教师工作满意度中介了组织支持感与规范承诺的关系；

H23b：高职院校教师工作满意度中介了组织支持感与持续承诺的关系；

H23c：高职院校教师工作满意度中介了组织支持感与情感承诺的关系。

3.5.10 高职教师组织承诺对工作满意度与组织公民行为关系的中介作用假设

相关研究表明，工作满意度会通过组织承诺间接影响组织公民行为。如朱君伟以太原市958名小学教师为有效样本，分析结果表明，组织承诺在工作满意度和组织公民行为间的关系中发挥了部分中介作用。❷Zeinabadi指出，教师内在工作满意度不但对组织公民行为有直接显著积极影响，还通过价值承诺对组织公民行为有间接显著积极影响。❸Salehi和Gholtash的研究表明，教师工作满意度首先影响工作倦怠，而后影响组织承诺，最后影响组织公民行为。❹根据以上分析，本研究提出如下假设：

H24a：高职院校教师规范承诺中介了工作满意度与组织公民行为的关系；

H24b：高职院校教师持续承诺中介了工作满意度与组织公民行为的关系；

H24c：高职院校教师情感承诺中介了工作满意度与组织公民行为的关系。

❶ COLAKGLU U，CULHA O，ATAY H. The effects of perceived organizational support on employees'affective outcomes:evidence from the hotel industry[J]. Tourism and Hospitality Management,2010,16(2):125-150.

❷ 朱君伟. 小学教师组织承诺、工作满意度与组织公民行为的关系研究[D]. 太原:山西大学,2008.

❸ ZEINABADI H. Job satisfaction and organizational commitment as antecedents of organizational citizenship behavior(OCB) of teachers[J]. Procedia Social and Behavioral Sciences,2010(5):998-1003.

❹ SALEHI M,GHOLTASH A. The relationship between job satisfaction,job burnout and organizational commitment with the organizational citizenship behavior among members of faculty in the Islamic Azad University first district branches,in order to provide the appropriate model[J]. Procedia Social and Behavioral Sciences,2011,15:306-310.

第四章

问 卷 设 计 与 预 测 试

本章内容包括两个部分。首先根据研究的目的，在借鉴前人研究成果的基础上，设计了相应的测量工具。高职教师的组织支持感量表和组织公民行为量表属于自编，在工作满意度和组织承诺的测量上采用了成熟的量表。根据研究的需要，本研究还编制了控制变量的测量工具。另外，为保证测量工具的质量，在预测试后，利用数据对相应量表进行了项目分析、探索性因素分析及信度检验，最终确定了正式的测量工具。

4.1 问卷设计

根据第三章所提出的理论模型及假设，本研究需要测量组织支持感、工作满意度、组织承诺和组织公民行为等四个变量。问卷设计按照以下三个步骤进行。

一是查找、选取并翻译与测量变量相关的量表。本研究涉及的四个变量前人均已开发了相应的测量工具，但是由于对变量内涵的理解及研究视角的不同，测量同一变量的量表在维度构成及题项多寡上不尽一致。基于笔者对相应变量内涵的理解及研究目的，本研究选取或参照了在国内外研究中应用较为广泛的量表。对来自国外的量表，本研究进行了翻译工作。首先由笔者完成翻译初稿，然后请北京航空航天大学人文学院的四名博士研究生和泰安交通学校的一名英语教师进行了翻译校对。通过以上工作，完成了问卷的选取与翻译工作。

二是对测量题目的甄选与补充。鉴于以往研究对组织支持感和组织公民行为的测量多是在非学校文化背景下进行的，因此有必要基于学校文化背景对其进行选编。为此，笔者在征询部分高职院校教师意见的基础上，对量表的题项进行了适当取舍及补充。工作满意度和组织承诺量表系经翻译修订完成。组织支持感与组织公民行为量表的编制借鉴了前人多项研究成果，并根据访谈结果增删了部分题项，因此这两个量表属于自编测量工具。

三是请有关专家、学者对测量工具提出修改意见。笔者在完成前两步工作后，先后征询了山东师范大学、潍坊医学院、成都教育学院、青岛港湾职业技术学院、济宁职业技术学院相关老师的修改意见。在此基础上，完成了问卷修订及编制工作，最终形成问卷初稿。

4.1.1 高职教师组织支持感的测量

本研究在文献研究及访谈的基础上，编制了组织支持感量表对高职院校教师进行测量。在组织支持感的维度结构上，本研究认为组织支持感由价值认同、工作支持和利益关心三个维度构成。组织支持感量表的测量题项部分选自或修改自凌文辁、杨海军、方俐洛的量表❶，部分选自或修改自 Eisenberger 及其同事的量表❷，剩余部分系在访谈基础上自编而成。本研究采用 Likert 7 点量表形式计分，其中，"1"为"完全不同意"，"7"为"完全同意"。组织支持感量表的题项组成如表4.1所示。

表4.1　组织支持感量表

维度	题项
工作支持	1.当我在工作上遇到问题时，学校会给予帮助。
	2.即使我的工作做得很出色，学校也不会关注。（R）
	3.学校为我提供了公平的晋升机会。
	4.学校非常支持我参加与工作相关的培训或进修学习。
	5.学校为我提供了良好的工作条件。
	6.学校愿意尽力帮助我发挥最大的工作潜能。
	7.学校会同意我改善工作条件的合理要求。
	8.学校努力使我的工作充满乐趣。

---

❶ 凌文辁,杨海军,方俐洛.企业员工的组织支持感[J].心理学报,2006,38(2):281-287.

❷ EISENBERGER R,HUNTINGTON R,HUTCHISON S,et al. Perceived organizational support[J]. Journal of Applied Psychology,1986,71:500-507.

续表

维度	题项
价值认同	1.学校重视我对学校发展所做的贡献。
	2.如果我提出辞职，学校会挽留我。
	3.学校会为我工作中的成就而自豪。
	4.学校领导会为我是学校的一员而骄傲。
	5.学校重视我的意见。
	6.学校认为我现在从事的工作如果换成别人来做，也会做得同样好。（R）
	7.学校让我觉得自己是一位有价值的成员。
利益关心	1.学校非常关心我的生活状况。
	2.学校在做出对我有影响的决策时会照顾到我的利益。
	3.学校不会理睬我的任何抱怨。（R）
	4.学校不会考虑我应得多少报酬的问题。（R）
	5.当经费宽裕时，学校会考虑提高我的报酬。
	6.当我需要特殊帮助时，学校会给予援助。
	7.学校不会奖励我的额外劳动付出。（R）

注："R"表示反向计分。

4.1.2 高职教师工作满意度的测量

本研究采用Schriesheim和Tsui编制的工作满意度量表来测量高职院校教师的工作满意度。●量表由六个题项组成，从工作本身、直接上级、同事关系、薪酬、晋升及总体等方面对工作满意度进行测量。本研究采用Likert 7点量表形式计分，其中，"1"为"完全不同意"，"7"为"完全同意"。工作满意度量表题项组成如表4.2所示。

❶ SCHRIESHEIM C，TSUI A S. Development and validation of a short satisfaction instrument for use in survey feedback interventions[R]. [S. l.]：Western Academy of Management，1980.

表 4.2　工作满意度量表

变量	题项
工作满意度	1.您对目前的工作本身满意吗？
	2.您对目前的直接上级满意吗？
	3.您对目前的同事关系满意吗？
	4.您对目前的工作报酬满意吗？
	5.您对目前学校中的晋升机会满意吗？
	6.总的来说，您对目前的工作状况满意吗？

4.1.3　高职教师组织承诺的测量

本研究采用Meyer及其同事编制的组织承诺量表对高职院校教师进行测量。❶该量表分为规范承诺、持续承诺和情感承诺三个分量表，每个分量表由6个题目组成，共有18个题项。本研究采用Likert7点量表形式计分，其中，"1"为"完全不同意"，"7"为"完全同意"。组织承诺量表的题项组成如表4.3所示。

表 4.3　组织承诺量表

维度	题项
情感承诺	1.我非常愿意在这所学校一直工作下去。
	2.我真的感到这所学校的事就是我自己的事。
	3.我对这所学校缺乏归属感。（R）
	4.我觉得我和这所学校没有深厚的感情。（R）
	5.我觉得我不是这所学校的一分子。（R）
	6.这所学校对我来说意义重大。

---

❶ MEYER J P, ALLEN N J, SMITH C A. Commitment to organizations and occupations: extension and test of a three-component conceptualization[J]. Journal of Applied Psychology, 1993(78):538–551.

续表

维度	题项
持续承诺	1.目前来说，我留在这所学校工作是为了生活上的需要。
	2.即使我现在想离开这所学校，也很难做到。
	3.如果现在离开这所学校，我的生活将会被打乱。
	4.由于目前几乎没有其他的选择，所以我不会考虑离开这所学校。
	5.如果不是对这所学校已经投入那么多的话，我会考虑换工作。
	6.离开这所学校，我将难以找到更合适的工作。
规范承诺	1.我觉得没有任何义务留在这所学校工作。（R）
	2.即使现在离开这所学校对我有利，我也认为这样做是不对的。
	3.如果现在离开这所学校，我会感到内疚。
	4.这所学校值得我对它忠诚。
	5.我现在不会离开这所学校，因为我觉得有责任这样做。
	6.我对这所学校怀有诸多感激。

注："R"表示反向计分。

4.1.4 高职教师组织公民行为的测量

笔者在借鉴前人研究成果及访谈的基础上编制了组织公民行为量表对高职院校教师进行测量。在该变量的维度构成上，欧朝辉对 Farh 及其同事于 1997 年编制的量表进行了修订，将原来的五维结构提炼成三维结构，即利他行为、利组织行为和主动行为。[1]本研究在参考相关研究成果的基础上，将组织公民行为划分为指向组织行为、指向他人行为和自我要求行为等三个维度，由 24 个题项组成。在量表题项的来源上，部分题项系甄选并修改自 Farh 及其同事和 Farh 及其同事的量表[2][3]，其余部分系在调研基础上自编而得。本研究采用 Likert 7 点量

---

[1] 欧朝晖. 教师心理所有权及其基于组织的自尊、组织公民行为关系的研究[D]. 上海:华东师范大学，2007.

[2] FARH J L, EARLEY P C, LIN S C. Impetus for action:a cultural analysis of justice and organizational citizenship behavior in Chinese society[J]. Administrative Science Quarterly, 1997, 42(8):421-444.

[3] FARH J L, ZHONG C B, ORGAN D W. Organizational citizenship behavior in the People's Republic of China[J]. Organization Science, 2004, 15(2):241-253.

表形式计分，其中，"1"为"完全不同意"，"7"为"完全同意"。组织公民行为量表的题项组成如表4.4所示。

表4.4 组织公民行为量表

维度	题项
指向组织行为	1.我愿意挺身维护学校声誉。
	2.我会主动向外界宣传学校的优点，或澄清他人对学校的误解。
	3.我会主动提出有利于学校发展的建议。
	4.我会积极参加校内会议。
	5.我会积极参加学校组织的活动。
	6.我非常注重节约学校资源，如水、电、办公用品等。
	7.我非常注意爱护学校物品，如图书、办公设备、教学仪器等。
	8.我会主动使用个人资源，如个人社会关系等，帮助学校解决问题。
指向他人行为	1.我愿意帮助新同事适应工作环境。
	2.我愿意帮助同事解决工作上的问题。
	3.如果需要，我愿意分担同事的工作。
	4.我愿意与同事在工作上进行协调与沟通。
	5.我会主动把个人的教学经验提供给其他需要的同事。
	6.为维护学校人际和谐，我会在个人利益上做出让步。
	7.我不会在背后批评领导或同事。
	8.我会主动协助化解同事间的矛盾。
	9.我与同事建立了融洽的关系。
	10.我不会计较与同事间的过节。
	11.我经常利用业余时间指导学生学习。
自我要求行为	1.即使没人监督，我也会恪守学校的规定。
	2.我会努力充实自我以提升教学质量。
	3.我不介意承担新的或具有挑战性的任务。
	4.我对工作认真负责，很少出差错。
	5.我会尽可能避免使用学校资源如电话、复印机等处理私人事务。

4.1.6 高职教师人口统计学变量的测量

第二章的文献分析表明,人口统计学变量可能会对工作满意度、组织承诺、组织公民行为产生影响,因此本研究将性别、年龄、婚姻、教龄、学历、职称、职务等作为控制变量进行测量。测量内容如下所示:

性别分为男、女两组;年龄分为30岁及以下、31—40岁、41—50岁、51岁及以上四组;婚姻分为未婚、已婚、其他等三组;教龄分为5年及以下、6—10年、11—15年、16—20年、21年及以上等五组;学历分为大专、本科、硕士、博士等四组;职称分为无职称、初级、中级、副高、正高等五组;职务分为担任行政职务、不担任行政职务两组。

4.2 预测与量表分析

4.2.1 数据收集与描述统计

为保证测量工具的质量,在正式调查问卷发放前,笔者于2012年4月进行了预调查,在此基础上对问卷进行了适当修订。笔者向北京市属的三所公立高职院校的教师发放纸质问卷170份,回收167份,回收率为98%;剔除无效问卷(规律性作答、回答前后矛盾、空答超过5个的问卷)17份,有效问卷为150份,有效率为90%。预测样本的基本情况如表4.5所示。

表4.5 预测试样本的描述性统计 (*N*=150)

变量	组别	频数	百分比/%	有效百分比/%	合计	缺失值
性别	男	38	25.3	26.4	144	6
	女	106	70.7	73.6		
年龄	30岁及以下	28	18.7	18.7	150	
	31—40岁	70	46.7	46.7		
	41—50岁	48	32.0	32.0		
	51岁及以上	4	2.7	2.7		
婚姻	未婚	17	11.3	11.5	148	2
	已婚	131	87.3	88.5		

续表

变量	组别	频数	百分比/%	有效百分比/%	合计	缺失值
教龄	5年及以下	25	16.7	16.9	148	2
	6—10年	49	32.7	33.1		
	11—20年	47	31.3	31.8		
	21年及以上	27	18.0	18.2		
学历	本科及以下	66	44.0	44.3	149	1
	硕士及以上	83	55.3	55.7		
职称	无职称	5	3.3	3.3	150	
	初级职称	15	10.0	10.0		
	中级职称	91	60.7	60.7		
	副高职称	35	23.3	23.3		
	正高职称	4	2.7	2.7		
职务	担任行政职务	36	24.0	24.2	149	1
	不担任行政职务	113	75.3	75.8		

注：根据预测样本的实际情况，本研究将人口统计学变量的组别进行了适当合并，将婚姻变量的"其他"组别作为缺失处理，将教龄合并为四组，将学历合并为两组。

4.2.2 高职教师组织支持感量表分析

本研究使用SPSS16.0统计软件对相应量表按以下三个步骤进行了分析。

第一，对量表进行项目分析。本研究采用临界比值法（critical ration，CR）和题项与量表总分的相关系数对题项进行了取舍。临界比值法是指，将受试者在量表各题项的得分加总后按得分高低排序，取前27%为高分组，后27%为低分组，再检验高低组在每个题项上的平均数差异的显著性，将未达显著水平（$p > 0.01$）的题项删除。考察题项与量表总分的相关系数属于同质性检验。如果量表所有的题项是在测量相同的构念或者某种潜在构念，则个别题项与此潜在特质间应有中高程度的相关；如果积差相关系数低于0.4，则表示该题项与潜在构念的关系不密切，应予以删除。

第二，通过探索性因素分析（exploratory factor analysis）考察量表的建构效度（construct validity）。探索性因素分析的目的是为了找出量表的潜在结构，使题项数目变得较少而彼此相关较大。建构效度是指态度量表能够测量理论的概念或特质的程度。❶本研究首先对相应量表进行了KMO值和Bartlett球形检验，以判断该量表是否适合进行因素分析。❷在因素分析过程中采用了主成分分析法（principal components analysis）抽取因素，并使用最大变异法（varimax）进行转轴以利于因素的解释和命名。在删除题项时本研究是按照以下三个原则进行的❸：①聚积在同一个因素上但内容明显与其他项目不同的题项；②载荷在单个因素上小于0.4的题项；③交叉载荷较高的题项。

第三，对经过前两个步骤的量表进行信度检验。所谓信度是指测量工具所测得结果的稳定性（stability）和一致性（consistency），量表的信度越高，则其测量标准误越小。本研究将采用Cronbach α系数对四个量表的信度进行检验。❹

本研究考察了组织支持感量表各题项的CR值和题项与量表总分的Pearson相关系数，检验结果如表4.6所示。由表4.6可知，在组织支持感量表的22个题项中，只有第22题的CR值未达显著性水平（*p*>0.01），其与总分的相关系数低于0.4，故将其删除，其余21个题项保留。

表4.6　组织支持感量表项目分析结果

题项	CR值	相关系数	题项	CR值	相关系数	题项	CR值	相关系数
1	9.219***	0.678**	9	12.231***	0.740**	17	9.809***	0.756**
2	14.444***	0.791**	10	3.513**	0.406**	18	8.801***	0.735**

❶ 吴明隆.问卷统计分析实务——SPSS操作与应用[M].重庆:重庆大学出版社,2010:194.

❷ 根据Kaiser的观点,KMO的值在0.9以上,极适合进行因素分析;0.8—0.9,适合进行因素分析;0.7—0.8,尚可进行因素分析;0.6—0.7,勉强可进行因素分析;0.5—0.6,不适合进行因素分析;0.5以下,非常不适合进行因素分析。——KAISER H F. An index of factorial simplicity[J]. Psychometrica,1974,39(1):31-36.

❸ 本研究对预测问卷进行项目分析后删去了不合格的题项,其余的题项全部保留组成了正式问卷。此处探索性因素分析仅用来找出变量的潜在结构以用于后面的数据分析,正式问卷仍然保留了在探索性因素分析时被删除的题项。

❹ 作为一般的态度或心理知觉量表,其总量表的信度系数最好在0.80以上,如果在0.70至0.80之间,可以接受;分量表信度系数最好在0.70以上,如果在0.60至0.70之间,也可以接受使用。——吴明隆.问卷统计分析实务——SPSS操作与应用[M].重庆:重庆大学出版社,2010:244.

题项	CR值	相关系数	题项	CR值	相关系数	题项	CR值	相关系数
3	12.307***	0.756**	11	6.475***	0.545**	19	7.039***	0.584**
4	5.675***	0.508**	12	8.171***	0.652**	20	9.055***	0.716**
5	9.339***	0.703**	13	5.953***	0.534**	21	3.570**	0.468**
6	10.674***	0.702**	14	11.038***	0.737**	22	1.889	0.298**
7	6.326***	0.635**	15	9.075***	0.712**			
8	8.667***	0.686**	16	10.142***	0.716**			

注：**$p<0.01$，***$p<0.001$。

经过多次探索性因素分析，依次删除了第16、10、3、21、12、11、15、9、18、5、17等题项后，剩下的10个题项分别清晰地聚集在三个因素上。组织支持感量表最终的探索性因素分析结果如表4.7所示。

表4.7　组织支持感量表的探索性因素分析结果

题项	1	2	3	萃取值
19.学校会为我工作中的成就而自豪。	0.879	0.118	0.066	0.790
14.学校重视我对学校发展所做的贡献。	0.750	0.277	0.299	0.729
20.学校重视我的意见。	0.702	0.294	0.266	0.650
4.学校非常支持我参加与工作相关的培训或进修学习。	0.082	0.852	−0.037	0.734
1.当我在工作上遇到问题时学校会给予帮助。	0.228	0.644	0.323	0.572
6.学校愿意帮助我发挥最大的工作潜能。	0.399	0.596	0.280	0.593
8.学校为我提供了公平的晋升机会。	0.389	0.540	0.266	0.514
7.学校不会理睬我的任何抱怨。	0.118	0.173	0.818	0.713
13.学校不会考虑我应得多少报酬的问题。	0.210	0.071	0.710	0.554
2.学校非常关心我的生活状况。	0.280	0.512	0.582	0.678
解释变异量/%	46.426	9.514	9.325	
累计解释变异量/%	46.426	55.940	65.265	

由表4.7可知，组织支持感构念是三维结构，符合理论设想。三个因素总计可解释65.265%的变异量，且各题项在相应因素上的载荷均较高，表明

该量表具有较高的结构效度。根据组成各因素的题项内容，本研究将三个因素依次命名为价值认同、工作支持和利益关心。价值认同包括第14、19、20等三个题项，体现的是学校对教师在学校发展中价值的认可；工作支持包括第1、4、6、8等四个题项，反映的是学校为教师完成其工作任务而提供的支持；利益关心包括第2、7、13等三个题项，反映的是学校对教师切身利益的关心。

经信度检验，组织支持感量表总体及其价值认同、工作支持和利益关心等三个分量表Cronbach α系数分别为0.867、0.800、0.753、0.676，表明该量表总体及各分量表均具有良好的内部一致性。

4.2.3 高职教师工作满意度量表分析

本研究首先对工作满意度量表进行了项目分析，分析结果见表4.8。由表4.8可知，工作满意度量表所有题项的CR值均达显著性要求（$p<0.01$），各题项与量表总分的Pearson相关系数均高于0.4，因此所有题项保留。

表4.8 工作满意度量表的项目分析结果

题项	CR值	相关系数	题项	CR值	相关系数
1	10.912***	0.742**	4	15.999***	0.800**
2	9.052***	0.631**	5	15.387***	0.826**
3	7.750***	0.663**	6	13.550***	0.866**

注：**$p<0.01$，***$p<0.001$。

本研究接着对工作满意度量表进行了探索性因素分析。经检验，工作满意度量表的KMO值为0.822，Bartlett球形检验显著性为0.000，因此量表适合进行探索性因素分析。工作满意度量表的探索性因素分析结果如表4.9所示。由表4.9可知，工作满意度量表的所有题项均聚积在一个因素上，表明该构念是单维结构。这个因素可以解释57.794的变异量，各个题项的载荷均较高，表明工作满意度量表具有较高的结构效度。经信度检验，工作满意度量表的Cronbach α系数为0.849，表明其具有较高的内部一致性。

表4.9　工作满意度量表的探索性因素分析结果

题项	1	萃取值
1.总的来说您对目前的工作状况满意吗？	0.877	0.769
2.您对目前在学校中的晋升机会满意吗？	0.826	0.683
3.您对目前的同事关系满意吗？	0.685	0.469
4.您对目前的工作报酬满意吗？	0.785	0.616
5.您对目前的工作本身满意吗？	0.746	0.557
6.您对目前的直接上级满意吗？	0.612	0.374
解释变异量/%	57.794	

4.2.4 高职教师组织承诺量表分析

本研究对组织承诺量表的项目分析及信度检验将按各个分量表进行。之所以如此，是基于如下考量：作为促使员工留在组织内的心理状态的三个成分，情感承诺反映的是一种愿望（a desire），持续承诺反映的是一种需求（a need），规范承诺反映的是一种责任感（an obligation），三者被认为具有不同的形成机制且对工作行为具有不同的意义。❶同时，Allen和Meyer的研究还发现，情感承诺和规范承诺均相对独立于持续承诺。❷因此，如果检验量表总体中各题项的CR值，题项与量表总分的Pearson相关系数及量表总体信度可能没有实际意义。

表4.10是组织承诺三个分量表的项目分析结果。由该表可知，三个分量表所有题项的CR值均达显著性要求（$p<0.01$），各题项与各分量表总分的Pearson相关系数均高于0.4，因此全部保留。

经检验，组织承诺量表的KMO值为0.865，Bartlett球形检验显著性为0.000，因此适合进行探索性因素分析。经过几次探索性因素分析，依次删除了第11、18、6、10、1、12等题项后，剩余的12个题项分别清晰地聚积三个因素

---

❶ MEYER J P, ALLEN N J. A three-component conceptualization of organizational commitment[J]. Human Resource Management Review, 1991, 1(1): 61-90.

❷ ALLEN N J, MEYER J P. The measurement and antecedents of affective, continuance and normative commitment to the organization[J]. Journal of Occupational Psychology, 1990, 63(1): 1-18.

上。组织承诺量表最终的探索性因素分析结果如表4.11所示。

表4.10　组织承诺量表的项目分析结果

题项	CR值	相关系数	题项	CR值	相关系数	题项	CR值	相关系数
1	9.599***	0.743**	7	8.334***	0.619**	13	15.274***	0.821**
2	14.397***	0.820**	8	7.705***	0.626**	14	9.763***	0.730**
3	14.271***	0.844**	9	12.474***	0.793**	15	9.249***	0.651**
4	8.847***	0.668**	10	8.392***	0.658**	16	11.900***	0.771**
5	8.574***	0.696**	11	5.072***	0.502**	17	10.371***	0.722**
6	10.618***	0.672**	12	11.978***	0.756**	18	8.541***	0.626**

注：**$p<0.01$，***$p<0.001$；第1、4、6、10、14、16题项属于情感承诺，第7、8、11、13、15、17题项属于持续承诺，第2、3、5、9、12、18题项属于规范承诺。

表4.11　组织承诺量表的探索性因素分析结果

题项	1	2	3	萃取值
2.如果现在离开这所学校我会感到内疚。	0.815	0.041	0.240	0.723
9.我现在不会离开这所学校，因为我觉得有责任这样做。	0.813	−0.063	0.200	0.706
5.即使现在离开这所学校对我有利，我也认为这样做是不对的。	0.816	−0.093	0.017	0.675
3.这所学校值得我对它忠诚。	0.658	−0.078	0.493	0.682
17.如果现在离开这所学校我的生活将会被打乱。	0.020	0.783	0.068	0.619
13.目前几乎没有其他的选择，所以我不会考虑离开这所学校。	−0.300	0.755	−0.185	0.694
8.即使我现在想离开这所学校，也很难做到。	0.035	0.705	−0.008	0.499
15.离开这所学校我将难以找到更合适的工作。	−0.001	0.684	−0.186	0.503
7.目前来说我留在这所学校工作是为了生活上的需要。	−0.094	0.541	−0.326	0.408
14.我觉得我不是这所学校的一分子。	0.139	−0.051	0.835	0.720
4.我觉得我和这所学校没有深厚的感情。	0.134	−0.133	0.730	0.569
16.我对这所学校缺乏归属感。	0.333	−0.197	0.664	0.591
解释变异量/%	34.192	17.916	9.463	
累计解释变异量/%	34.192	52.108	61.571	

由表4.11可知，组织承诺构念是三维结构。三个因素共可以解释61.571%的变异量，题项在各个因素上的载荷均较高，表明该量表具有较高的结构效度。根据各个因素包含的题项内容，本研究将这三个因素依次命名为规范承诺、持续承诺和情感承诺。规范承诺包括第2、3、5、9等四个题项，表示员工留在组织内是出于责任感；持续承诺包括第7、8、13、15、17等五个题项，表示员工不得不留在组织内的心理状态；情感承诺包括第4、14、16等三个题项，表示员工对组织的认同与依恋。

经信度检验，情感承诺、持续承诺和规范承诺等三个分量表的Cronbach α系数分别为0.697、0.758、0.830，表明三个分量表的内部一致性均可以接受。

4.2.5 高职教师组织公民行为量表分析

本研究首先对组织公民行为量表进行了项目分析，分析结果如表4.12所示。由表4.12可知，组织公民行为量表各题项的CR值均达显著要求（$p<0.01$），各题项与量表总分的Pearson相关系数均高于0.4，因此所有的题项均保留，组成正式问卷。

表4.12　组织公民行为量表的项目分析结果

题项	CR值	相关系数	题项	CR值	相关系数	题项	CR值	相关系数
1	6.126***	0.540**	9	9.009***	0.645**	17	11.717***	0.641**
2	5.964***	0.536**	10	8.107**	0.669**	18	10.970***	0.709**
3	5.899***	0.562**	11	9.801***	0.695**	19	8.051***	0.621**
4	6.409***	0.605**	12	4.706***	0.414**	20	7.661***	0.619**
5	8.517***	0.677**	13	5.460***	0.460**	21	8.559***	0.674**
6	8.182***	0.709**	14	6.697***	0.583**	22	10.826***	0.648**
7	10.396***	0.725**	15	8.264***	0.658**	23	10.453***	0.661**
8	6.370.***	0.433**	16	10.216***	0.734**	24	9.961***	0.706**

注：**$p<0.01$，***$p<0.001$。

其次，本研究对组织公民行为量表进行了探索性因素分析。经检验，组织公民行为量表的KMO值为0.888，Bartlett球形检验结果的显著性为0.000，表明适合进行探索性因素分析。经过多次探索性因素分析，逐条删除了第9、14、24、16、3、22、12、2、13、21、20、18、23、19等题项后，保留下的10个题项分别清晰地聚积在三个因素上。组织公民行为量表最终的探索性因素分析结果如表4.13所示。

　　由表4.13可知，组织公民行为构念是三维结构。这三个因素共可以解释64.970%的变异量，10个题项的因子载荷均较高，表明该量表具有较高的结构效度。根据组成各因素的题项内容，本研究将这三个因素分别命名为指向他人行为、指向组织行为和自我要求行为。指向他人行为包括第5、6、7、10等四个题项，表示教师主动帮助同事及学生的行为；指向组织行为包括第1、4、15等三个题项，表示教师表现出的学校层面上的自主利他行为；自我要求行为包括8、11、17等三个题项，表示教师对自己严格要求、积极上进的行为。

表4.13　组织公民行为量表的探索性因素分析结果

题项	1	2	3	萃取值
6.我愿意帮助新同事适应工作环境。	0.785	0.322	0.191	0.757
10.我会主动把个人的教学经验提供给其他需要的同事。	0.783	−0.012	0.356	0.739
7.我会主动协助化解同事间的矛盾。	0.716	0.368	0.182	0.681
5.我经常利用业余时间指导学生学习。	0.562	0.386	0.254	0.529
4.我会积极参加校内会议。	0.172	0.858	0.123	0.780
15.我会积极参加学校组织的活动。	0.142	0.766	0.329	0.715
1.我愿意挺身维护学校声誉。	0.364	0.588	0.072	0.483
17.我会努力充实自我以提升教学质量。	0.117	0.155	0.849	0.758
11.即使没人监督我也会恪守学校的规定。	0.392	0.256	0.634	0.621
8.我对工作认真负责，很少出差错。	0.249	0.120	0.597	0.433
解释变异量/%	46.221	10.458	8.292	
累计解释变异量/%	46.221	56.678	64.970	

　　经信度检验，组织公民行为量表总体和指向他人行为、指向组织行为、自我要求行为等三个分量表的 Cronbach α 系数分别是 0.859、0.795、0.733、0.635。这表明，组织公民行为量表及分量表信度良好。

第五章

正 式 测 试 与 数 据 质 量 评 价

　　本章内容包括两个部分：一是介绍了正式测试中的数据收集过程，并对数据进行了描述性统计；二是对数据进行了质量评价，包括验证性因素分析与信度检验。

5.1 数据收集与描述统计

5.1.1 数据收集

　　笔者采用正式调查问卷，于2012年5月初至6月中旬，向山东、辽宁、山西、江西、贵州、青海等六个省的10所公立高职院校的教师发放了500份纸质问卷。笔者在每所学校联系了一名教师，由其负责随机向该校教师发放并回收问卷。为保护调查对象的个人信息，问卷全部采用匿名方式。同时，笔者为每位答卷教师准备了一个空白信封，请其在答卷完毕后将问卷封好，再交给负责教师。本次调查共收回问卷418份，回收率达到83.6%；剔除无效问卷40份，保留有效问卷378份，问卷有效率为90.4%。

5.1.2 样本与数据的描述统计

　　正式调查样本的描述性统计结果如表5.1所示。

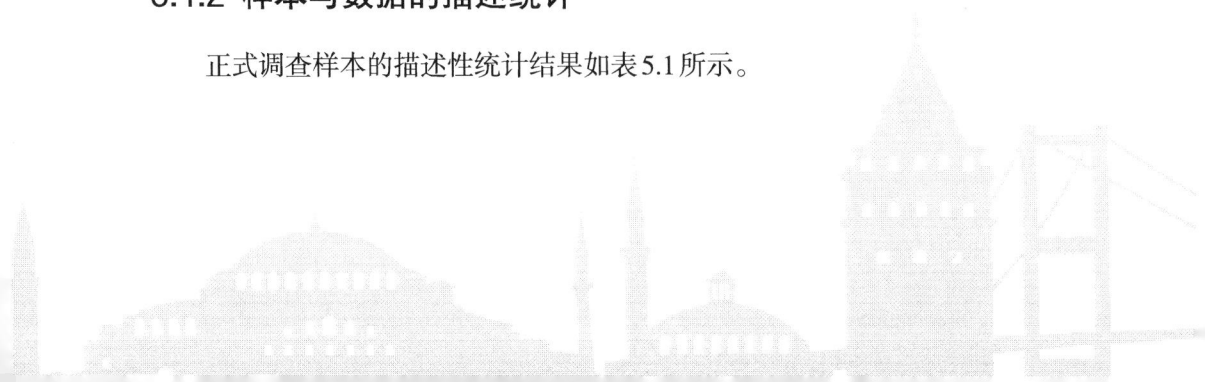

表5.1　正式测试样本的描述性统计（*N*=378）

变量	组别	频数	百分比/%	有效百分比/%	合计	缺失值
性别	男	182	48.1	48.7	374	4
	女	192	50.8	51.3		
年龄	30岁及以下	110	29.1	29.1	378	0
	31—40岁	143	37.8	37.8		
	41—50岁	107	28.3	28.3		
	51岁及以上	18	4.8	4.8		
婚姻	未婚	65	17.2	17.6	370	8
	已婚	305	80.7	82.4		
教龄	5年及以下	132	34.9	35.0	377	1
	6—10年	90	23.8	23.9		
	11—20年	87	23.0	23.1		
	21年及以上	68	18.0	18.0		
学历	本科及以下	187	49.5	49.7	376	2
	硕士及以上	189	50.0	50.3		
职称	无职称	22	5.8	5.9	376	2
	初级职称	92	24.3	24.5		
	中级职称	169	44.7	44.9		
	副高职称	76	20.1	20.2		
	正高职称	17	4.5	4.5		
职务	担任行政职务	102	27.0	27.7	368	10
	不担任行政职务	266	70.0	72.3		

　　数据的正态分布是统计分析的一个基本假设前提。一般认为，当偏度系数绝对值大于3，峰度系数绝对值大于7，数据就可被视为呈非正态分布。正式调查数据的描述性统计结果如表5.2所示。由表5.2可知，四个量表的题项的偏度值与峰度值均在合理的范围之内，表明数据为正态分布。

表5.2 正式测试变量各题项的描述性统计（N=378）

量表	题项	均值	标准差	偏度		峰度	
		统计量	统计量	统计量	标准误差	统计量	标准误差
组织支持感	A1	4.5820	1.47657	−0.641	0.125	−0.164	0.250
	A2	3.6799	1.56746	0.088	0.125	−0.875	0.250
	A3	4.5635	1.58489	−0.569	0.125	−0.543	0.250
	A4	4.2513	1.44311	−0.462	0.125	−0.361	0.250
	A5	3.6852	1.43427	−0.031	0.125	−0.614	0.250
	A6	4.2090	1.56426	−0.313	0.125	−0.786	0.250
	A7	4.4656	1.30298	−0.362	0.125	−0.198	0.250
	A8	4.3968	1.41653	−0.377	0.125	−0.399	0.250
	A9	3.7857	1.51880	0.088	0.125	−0.926	0.250
	A10	3.7354	1.28607	−0.226	0.125	−0.479	0.250
工作满意度	B1	4.6296	1.48391	−0.599	0.125	−0.708	0.250
	B2	5.0185	1.45386	−0.954	0.125	0.161	0.250
	B3	5.5265	1.13333	−1.621	0.125	3.109	0.250
	B4	3.6085	1.64974	0.021	0.125	−1.270	0.250
	B5	3.7063	1.57938	0.013	0.125	−1.048	0.250
	B6	4.4286	1.49320	−0.567	0.125	−0.742	0.250
组织公民行为	C1	5.5535	1.18574	−1.331	0.126	2.101	0.252
	C2	5.4853	1.03116	−1.446	0.126	3.388	0.251
	C3	6.0266	0.90882	−1.703	0.126	5.505	0.251
	C4	4.9973	1.35154	−0.849	0.126	0.478	0.251
	C5	5.4548	1.38683	−1.166	0.126	0.937	0.251
	C6	5.8427	0.93035	−1.565	0.126	4.511	0.251
	C7	5.8351	0.97129	−1.437	0.126	3.022	0.251
	C8	5.8617	0.95052	−1.369	0.126	3.006	0.251
	C9	5.4973	1.18659	−1.173	0.126	1.301	0.251
	C10	5.8590	0.82870	−1.428	0.126	4.096	0.251

续表

量表	题项	均值	标准差	偏度		峰度	
		统计量	统计量	统计量	标准误差	统计量	标准误差
组织承诺	D1	4.1111	1.64432	−0.150	0.125	−0.952	0.250
	D2	4.3598	1.69025	−0.275	0.125	−1.089	0.250
	D3	4.3413	1.62293	−0.402	0.125	−0.849	0.250
	D4	3.8889	1.57848	0.017	0.125	−1.019	0.250
	D5	4.8466	1.49011	−0.673	0.125	−0.375	0.250
	D6	4.5291	1.50171	−0.439	0.125	−0.604	0.250
	D7	5.3122	1.35792	−1.053	0.125	0.911	0.250
	D8	4.5317	1.65460	−0.482	0.125	−0.886	0.250
	D9	4.5450	1.48533	−0.364	0.125	−0.661	0.250
	D10	3.5476	1.54820	0.145	0.125	−1.040	0.250
	D11	4.9074	1.37788	−0.646	0.125	−0.294	0.250
	D12	4.5238	1.62726	−0.436	0.125	−0.867	0.250

5.2 数据质量评价

在第四章，本研究已经利用预测数据对相关测量工具进行了探索性因素分析和信度检验，在本节，将利用正式调查的数据对这几个量表进行验证性因素分析和信度检验，以确保测量工具测量结果的有效性和可靠性。

5.2.1 高职教师组织支持感变量的数据质量评价

4.2节的探索性因素分析结果显示，组织支持感变量是一个三维构念，三个维度分别是价值认同、工作支持和利益关心，分别对应着3、4、3个测量题项。

为验证组织支持感假设因子模型，本研究首先考察了该模型的可辨识性。Bollen提出了一个衡量结构方程模型可识别性的必要非充分条件计算法则[1]，T

---

[1] 邱皓政. 结构方程模式:LISREL的理论、技术与应用[M]. 2版. 台北:双叶书廊,2011:3-20.

法则（T-Rule），即 $T{\leqslant}DP$ 。❶根据T法则，组织支持感测量模型共有资料点数 55个，需自由估计的参数数目为23个，$T{\leqslant}DP$，因此该模型可被识别。

然后本研究使用LISREL8.70统计软件对组织支持感初始一阶因子假设模型 M1进行了检验。该模型的完全标准化系数解如图5.1所示，模型主要的拟合指 数 如 下 ： χ^2/df=4.2，NFI=0.96，NNFI=0.96，CFI=0.97，SRMR=0.047，GFI= 0.93，AGFI=0.89，RMSEA=0.092。❷χ^2/df和RMSEA这两个指数接近可接受的上 限，说明组织支持感初始一阶模型对数据的拟合程度不是非常好。

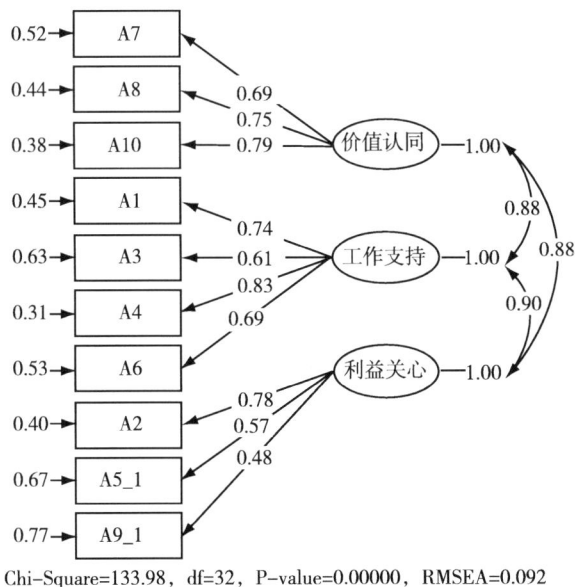

Chi-Square=133.98，df=32，P-value=0.00000，RMSEA=0.092

图5.1 组织支持感初始一阶因子模型（M1）的完全标准化系数解

---

❶ DP为测量资料点数(the numbers of data points)，其计算方式为：DP=$(p+q)(p+q+1)/2$。其中$p+q$表示测量 指标的个数，p为外生测量变量指标的数目，q为内生测量变量指标的数目；T代表模型中自由估计参数数目。

❷ 在考察结构方程模型的拟合优度方面，本研究主要考察χ^2/df(卡方与自由度之比)，NFI(规范拟合指 数)，NNFI(非规范拟合指数)，CFI(比较拟合指数)，SRMR(标准化残差均方根)，GFI(拟合优度指数)，AGFI (调整拟合优度指数)，RMSEA(近似误差均方根)等这几个指数。

根据侯杰泰、温忠麟、成子娟的观点，χ^2/df可接受的取值范围是2.0到5.0；RMSEA低于0.1表示好的拟 合，低于0.05为非常好的拟合；SRMR小于0.08时，表示模型可接受；GFI、AGFI越高表示模型拟合越好；CFI 大于0.90表示模型拟合得好；NFI大于0.90表示模型可接受；NNFI大于0.90表示模型拟合得好。——侯杰 泰，温忠麟，成子娟. 结构方程模型及其应用[M]. 北京：教育科学出版社，2004：177-189.

邱皓政给出的GFI和AGFI的判断标准是大于0.90。——邱皓政. 结构方程模式：LISREL的理论、技术与 应用[M]. 2版. 台北：双叶书廊，2011：5-30.

根据输出报表中的模型修正指数的建议，删除了具有较高双重因子载荷的第1个题项，形成修正模型M2，并重新进行检验。M2的完全标准化系数解见图5.2。其主要拟合指数如下：$\chi^2/df=2.8$，NFI=0.98，NNFI=0.98，CFI=0.98，SRMR=0.039，GFI=0.96，AGFI=0.93，RMSEA=0.069。M1和M2的拟合指数的比较列于表5.3。

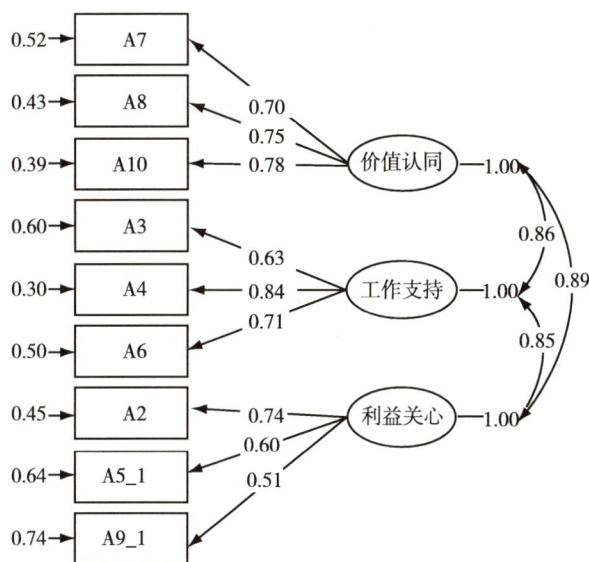

Chi-Square=66.58，df=24，P-value=0.00001，RMSEA=0.069

图5.2　组织支持感修正一阶因子模型（M2）的完全标准化系数解

表5.3　组织支持感因子模型的主要拟合指数比较

模型	χ^2/df	NFI	NNFI	CFI	SRMR	GFI	AGFI	RMSEA
M1	4.2	0.96	0.96	0.97	0.047	0.93	0.89	0.092
M2	2.8	0.98	0.98	0.98	0.039	0.96	0.93	0.069

由表5.3可知，与M1相比，修正后的组织支持感一阶测量模型（M2）拟合数据的情况比较理想，所以本研究确定M2为组织支持感的最终一阶因子模型。

信度检验结果表明，组织支持感量表整体及价值认同、工作支持、利益关心三个分量表的Cronbach α系数分别为0.870、0.788、0.764、0.669。这表明，该量表总体及各分量表的内部一致性良好。

5.2.2 高职教师工作满意度变量的数据质量评价

4.2节的探索性因素分析结果表明，工作满意度变量是一个单维构念，对应着6个测量题项。

首先，本研究考察了工作满意度因子模型的可识别性。经计算，工作满意度因子模型的资料点数（DP）为30个，需自由估计的参数数目（T）为12个，根据T法则，该模型具有可识别性。

然后，本研究采用LISREL8.70软件对工作满意度初始假设因子模型（M1）进行了检验。工作满意度初始因子模型的完全标准化系数解如图5.3所示。该测量模型主要的拟合指数为：χ^2/df 为6.8，NFI 为 0.95，NNFI 为 0.93，CFI 为 0.96，SRMR 为 0.058，GFI 为 0.95，AGFI 为 0.88，RMSEA 为 0.12。尽管大多数拟合指数表现良好，但是χ^2/df指数与RMSEA指数超出了可接受的范围，表明工作满意度因子模型对数据的拟合不理想，需要进一步对模型进行修正。

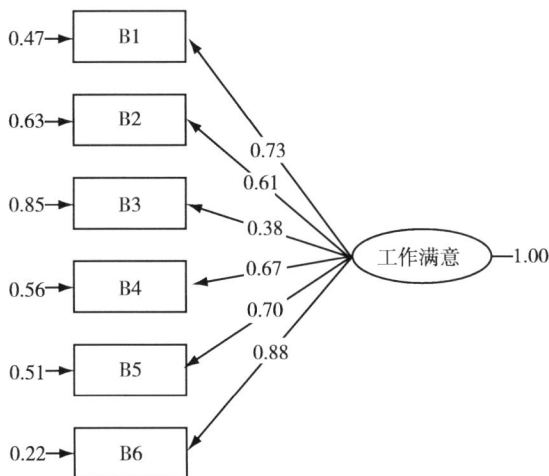

Chi-Square=60.96, df=9, P-value=0.00000, RMSEA=0.124

图5.3 工作满意度初始因子模型（M1）的完全标准化系数解

工作满意度初始因子模型的修正指数显示，第2、第3个题项的测量误差存在共变关系。●这表明，这两个测量指标除了受到"工作满意度"潜在因素构念

● SEM分析中允许指标变量的误差项或独特变异(unique variance)间有相关的假定,此种假定也称为相关性的测量误差(correlated measurement error),或相关性的独特变异。——吴明隆. 结构方程模型:AMOS 的操作与应用[M]. 2版. 重庆:重庆大学出版社,2010:185.

的影响外，也受到其他潜在特质变量的影响。增列这一参数关系并不违背SEM的基本假定。❶因此，本研究将这两个测量指标的测量误差设为相关，形成修正因子模型M2。M2的完全标准化系数解见图5.4。M2的主要拟合指数如下：χ²/df为3.7，NFI为0.98，NNFI为0.97，CFI为0.98，SRMR为0.033，GFI为0.98，AGFI为0.94，RMSEA为0.065。表5.4为两个模型主要的拟合指数比较。

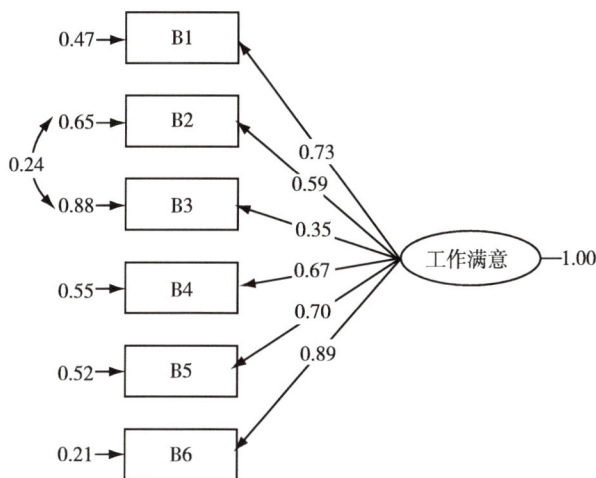

Chi-Square=20.66，df=8，P-value=0.00810，RMSEA=0.065

图5.4　工作满意度修正因子模型（M2）的完全标准化系数解

表5.4　工作满意度因子模型的主要拟合指数比较

模型	χ²	df	χ²/df	NFI	NNFI	CFI	SRMR	GFI	AGFI	RMSEA
M1	60.69	9	6.8	0.95	0.93	0.96	0.058	0.95	0.88	0.12
M2	20.66	8	3.7	0.98	0.98	0.99	0.034	0.98	0.95	0.065

　　由表5.4可知，M2比M1少了一个自由度，但△χ²=40.03，达显著水

❶ 在模型修正时,增列的参数关系不能违反SEM的假定,如外因潜在变量与内因潜在变量的指标变量间没有直接关系,内因潜在变量与外因潜在变量的指标变量间没有直接关系,外因潜在变量的指标变量与内因潜在变量的指标变量间没有直接关系,各测量模型中指标变量的误差项与因素构念间不相关,指标变量的误差项间可以有共变关系,但指标变量的误差间不能建立路径因果关系。——吴明隆.结构方程模型:AMOS的操作与应用[M].2版.重庆:重庆大学出版社,2010:159.

平。[1]同时，其他的拟合指数也大为改善。这表明工作满意度修正因子模型对数据的拟合比较理想，因此决定把M2作为最终的工作满意度因子模型。

经信度检验，工作满意度量表的Cronbach α系数为0.837，表明该量表的内部一致性良好。

5.2.3 高职教师组织承诺变量的数据质量评价

4.2节的探索性因素分析结果表明，组织承诺变量是一个三维构念，三个因子分别是规范承诺、持续承诺和情感承诺，分别对应着4、5、3个测量指标。

经过计算，组织承诺测量模型的资料点数（DP）为83个，需要估计的自由参数数目（T）为27个，T<DP，表明该模型可以被识别。

然后，本研究利用LISREL8.70软件对组织承诺初始一阶因子模型M1进行了检验。该模型的完全标准化系数解如图5.5所示。

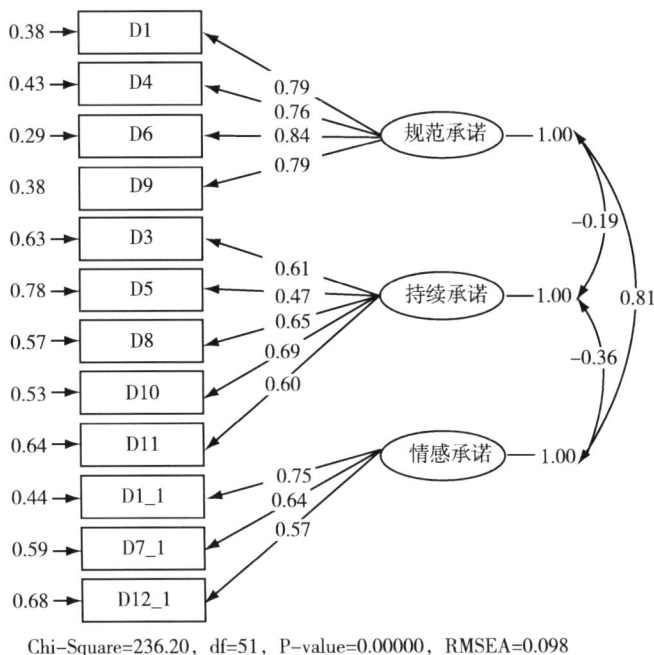

Chi-Square=236.20，df=51，P-value=0.00000，RMSEA=0.098

图5.5 组织承诺初始一阶因子模型（M1）的完全标准化系数解

---

[1] 对于嵌套模型,少估计一个参数时,自由度增加1,但卡方值会增大,若增加的部分小于6.63(α=0.01时χ²的临界值),则认为这种简化是值得的。——侯杰泰,温忠麟,成子娟. 结构方程模型及其应用[M]. 北京:教育科学出版社,2004:138–139.

　　模型的主要拟合指数如下：χ^2/df 为 4.5，NFI 为 0.92，NNFI 为 0.91，CFI 为 0.93，SRMR 为 0.086，GFI 为 0.91，AGFI 为 0.86，RMSEA 为 0.098。χ^2/df 与 RMSEA 接近可以接受的上限，表明组织承诺初始一阶因子模型对数据的拟合不算好。根据输出报表的模型修正指数的建议，删除了双重因子载荷较高的第 5 个测量指标，形成修正模型 M2，然后对新模型的拟合情况继续进行检验。

　　组织承诺修正因子模型 M2 的完全标准化系数解如图 5.6 所示。根据检验结果，该模型的主要拟合指数如下：χ^2/df 为 4.5，NFI 为 0.93，NNFI 为 0.92，CFI 为 0.94，SRMR 为 0.066，GFI 为 0.92，AGFI 为 0.87，RMSEA 为 0.096。由此可知，与 M1 相比，M2 对数据的拟合程度有所改善，但提高幅度不明显，因此需要在 M2 的基础进行进一步的修正。根据模型修正指数的建议，删去了双重因子载荷较高的第 6 个测量指标，形成 M3 继续接受拟合检验。

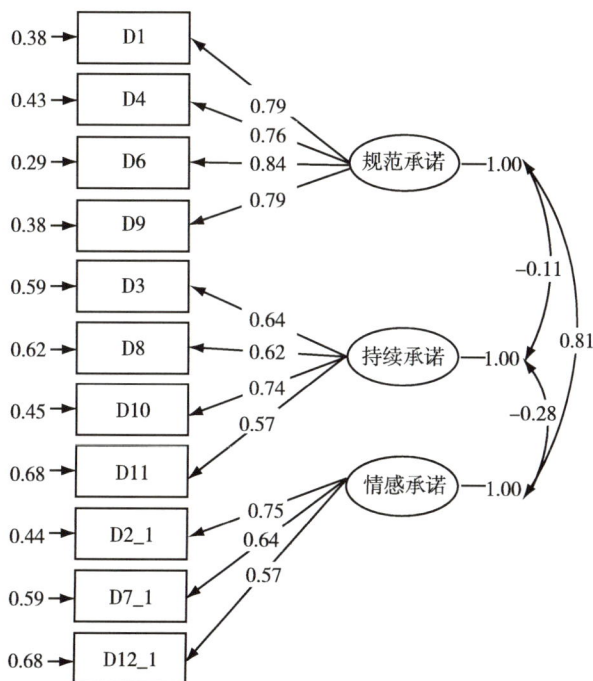

Chi-Square=182.77，df=41，P-value=0.00000，RMSEA=0.096

图 5.6　组织承诺修正一阶因子模型（M2）的完全标准化系数解

组织承诺修正因子模型M3的完全标准化系数解见图5.7。根据检验结果，该模型的主要拟合指数如下：χ^2/df 为 3.8，NFI 为 0.93，NNFI 为 0.92，CFI 为 0.94，SRMR 为 0.064，GFI 为 0.94，AGFI 为 0.90，RMSEA 为 0.086。与M1和M2相比，M3对数据的拟合良好，因此本研究决定将模型M3作为最终的组织承诺因子模型。表5.5为三个模型的主要的拟合指数比较。

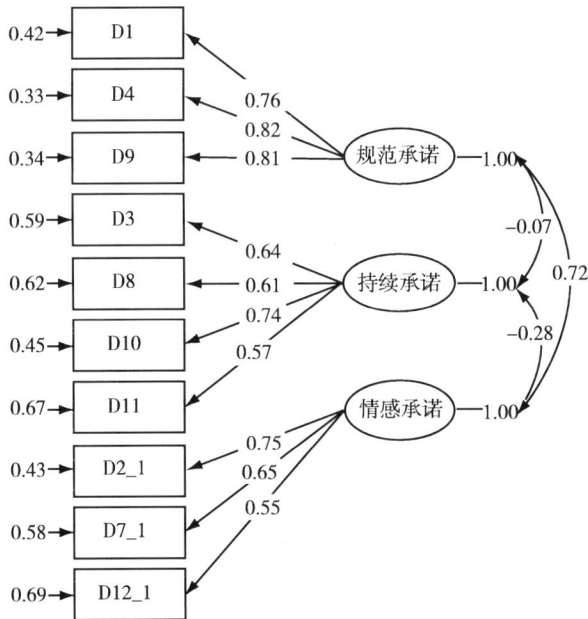

Chi-Square=121.74，df=32，P-value=0.00000，RMSEA=0.086

图5.7　组织承诺修正一阶因子模型（M3）的完全标准化系数解

表5.5　组织承诺因子模型的主要拟合指数比较

模型	χ^2/df	NFI	NNFI	CFI	SRMR	GFI	AGFI	RMSEA
M1	4.5	0.92	0.91	0.93	0.086	0.91	0.86	0.098
M2	4.5	0.93	0.92	0.94	0.066	0.92	0.87	0.096
M3	3.8	0.93	0.92	0.94	0.064	0.94	0.90	0.086

经信度检验，规范承诺、持续承诺、情感承诺等三个分量表的Cronbach α系数分别为0.836、0.735、0.682，这表明三个量表的内部一致性良好。

5.2.4 高职教师组织公民行为变量的数据质量评价

4.2节的探索性因素分析结果表明，组织公民行为变量是一个三维构念，三个因子分别是指向他人行为（OCBI）、指向组织行为（OCBO）和自我要求行为（OCBS），三个因子分别对应着4、3、3个测量指标。

经过计算，组织公民行为测量模型的资料点数为55个，模型需要估计的自由参数数目为23个，根据模型识别的T法则，该模型具有可识别性。然后，本研究利用LISREL8.70统计软件对组织公民行为因子模型进行了验证分析。组织公民行为因子模型的完全标准化系数解如图5.8所示。

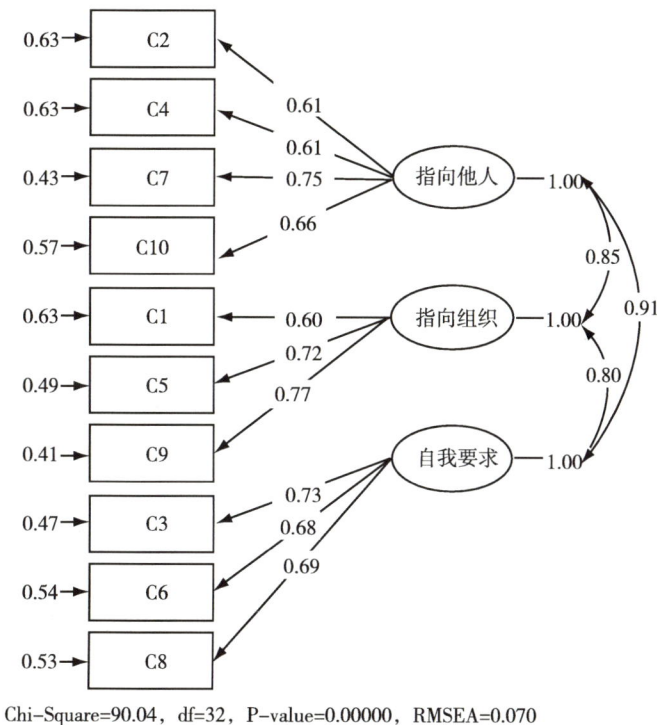

Chi-Square=90.04，df=32，P-value=0.00000，RMSEA=0.070

图5.8　组织公民行为一阶因子模型的完全标准化系数解

组织公民行为因子模型的主要拟合指数如下：χ^2/df 为 2.8，NFI 为 0.97，NNFI 为 0.97，CFI 为 0.98，SRMR 为 0.041，GFI 为 0.95，AGFI 为 0.92，RMSEA 为 0.070。这表明，组织公民行为因子模型对数据的拟合比较好，因此决定不对该模型进行任何修正。

　　信度检验结果表明，组织公民行为量表总体及指向他人行为、指向组织行为和自我要求行为三个分量表的 Cronbach α系数分别为 0.871、0.736、0.728、0.739。这表明该量表总体及各分量表具有良好的内部一致性。

第六章

假 设 检 验 与 结 果 分 析

本章的内容包括四个部分：一是采用独立样本T检验和单因素方差分析考察了高职教师人口统计学变量对作为中间变量的工作满意度、组织承诺三个维度和作为结果变量的组织公民行为的影响；二是考察了变量的相关关系；三是对变量进行了回归分析；四是利用结构方程模型检验了工作满意度、规范承诺、持续承诺、情感承诺的中介效应。

6.1 高职教师个人背景特征在相应变量上的均值差异分析

由第二章的文献分析得知，作为控制变量的高职教师人口统计学变量可能会影响其工作满意度、组织承诺和组织公民行为，因此本节利用正式测试获取的数据，采用独立样本T检验（Independent-Samples T Test）和单因素方差分析（One-Way ANOVA）方法对教师的性别、年龄、婚姻、教龄、学历、职称、职务等个人背景特征在工作满意度、规范承诺、持续承诺、情感承诺、指向他人行为、指向组织行为、自我要求行为、组织公民行为总体等共九个变量上的差异性进行检验。

在本研究的变量中，除了人口统计学变量可以直接观测外，组织支持感、工作满意度、组织承诺、组织公民行为等变量及其各个维度均为不可观测的潜变量，因此对这几个变量及各维度进行了均值赋值，以用于后面的个人背景特征在相应变量上的均值差异检验、相关分析、回归分析和中介效应检验。

6.1.1 不同性别的高职教师在相应变量上的差异

对不同性别的高职教师在工作满意度、规范承诺、持续承诺、情感承诺、

组织公民行为总体及各维度上的差异进行独立样本 T 检验后的结果如表6.1
所示。

表6.1　不同性别的高职教师在相应变量上的差异比较

检验变量	性别	数目	均值	标准差	T值
工作满意度	男	182	4.5394	1.12691	0.958
	女	192	4.4323	1.02870	
指向组织行为	男	181	5.5046	1.05562	−0.082
	女	189	5.5132	0.96234	
指向他人行为	男	181	5.6202	0.80562	1.774
	女	190	5.4737	0.78467	
自我要求行为	男	182	5.9194	0.80642	0.255
	女	189	5.8995	0.70031	
组织公民行为	男	180	5.6739	0.78899	0.844
	女	188	5.6085	0.69531	
情感承诺	男	182	4.7418	1.29260	0.236
	女	192	4.7118	1.15683	
持续承诺	男	182	4.2967	1.18922	−0.479
	女	192	4.3542	1.13180	
规范承诺	男	182	4.2601	1.43001	1.035
	女	192	4.1146	1.28881	

注：双尾检验，下表同。

由表6.1可知，不同性别的高职教师在工作满意度、组织公民行为总体、指
向组织行为、指向他人行为、自我要求行为、情感承诺、持续承诺、规范承诺
上均不存在显著差异。这一发现与有些研究的结论相一致。如 Oshagbemi 的研
究表明，性别对教师工作满意度没有显著影响。[1]宋爱红、蔡永红的研究表明，

[1] OSHAGBEMI T. Gender differences in the job satisfaction of university teachers[J]. Women in Management Review,2000,15(7):331-343.

性别在组织承诺上差异不显著。[❶]周兆透的研究显示，性别对组织公民行为总体没有显著影响。[❷]

6.1.2 不同婚姻状况的高职教师在相应变量上的差异

对不同婚姻状况的高职教师在工作满意度、组织承诺各维度和组织公民行为总体及各维度上的差异进行独立样本T检验后的结果如表6.2所示。

表6.2 不同婚姻状况的高职教师在相应变量上的差异比较

检验变量	婚姻	数目	均值	标准差	T值
工作满意度	未婚	65	4.4077	1.07085	-0.695
	已婚	305	4.5104	1.08366	
指向组织行为	未婚	65	5.5282	0.89344	0.270
	已婚	301	5.4906	1.04545	
指向他人行为	未婚	64	5.4219	0.75839	-1.345
	已婚	303	5.5693	0.80467	
自我要求行为	未婚	65	5.7538	0.63813	-1.822
	已婚	302	5.9426	0.78068	
组织公民行为	未婚	64	5.5547	0.65148	-0.961
	已婚	300	5.6537	0.76645	
情感承诺	未婚	65	4.4667	1.13315	-1.961
	已婚	305	4.7945	1.24195	
持续承诺	未婚	65	4.1115	1.02129	-1.732
	已婚	305	4.3607	1.19063	
规范承诺	未婚	65	4.1692	1.39583	-0.100
	已婚	305	4.1880	1.37051	

由表6.2可知，不同婚姻状况的高职教师在所有变量的差异均不显著，这些发现与有些研究的结论相似。如马苓指出，婚姻对教师组织承诺没有显著影

[❶] 宋爱红,蔡永红. 教师组织承诺影响因素的研究[J]. 统计研究,2005(5):40-46.

[❷] 周兆透. 大学学术组织中的领导行为与教师组织公民行为关系研究[D]. 杭州:浙江大学,2007.

响。❶龚冠州的研究表明，婚姻对组织公民行为影响不显著。❷杨彩青的研究显示，婚姻对教师工作满意度没有显著影响。❸

6.1.3 不同学历的高职教师在相应变量上的差异

对不同学历的高职教师在工作满意度、组织承诺各维度、组织公民行为总体及各维度上的差异进行独立样本T检验后的结果如表6.3所示。

表6.3　不同学历的高职教师在相应变量上的差异比较

检验变量	学历	数目	均值	标准差	T值
工作满意度	本科及以下	187	4.6783	1.05947	3.375**
	硕士及以上	189	4.3078	1.06875	
指向组织行为	本科及以下	186	5.6057	1.07937	1.998*
	硕士及以上	186	5.3961	0.94039	
指向他人行为	本科及以下	186	5.6425	0.78534	2.441*
	硕士及以上	187	5.4425	0.79673	
自我要求行为	本科及以下	185	5.9171	0.77886	0.164
	硕士及以上	188	5.9043	0.73228	
组织公民行为	本科及以下	185	5.7092	0.76625	1.867
	硕士及以上	185	5.5654	0.71391	
情感承诺	本科及以下	187	4.7986	1.28467	0.988
	硕士及以上	189	4.6737	1.16233	
持续承诺	本科及以下	187	4.3142	1.19695	−0.314
	硕士及以上	189	4.3519	1.13099	
规范承诺	本科及以下	187	4.3262	1.36169	2.048*
	硕士及以上	189	4.0388	1.35955	

注：*$p<0.05$，**$p<0.01$。

---

❶ 马苓.教师的组织承诺对组织公民行为及大学绩效的影响研究[D].天津:河北工业大学,2009.

❷ 龚冠州.教师胜任特征、心理契约、组织公民行为与教学效能之研究[D].高雄:树德科技大学,2008.

❸ 杨彩青.普通高校教师工作压力、工作满意度与组织承诺关系研究[D].贵阳:贵州师范大学,2007.

由表6.3可知，不同学历的高职教师在自我要求行为、情感承诺、持续承诺上的差异不显著，在工作满意度、指向组织行为、指向他人行为、规范承诺上存在显著差异。具体表现为，本科及以下学历的教师在工作满意度、指向组织行为、指向他人行为、规范承诺上的得分均显著高于硕士及以上学历的教师。

目前在我国高职院校，拥有博士学历的教师非常少，绝大多数教师拥有本科或硕士学历。那么为什么硕士及以上学历的教师的工作满意度得分显著低于本科及以下学历的教师呢？一个可能的原因就是，高学历的教师对工作的期望值往往比较高，希望有一些自由时间从事学术研究，而高职院校的教学任务普遍比较重，再加上许多学校不能为他们提供适当的科研条件，这无形之中就降低了这些教师的自我价值感，导致工作满意度降低。在访谈中，一位高职院校的教师坦言，其所在学校对科研工作不重视，导致一些高学历的教师感觉自己完全就是"教书匠"，缺少自我价值感。❶或许是因为同样的原因，导致了高学历的教师在规范承诺、指向组织行为、指向他人行为上得分也较低。

6.1.4 不同职务的高职教师在相应变量上的差异

对不同职务的高职教师在工作满意度、组织承诺各维度和组织公民行为总体及各维度上的差异进行独立样本T检验后的结果如表6.4所示。

由表6.4可知，教师担任行政职务与否除了在自我要求行为上的差异不明显外，在其他各个变量上均存在显著差异。具体表现为：担任行政职务的教师在工作满意度、指向组织行为、指向他人行为、组织公民行为总体、情感承诺、规范承诺上的得分均显著高于不担任行政职务的教师，而在持续承诺上的得分显著低于后者。

表6.4　不同职务的高职教师在相应变量上的差异比较

检验变量	职务	数目	均值	标准差	T值
工作满意度	担任行政职务	102	4.7222	1.06431	2.759**
	不担任行政职务	266	4.3797	1.06642	

---

❶ 资料来自笔者于2012年7月3日对某高职院校的一位教师的访谈,内容略加修改。

检验变量	职务	数目	均值	标准差	T值
指向组织行为	担任行政职务	101	5.6964	0.86935	2.647**
	不担任行政职务	263	5.4094	1.06017	
指向他人行为	担任行政职务	102	5.7034	0.63297	2.988**
	不担任行政职务	263	5.4601	0.84332	
自我要求行为	担任行政职务	102	5.9673	0.63888	1.004
	不担任行政职务	263	5.8783	0.80155	
组织公民行为	担任行政职务	101	5.7772	0.61950	2.426*
	不担任行政职务	261	5.5670	0.78033	
情感承诺	担任行政职务	102	5.0882	1.05610	3.612***
	不担任行政职务	266	4.5802	1.26078	
持续承诺	担任行政职务	102	4.0907	1.11404	−2.494*
	不担任行政职务	266	4.4239	1.15929	
规范承诺	担任行政职务	102	4.5229	1.19267	3.160**
	不担任行政职务	266	4.0301	1.39057	

注：$*p<0.05$，$**p<0.01$，$***p<0.001$。

之所以担任行政职务的教师在情感承诺和规范承诺上得分显著高于不担任行政职务的教师，可能是因为前者有更多的机会参与学校管理，与上层领导有更多的沟通，其可以获得的资源也远非不担任行政职务的教师可比，所以他们与学校发展共命运的感觉会更强一些。也可能是因为同样的原因，担任行政职务的教师，在组织公民行为总体及在工作满意度上的得分显著高于不担任行政职位的教师。这也从另一个侧面说明，目前在我国高职院校，行政化倾向仍比较明显。如李建国在研究中指出，高职院校大都由中专升格而来，学术氛围不浓，缺乏运用学术权力的传统，普遍存在行政权力干预或取代学术权力的现象，学校职能部门配置资源的权力较大，学术组织难以发挥应用的作用，导致不少教学骨干愿意向行政权力岗位流动。❶

❶ 李建国. 我国高职院校"内部管理体制"改革研究[D]. 南京:南京农业大学,2011:35-38.

6.1.5 不同年龄的高职教师在相应变量上的差异分析

对不同年龄的高职教师在工作满意度、组织承诺三个维度、组织公民行为总体及各维度上的差异进行单因素方差分析后的结果如表6.5所示。

表6.5 不同年龄的高职教师在相应变量上差异的方差分析摘要

检验变量	组别	平方和(SS)	自由度	均方（MS）	F检验	显著性
工作满意度	组间	13.592	3	4.531	3.986	0.008**
	组内	425.143	374	1.137		
	总和	438.735	377			
指向组织行为	组间	7.372	3	2.457	2.419	0.066
	组间	375.906	370	1.016		
	总和	383.277	373			
指向他人行为	组间	4.426	3	1.475	2.362	0.071
	组内	231.723	371	0.625		
	总和	236.149	374			
自我要求行为	组间	4.423	3	1.474	2.631	0.050*
	组内	207.878	371	0.560		
	总和	212.301	374			
组织公民行为	组间	4.748	3	1.583	2.927	0.034*
	组内	198.983	368	0.541		
	总和	203.731	371			
情感承诺	组间	11.905	3	3.968	2.686	0.046*
	组内	552.486	374	1.477		
	总和	564.390	377			
持续承诺	组间	2.418	3	0.806	0.597	0.617
	组内	504.790	374	1.350		
	总和	507.208	377			
规范承诺	组间	14.719	3	4.906	2.675	0.047*
	组内	685.918	374	1.834		
	总和	700.637	377			

注：*$p<0.05$，**$p<0.01$。

由表6.5可知，不同年龄的高职教师在工作满意度、自我要求行为、组织公民行为总体、情感承诺、规范承诺上存在显著差异，而要得知具体的差异何在就需要进行事后比较检验。对这几个变量的方差齐性检验发现，只有工作满意度不满足方差齐性要求，因此在进行事后比较时，采用Dunnett's T3法对工作满意度进行检验，采用LSD法对其他几个变量进行检验，事后比较的结果见表6.6。

表6.6　不同年龄的高职教师在相应变量上差异的事后比较结果

检验变量	年龄	数目	均值	标准差	事后比较
工作满意度	30岁及以下（A）	110	4.5303	0.99032	D>A*　D>B**　D>C*
	31—40岁（B）	143	4.3450	1.04564	
	41—50岁（C）	107	4.5016	1.18461	
	51岁及以上（D）	18	5.2500	0.91511	
自我要求行为	30岁及以下（A）	109	5.7645	0.78738	C>A*　D>A*
	31—40岁（B）	141	5.9149	0.75109	
	41—50岁（C）	107	6.0031	0.68450	
	51岁及以上（D）	18	6.1667	0.84984	
组织公民行为	30岁及以下（A）	109	5.5431	0.73552	C>A*　D>A*　D>B*
	31—40岁（B）	138	5.5826	0.72211	
	41—50岁（C）	107	5.7467	0.71827	
	51岁及以上（D）	18	5.9778	0.92135	
情感承诺	30岁及以下（A）	110	4.5879	1.18169	D>A**　D>B*
	31—40岁（B）	143	4.6830	1.22080	
	41—50岁（C）	107	4.8318	1.27002	
	51岁及以上（D）	18	5.4074	1.01978	
规范承诺	30岁及以下（A）	110	4.1152	1.33748	D>A**　D>B**　D>C*
	31—40岁（B）	143	4.0862	1.35471	
	41—50岁（C）	107	4.2368	1.35981	
	51岁及以上（D）	18	5.0185	1.42100	

注：*$p<0.05$，**$p<0.01$。

由表6.6可知，在工作满意度上，51岁及以上的教师得分显著高于其他各个年龄段的教师。对于31—40岁这个年龄段的教师来说，刚参加工作时的激情基本消退，同时又面临着家庭生活与工作的双重压力，因此工作满意度相对于其他年龄组较低。

在自我要求行为上，41—50岁和51岁及以上的教师得分显著高于30岁及以下的教师。在组织公民行为总体上，51岁及以上教师的得分显著高于30岁及以下和31—40岁的教师，41—50岁的教师得分显著高于30岁及以下的教师。这或许是因为年龄大的教师总体上在学校的工作时间较长，对学校的价值及目标认同感更强，相比年轻教师更容易在工作中展现出"主人翁"的姿态。

51岁及以上的教师在情感承诺和规范承诺上的得分显著高于30岁及以下和31—40岁的教师，在规范承诺上的得分也显著高于41—50岁的教师。这种现象可以得到合理的解释，因为51岁及以上的教师基本上属于学校的"老臣"，他们会更认同学校的目标，对学校的依恋感也会更强。

6.1.6　不同教龄的高职教师在相应变量上的差异分析

对不同教龄的高职教师在工作满意度、组织承诺三个维度、组织公民行为总体及各维度上的差异进行单因素方差分析后的结果如表6.7所示。

表6.7　不同教龄的高职教师在相应变量上差异的方差分析摘要

检验变量	组别	平方和（SS）	自由度	均方（MS）	F值	显著性
工作满意度	组间	2.262	3	0.754	0.646	0.586
	组内	435.497	373	1.168		
	总和	437.760	376			
情感承诺	组间	8.171	3	2.724	1.833	0.141
	组内	554.258	373	1.486		
	总和	562.429	376			
持续承诺	组间	10.689	3	3.563	2.677[*]	0.047[*]
	组内	496.512	373	1.331		
	总和	507.201	376			
规范承诺	组间	2.170	3	0.723	0.386	0.763
	组内	698.201	373	1.872		
	总和	700.371	376			

续表

检验变量	组别	平方和（SS）	自由度	均方（MS）	*F*值	显著性
指向组织行为	组间	4.853	3	1.618	1.578	0.194
	组内	378.396	369	1.025		
	总和	383.249	372			
指向他人行为	组间	5.175	3	1.725	2.766*	0.042*
	组内	230.765	370	0.624		
	总和	235.941	373			
自我要求行为	组间	3.321	3	1.107	1.960	0.120
	组内	208.922	370	0.565		
	总和	212.242	373			
组织公民行为	组间	4.181	3	1.394	2.563	0.055
	组内	199.546	367	0.544		
	总和	203.727	370			

注：*$p<0.05$。

由表6.7可知，不同教龄的高职教师在持续承诺和指向他人行为上存在显著差异，而在其他变量上差异不显著。为了解具体差异，需进行事后比较分析。方差齐性检验结果表明，持续承诺和指向他人行为具有方差齐性，因此采用LSD法进行事后检验。检验结果如表6.8所示。

表6.8　不同教龄的高职教师在相应变量上差异的事后比较结果

检验变量	教龄	数目	均值	标准差	事后比较LSD法
持续承诺	5年及以下（*A*）	132	4.1193	1.08400	*C>A***
	6—10年（*B*）	90	4.3889	1.14541	
	11—20年（*C*）	87	4.5517	1.13297	
	21年及以上（*D*）	68	4.3897	1.31253	
指向他人行为	5年及以下（*A*）	130	5.4519	0.72477	*D>A***
	6—10年（*B*）	89	5.4860	0.80248	*D>B**
	11—20年（*C*）	87	5.5517	0.91431	
	21年及以上（*D*）	68	5.7794	0.71697	

注：*$p<0.05$，**$p<0.01$。

由表6.8可知，具有11—20年教龄的教师在持续承诺上得分显著高于具有5年及以下教龄的教师。这也就是说，前者由于各种内外部条件的限制而不得不留在组织的这种"被迫感"高于刚刚入职的教师。这种现象一个可能的解释是，在一所学校工作了一二十年的教师即使不满意目前的工作状况，想换一份新工作，也许会因为学历太低，或新的工作机会不好找，或离开学校带来的代价太大等因素的限制而无法实现。如殷姿对某高职院校一位有11年教龄的教师进行了访谈，该教师就无奈地表示："我也想走啊，但走不了啊，年龄大了，没人要啊。"❶而那些刚刚入职的教师对学校的投入成本小，对此可能无所顾虑，同时再加上年龄及学历等方面的优势，如果对当前的工作不满意，他们或者会积极寻找新的工作机会，或者努力获取更高的学历准备离开，因此这种不得不留下来的感觉会比较轻。

在指向他人行为上，具有21年及以上教龄的教师得分显著高于具有5年及以下和6—10年教龄的教师。这说明，具有21年及以上教龄的教师更愿意帮助同事及学生，更富有助人为乐的精神。

6.1.7 不同职称的高职教师在相应变量上的差异

对不同职称的高职教师在工作满意度、组织承诺三个维度、组织公民行为总体及各维度的差异进行单因素方差分析后的结果如表6.9所示。

由表6.9可知，不同职称的教师在工作满意度、情感承诺、指向组织行为、指向他人行为、自我要求行为、组织公民行为总体上存在显著差异，因此需要进一步进行事后比较以确定具体的差异所在。

表6.9 不同职称的高职教师在相应变量上差异的方差分析摘要

检验变量	组别	平方和（SS）	自由度	均方（MS）	F值	显著性
工作满意度	组间	13.434	4	3.359	2.936	0.0251*
	组内	424.325	371	1.1444		
	总和	437.759	375			

❶ 殷姿. L高职院校青年教师隐性流失问题研究[D]. 成都:四川师范大学,2008:44.

续表

检验变量	组别	平方和（SS）	自由度	均方（MS）	F值	显著性
情感承诺	组间	20.070	4	5.017	3.442	0.009**
	组内	540.757	371	1.458		
	总和	560.826	375			
持续承诺	组间	11.012	4	2.753	2.059	0.086
	组内	496.079	371	1.337		
	总和	507.090	375			
规范承诺	组间	10.179	4	2.545	1.377	0.241
	组内	685.556	371	1.848		
	总和	695.735	375			
指向组织行为	组间	15.194	4	3.799	3.795	0.005**
	组内	367.361	367	1.001		
	总和	382.555	371			
指向他人行为	组间	9.652	4	2.413	3.940	0.004**
	组内	225.370	368	0.612		
	总和	235.022	372			
自我要求行为	组间	5.595	4	1.399	2.491	0.043*
	组内	206.639	368	0.562		
	总和	212.234	372			
组织公民行为	组间	9.037	4	2.259	4.245	0.002**
	组内	194.249	365	0.532		
	总和	203.286	369			

注：*$p<0.05$，**$p<0.01$。

方差齐性检验结果表明，工作满意度和组织公民行为的方差不齐，因此本研究采用了 Dunnett's T3 法对组织公民行为进行检验，而对工作满意度进行了非参数检验[1]，检验结果见表6.10。

---

[1] 本研究首先相继采用了 Tamhane's T2、Dunett's T3、Games-Howell、Dunett's C 等四种方法对工作满意度进行事后比较，但是检验结果显示，不同职称的教师在工作满意度上差异不显著，与整体检验的 F 值呈显著性相矛盾，因此改用非参数检验中的两个独立样本的 Mann-Whitney U Test 法进行。

表6.10　不同职称的高职教师在相应变量上差异的事后比较结果

检验变量	职称	数目	均值	标准差	事后比较
情感承诺	无职称（A）	22	4.7121	1.06058	$D>B^*$
	初级（B）	92	4.5471	1.23302	$D>C^*$
	中级（C）	169	4.6430	1.24115	$E>A^*$
	副高（D）	76	4.9825	1.16224	$E>B^{**}$
	正高（E）	17	5.5294	1.08050	$E>C^{**}$
指向组织行为	无职称（A）	22	5.6667	0.80343	
	初级（B）	90	5.5111	0.88995	$D>C^*$
	中级（C）	167	5.3234	1.10034	$E>B^*$
	副高（D）	76	5.6798	0.99397	$E>C^{**}$
	正高（E）	17	6.1373	0.71743	
指向他人行为	无职称（E）	22	5.5455	0.66653	$E>A^{**}$
	初级（D）	91	5.4423	0.66883	$E>B^{***}$
	中级（C）	167	5.4820	0.87190	$E>C^{***}$
	副高（D）	76	5.6349	0.78681	$E>D^{**}$
	正高（E）	17	6.2059	0.44402	
自我要求行为	无职称（A）	22	5.8030	0.76745	$E>A^*$
	初级（B）	91	5.8278	0.69275	$E>B^*$
	中级（C）	167	5.8603	0.84338	$E>C^*$
	副高（D）	76	6.0526	0.60871	
	正高（E）	17	6.3137	0.57095	
组织公民行为	无职称（A）	22	5.6591	0.64709	$E>A^*$
	初级（B）	90	5.5789	0.61871	$E>B^{***}$
	中级（C）	165	5.5394	0.84027	$E>C^{***}$
	副高（D）	76	5.7737	0.66058	$E>D^*$
	正高（E）	17	6.2176	0.42314	
工作满意度	无职称（A）	22	4.0364	0.91472	
	初级（B）	92	4.3261	1.00536	$D>C^*$
	中级（C）	169	4.1207	1.27899	$E>A^*$
	副高（D）	76	4.5395	1.23073	$E>C^*$
	正高（E）	17	4.8118	1.14121	

注：$^*p<0.05$，$^{**}p<0.01$，$^{***}p<0.001$。

由表6.10可知，在情感承诺上，具有正高职称的教师得分显著高于无职称、初级、中级职称的教师，具有副高职称的教师得分显著高于初级、中级职称的教师。

在指向组织行为上，具有正高职称的教师得分显著高于具有初级、中级职称的教师，具有副高职称的教师得分显著高于具有中级职称的教师。在指向他人行为上，具有高级职称的教师得分显著高于其他各个职称的教师。在自我要求行为上，具有高级职称的教师得分显著高于无职称和具有初级、中级职称教师。在组织公民行为总体上，具有高级职称的教师得分显著高于其他各个组别的教师。

在工作满意度上，具有副高职称、正高职称的教师得分均显著高于无职称和具有中级职称的教师。这或许可以解释为，具有副高以上职称的教师在高职院校往往被认为发挥着"挑大梁"作用，学校较为重视这些教师，为他们提供了较多的发展机会；同时他们的教学经验比较丰富，能够较为容易地应对工作中的问题；而且与高职称相伴的是工作收入水平较高，因此他们的工作满意度会更高一些。

6.2 变量的相关分析

6.2.1 变量间线性关系检验

变量间的相关关系可分为线性相关或直线相关（linear correlation）与曲线相关（curvilinear correlation）。由于本研究后面的变量的相关分析、回归分析及中介效应的结构方程模型检验均基于变量间的线性相关假设，因此，本研究首先利用散点图（scatter plots）对变量间线性关系进行了检验。检验结果表明，工作支持、价值认同、利益关心分别与工作满意度、情感承诺、规范承诺、指向组织行为、指向他人行为、自我要求行为存在线性相关；价值认同、利益关心分别与持续承诺存在线性相关。工作满意度分别与情感承诺、规范承诺、指向组织行为、指向他人行为、自我要求行为存在线性相关。情感承诺、规范承诺分别与指向组织行为、指向他人行为、自我要求行为存在线性相关。组织支持感分别与工作满意度、组织公民行为、情感承诺、持续承诺、规范承诺存在线性相关。工作满意度与持续承诺，持续承诺与工作支持、指向组织行为、自我要求行为的关系不明确。

6.2.2 变量的相关分析

本研究使用SPSS16.0软件对主要变量的相关关系进行了检验，相应变量的描述性统计结果见表6.11，变量的相关分析结果见表6.12。

表6.11　相应变量的描述性统计

变量	均值	标准差	变量	均值	标准差
组织支持感	4.0858	1.02291	规范承诺	4.1817	1.36325
价值认同	4.1993	1.11983	持续承诺	4.3320	1.15990
工作支持	4.3413	1.26234	指向他人行为	5.5440	0.79462
利益关心	3.7169	1.16946	指向组织行为	5.5009	1.01368
工作满意度	4.4863	1.07877	自我要求行为	5.9084	0.75343
情感承诺	4.7319	1.22354	组织公民行为	5.6374	0.74104

由表6.11可知，高职院校教师的组织支持感均值得分不高，仅为4.0858，其中利益关心维度得分最低，仅为3.7169分。此外，高职院校教师的持续承诺得分为4.3320分，说明在他们中间，想离开却又无法离开的被迫感已在相当程度上存在。这两点均需引起高职院校管理层的注意。

由表6.12可知，除持续承诺分别与工作支持、工作满意度、指向组织行为、自我要求行为、组织公民行为总体相关不显著，利益关心与自我要求行为相关不显著外，其他各相应变量间均存在显著相关。

表6.12　变量的相关分析（Pearson Correlation）结果

变量	1	2	3	4	5	6	7	8	9	10	11	12
1	1											
2	0.673***	1										
3	0.562***	0.627***	1									
4	0.871***	0.880***	0.841***	1								
5	0.647***	0.582***	0.508***	0.672***	1							
6	0.430***	0.473***	0.328***	0.475***	0.571***	1						
7	0.320***	0.350***	0.172**	0.325***	0.448***	0.665***	1					

续表

变量	1	2	3	4	5	6	7	8	9	10	11	12
8	0.210***	0.298***	0.090	0.229***	0.307***	0.602***	0.648***	1				
9	0.381***	0.439***	0.240***	0.408***	0.526***	0.879***	0.899***	0.831***	1			
10	0.495***	0.533***	0.448***	0.569***	0.560***	0.478***	0.381***	0.268***	0.440***	1		
11	−0.075	−0.105*	−0.160**	−0.130*	−0.047	−.0063	−0.105*	0.025	−0.059	−0.200***	1	
12	0.500***	0.508***	0.439***	0.558***	0.601***	0.572***	0.436***	0.259***	0.500***	0.553***	−0.064	1

注：*$p<0.05$，**$p<0.01$，***$p<0.001$；此检验为双尾检验；1=工作支持，2=价值认同，3=利益关心，4=组织支持感，5=工作满意度，6=指向组织行为，7=指向他人行为，8=自我要求行为，9=组织公民行为，10=情感承诺，11=持续承诺，12=规范承诺。

6.3 变量的回归分析

本节对变量间关系做了总体的回归分析。鉴于情感承诺、规范承诺与持续承诺所涉及的内容不同，进行回归分析时将按照各维度进行。同时，6.2节的相关分析表明，工作满意度、组织公民行为分别与持续承诺相关不显著，因此不再进行回归分析，即假设H5b、H6b均不成立。

6.3.1 回归分析的数据评价

应用多重线性回归时，所分析的数据应符合以下基本假定：①自变量与因变量之间存在线性关系，如果变量间的关系为非线性关系，必须采用曲线回归等非线性模式来处理，或将原始数据进行转换；②残差具有独立性，即不同预测变量所产生的残差间的协方差为0；③残差服从正态分布；④方差齐性；⑤预测变量间不存在多元共线性。因此，本研究在进行回归分析时对以上假定条件进行了相应的检验。鉴于前面的分析已经证明，以下需要分析的变量间存在着显著的线性相关关系，因此不再检验。同时，本研究在做变量的回归分析时，对需要控制的人口统计学变量进行了哑变量处理。❶此外，对残差序列

---

❶ 多元回归分析中，自变量应为计量变量(等距变量或比率变量)，如果自变量为间断变量(名义变量或定序变量)，在投入回归模型时，应先转为虚拟变量(dummy variable)。——吴明隆.问卷统计分析实务——SPSS操作与应用[M].重庆:重庆大学出版社,2010:405.

独立检验时，由于数据为非时间序列数据，故采用了非参数的游程检验（runs test）。**❶**

6.3.2 高职教师组织支持感对组织公民行为的回归分析

6.1节的分析结果表明，在人口统计学变量中，只有年龄、职称和职务对组织公民行为总体具有显著影响，因此进行回归分析时，仅将这几个人口统计学变量作为控制变量纳入方程。组织支持感对组织公民行为的回归分析结果见表6.13。

表6.13　组织支持感对组织公民行为的回归分析摘要

预测变量	模型1		模型2	
	标准化β	T值	标准化β	T值
常数		29.305***		20.013***
任行政职务&不任行政职务	0.98	1.878	0.031	0.642
30岁及以下&51岁及以上	−0.166	−1.183	−1.142	0.254
31—40岁&51岁及以上	−0.116	−0.847	−0.072	−0.571
41—50岁&51岁及以上	−0.089	−0.763	−0.059	−0.551
无职称&正高	−0.125	−1.494	−0.092	−1.187
初级&正高	−0.265	−2.017*	−0.225	−1.853
中级&正高	−0.359	−2.642**	−0.299	−2.382*
副高&正高	−0.205	−1.971*	−0.184	−1.922
组织支持感			0.387	8.029***
F值	2.758**		10.044***	
R^2	0.057		0.200	
$\triangle F$			64.470***	
$\triangle R^2$			0.143	

注：*$p<0.05$，**$p<0.01$，***$p<0.001$；"任行政职务&不任行政职务"为虚拟变量。

---

❶ 判断残差序列是否独立,可以通过绘制残差序列的序列图、计算残差的自相关系数及做DW检验来完成,最常用的是DW检验。但是当数据为非时间序列数据时,不能采用以上方法对残差序列的独立性进行检验,因为将样本数据的排序做不同的处理时,就会有不同的DW值,有不同的残差图,因此需要用非参数的游程检验。——杜智敏. 抽样调查与SPSS应用[M]. 北京:电子工业出版社,2010:597-598.

由表6.13可知，模型1和模型2的*F*值均达显著，表明自变量与因变量间存在显著的线性关系。模型1的*R*²为0.057，表明可以解释组织公民行为5.7%的变异量；模型2的*R*²为0.20，表明可以解释组织公民行为20%的变异量。模型2与模型1相比，△*F*达显著水平，表明在控制了人口统计学变量后，组织支持感对组织公民行为具有显著影响。组织支持感对组织公民行为的回归系数为0.387（*T*=8.029），表明高职院校教师随着其组织支持感的提高，越可能展现出组织公民行为。

对回归方程的多元共线性检验结果表明，预测变量的条件指数最大值为17.068，特征值均大于0.01，表明预测变量间不存在多元共线性问题。❶对残差的分析结果表明，残差基本服从正态分布，且方差具有齐性。游程检验结果显示$p=0.755>0.05$，表明残差是随机的，不存在自相关关系。这表明，经验回归方程满足相关的理论假设。

总结以上分析，假设H1成立。

6.3.3 高职教师组织支持感对工作满意度的回归分析

6.1节的分析结果表明，在人口统计学变量中，只有学历、年龄、职称和职务等对工作满意度具有显著影响，因此进行回归分析时，仅将这几个人口统计学变量作为控制变量纳入方程。组织支持感对工作满意度的回归分析结果见表6.14。

表6.14　组织支持感对工作满意度的回归分析摘要

预测变量	模型1		模型2	
	标准化*β*	*T*值	标准化*β*	*T*值
常数		15.718***		6.989***
本科及以下&硕士及以上	0.148	2.781**	0.094	2.349*
任行政职务&不任行政职务	0.120	2.345*	0.017	0.442

❶ 回归模型多元共线性的诊断常用的指标如容忍度(tolerance,TOL)、方差膨胀因子(variance inflation factor,VIF)、条件指数(condition index,CI)和特征值(eigenvalue)等。在回归模型中，如果TOL值小于0.10，VIF值大于10,CI值大于30,特征值小于0.01,则预测变量间可能存在多元共线性问题。——吴明隆.问卷统计分析实务——SPSS操作与应用[M].重庆:重庆大学出版社,2010:390.

续表

预测变量	模型1		模型2	
	标准化β	T值	标准化β	T值
30岁及以下&51岁及以上	−0.157	−1.116	−0.159	−1.494
31—40岁&51岁及以上	−0.220	−1.576	−0.176	−1.672
41—50岁&51岁及以上	−0.270	−2.332*	−0.236	−2.706**
无职称&正高	−0.141	−1.708	−0.076	−1.212
初级&正高	−0.120	−0.920	−0.035	−0.356
中级&正高	−0.166	−1.237	−0.055	−0.542
副高&正高	−0.205	−0.246	0.016	0.211
组织支持感			0.650	16.758***
F值	3.529***		33.675***	
R²	0.079		0.479	
△F			280.470***	
△R²			0.399	

注：*$p<0.05$，**$p<0.01$，***$p<0.001$；"任行政职务&不任行政职务"为虚拟变量。

由表6.14可知，模型1和模型2的F值均达显著，表明自变量与因变量间存在显著的线性关系。模型1的R^2为0.079，表明可以解释工作满意度7.9%的变异量；模型2的R^2为0.479，表明可以解释工作满意度47.9%的变异量。模型2与模型1相比，$△F$达显著水平，表明在控制了人口统计学变量后，组织支持感对工作满意度具有显著影响。组织支持感对工作满意度的回归系数为0.650（$T=$16.758），表明随着组织支持感的提高，高职院校教师的工作满意度也随着提高。

对回归方程的多元共线性检验结果表明，预测变量的条件指数最大值为18.417，特征值均大于0.01，表明预测变量间不存在多元共线性问题。对残差的分析结果表明，残差基本服从正态分布，且方差具有齐性。游程检验结果显示$p=0.08>0.05$，表明残差是随机的，不存在自相关关系。这表明，经验回归方程满足相关的理论假设。

总结以上分析，假设H2成立。

6.3.4 高职教师组织支持感对规范承诺的回归分析

6.1节的分析结果表明，在人口统计学变量中，只有职务、学历和年龄对规范承诺具有显著影响，因此进行回归分析时，仅将这几个人口统计学变量作为控制变量纳入方程。组织支持感对规范承诺的回归分析结果见表6.15。

表6.15　组织支持感对规范承诺的回归分析摘要

预测变量	模型1		模型2	
	标准化β	T值	标准化β	T值
常数		13.973***		4.736***
任行政职务&不任行政职务	0.157	3.079**	0.066	1.512
30岁及以下&51岁及以上	−0.301	−2.609**	−0.253	−2.603**
31—40岁&51岁及以上	−0.301	−2.460*	−0.212	−2.057*
41—50岁&51岁及以上	−0.265	−2.330*	−0.219	−2.291*
本科及以下&硕士及以上	0.072	1.368	0.030	0.667
组织支持感			0.541	12.409***
F值	3.971**		30.333***	
R^2	0.051		0.329	
$\triangle F$			153.978***	
$\triangle R^2$			0.278	

注：*$p<0.05$，**$p<0.01$，***$p<0.001$；"任行政职务&不任行政职务"为虚拟变量。

由表6.15可知，模型1和模型2的F值均达显著，表明自变量与因变量间存在显著的线性关系。模型1的R^2为0.051，表明可以解释规范承诺5.1%的变异量；模型2的R^2为0.329，表明可以解释规范承诺32.9%的变异量。模型2与模型1相比，$\triangle F$达显著水平，表明在控制了人口统计学变量后，组织支持感对规范承诺具有显著影响。组织支持感对规范承诺的回归系数为0.541（T=12.409），表明随着组织支持感的提高，高职院校教师的规范承诺也随之提高。

对回归方程的多元共线性检验结果表明，预测变量的条件指数最大值为15.501，特征值均大于0.01，表明预测变量间不存在多元共线性问题。对残差的分析结果表明，残差基本服从正态分布，且方差具有齐性。游程检验结果显示$p=0.099>0.05$，表明残差是随机的，不存在自相关关系。这表明，经验回归方程满足相关的理论假设。

总结以上分析，假设H3a成立。

6.3.5 高职教师组织支持感对持续承诺的回归分析

6.1节的分析结果表明，在人口统计学变量中，只有职务和教龄对持续承诺具有显著影响，因此进行回归分析时，仅将这两个人口统计学变量作为控制变量纳入方程。组织支持感对持续承诺的回归分析结果见表6.16。

由表6.16可知，模型1和模型2的F值均达显著，表明自变量与因变量间存在显著的线性关系。模型1的R^2为0.036，表明可以解释持续承诺3.6%的变异量；模型2的R^2为0.048，表明可以解释持续承诺4.8%的变异量。模型2与模型1相比，$\triangle F$达显著水平，表明在控制了人口统计学变量后，组织支持感对持续承诺具有显著影响。组织支持感对持续承诺的回归系数为-0.111（$T=-2.156$），表明高职院校教师组织支持感越高，其持续承诺越低。

表6.16　组织支持感对持续承诺的回归分析摘要

预测变量	模型1		模型2	
	标准化β	T值	标准化β	T值
常数		31.393***		18.367***
任行政职务&不任行政职务	-0.123	-2.420*	-0.103	-2.011*
5年及以下&21年及以上	-0.109	-1.554	-0.108	-1.549
6—10年&21年及以上	-0.003	-0.048	-0.001	-0.021
11—20年&21年及以上	0.058	0.870	0.059	0.885
组织支持感			-0.111	-2.156*
F值	3.501**		3.758**	
R^2	0.036		0.048	
$\triangle F$			4.648*	
$\triangle R^2$			0.012	

注：*$p<0.05$，**$p<0.01$，***$p<0.001$。

对回归方程的多元共线性检验结果表明，预测变量的条件指数最大值为10.789，特征值均大于0.01，表明预测变量间不存在多元共线性问题。对残差的分析结果表明，残差基本服从正态分布，且方差具有齐性。游程检验结果显示 $p=0.410>0.05$，表明残差是随机的，不存在自相关关系。这表明，经验回归方程满足相关的理论假设。

总结以上分析，假设 H3b 成立。

6.3.6 高职教师组织支持感对情感承诺的回归分析

6.1 节的分析结果表明，在人口统计学变量中，只有职务、年龄和职称对情感承诺具有显著影响，因此进行回归分析时，仅将这几个人口统计学变量作为控制变量纳入方程。组织支持感对情感承诺的回归分析结果见表6.17。

由表6.17可知，模型1和模型2的 F 值均达显著，表明自变量与因变量之间存在显著的线性关系。模型1的 R^2 为0.067，表明可以解释情感承诺6.7%的变异量。模型2的 R^2 为0.355，表明可以解释情感承诺35.5%的变异量。模型2与模型1相比，$\triangle F$ 达显著水平，表明在控制了人口统计学变量后，组织支持感对情感承诺具有显著影响。组织支持感对情感承诺的回归系数为 0.550（$T=$ 12.802），表明高职院校教师组织支持感越高，其情感承诺也越高。

表6.17　组织支持感对情感承诺的回归分析摘要

预测变量	模型1		模型2	
	标准化β	T值	标准化β	T值
常数		16.031***		7.286***
任行政职务&不任行政职务	0.174	3.385**	0.086	1.987*
30岁及以下&51岁及以上	−0.170	−1.225	−0.148	−1.277
31—40岁&51岁及以上	−0.156	−1.144	−0.092	−0.807
41—50岁&51岁及以上	−0.192	−1.664	−0.152	−1.577
无职称&正高	−0.118	−1.494	−0.071	−1.027
初级&正高	−0.264	−2.023*	−0.204	−1.877
中级&正高	−0.248	−1.834	−0.159	−1.415
副高&正高	−0.104	−1.009	−0.074	−0.867
组织支持感			0.550	12.802***
F值	3.334**		22.484***	
R^2	0.067		0.355	

续表

预测变量	模型1		模型2	
	标准化β	T值	标准化β	T值
△F			163.904***	
△R²			0.287	

注：*p<0.05，**p<0.01，***p<0.001。

对回归方程的多元共线性检验结果表明，预测变量的条件指数最大值为 17.144，特征值均大于0.01，表明预测变量间不存在多元共线性问题。对残差的分析结果表明，残差基本服从正态分布，且方差具有齐性。游程检验结果显示 $p=0.354>0.05$，表明残差是随机的，不存在自相关关系。这表明，经验回归方程满足相关的理论假设。

总结以上分析，假设H3c成立。

6.3.7 高职教师工作满意度对组织公民行为的回归分析

根据6.1节的分析结果，在进行工作满意度对组织公民行为的回归分析时，仅将年龄、职称和职务等控制变量纳入方程，回归分析结果见表6.18。

表6.18　工作满意度对组织公民行为的回归分析摘要

预测变量	模型1		模型2	
	标准化β	T值	标准化β	T值
常数		29.305***		17.862***
任行政职务&不任行政职务	0.98	1.878	0.032	0.713
30岁及以下&51岁及以上	−0.166	−1.183	−0.044	−0.364
31—40岁&51岁及以上	−0.116	−0.847	0.037	0.312
41—50岁&51岁及以上	−0.089	−0.763	0.071	−0.705
无职称&正高	−0.125	−1.494	−0.065	−0.902
初级&正高	−0.265	−2.017*	−0.224	−1.989*
中级&正高	−0.359	−2.642**	−0.285	−2.447*
副高&正高	−0.205	−1.971*	−0.201	−2.257*
工作满意度			0.387	8.029***

续表

预测变量	模型1		模型2	
	标准化β	T值	标准化β	T值
F值	2.758**		17.837***	
R^2	0.057		0.307	
$\triangle F$			130.586***	
$\triangle R^2$			0.250	

注：*$p<0.05$，**$p<0.01$，***$p<0.001$。

由表6.18可知，模型1和模型2的F值均达显著，表明自变量与因变量间存在显著的线性关系。模型1的R^2为0.057，表明可以解释组织公民行为5.7%的变异量。模型2的R^2为0.307，表明可以解释组织公民行为30.7%的变异量。模型2与模型1相比，$\triangle F$达显著水平，表明在控制了人口统计学变量后，工作满意度对组织公民行为具有显著影响。工作满意度对组织公民行为的回归系数为0.387（$T=8.029$），表明工作满意度越高的高职教师，其越可能展现出组织公民行为。

对回归方程的多元共线性检验结果表明，预测变量的条件指数最大值为18.061，特征值均大于0.01，表明预测变量间不存在多元共线性问题。对残差的分析结果表明，残差基本服从正态分布，且方差具有齐性。游程检验结果显示$p=0.253>0.05$，表明残差是随机的，不存在自相关关系。这表明，经验回归方程满足相关的理论假设。

总结以上分析，假设H4成立。

6.3.8 高职教师工作满意度对规范承诺的回归分析

根据6.1节的分析结果，在进行工作满意度对规范承诺的回归分析时，仅将职务、年龄和学历等控制变量纳入方程，回归分析结果见表6.19。

表6.19 工作满意度对规范承诺的回归分析摘要

预测变量	模型1		模型2	
	标准化β	T值	标准化β	T值
常数		13.973***		2.907**

续表

预测变量	模型1		模型2	
	标准化β	T值	标准化β	T值
任行政职务&不任行政职务	0.157	3.079**	0.081	1.921
30岁及以下&51岁及以上	−0.301	−2.609**	−0.141	−1.486
31—40岁&51岁及以上	−0.301	−2.460*	−0.103	−1.021
41—50岁&51岁及以上	−0.265	−2.330*	−0.089	−0.956
本科及以下&硕士及以上	0.072	1.368	−0.011	−0.251
工作满意度			0.586	13.739***
F值	3.971**		36.441***	
R^2	0.051		0.371	
△F			188.770***	
△R^2			0.361	

注：*$p<0.05$，**$p<0.01$，***$p<0.001$。

由表6.19可知，模型1和模型2的F值均达显著，表明自变量与因变量间存在显著的线性关系。模型1的R^2为0.051，表明可以解释规范承诺5.1%的变异量。模型2的R^2为0.371，表明可以解释规范承诺37.1%的变异量。模型2与模型1相比，△F达显著水平，表明在控制了人口统计学变量后，工作满意度对规范承诺具有显著影响。工作满意度对规范承诺的回归系数为0.586（T=13.739），表明高工作满意度的高职教师其规范承诺也高。

对回归方程的多元共线性检验结果表明，预测变量的条件指数最大值为16.439，特征值均大于0.01，表明预测变量间不存在多元共线性问题。对残差的分析结果表明，残差基本服从正态分布，且方差具有齐性。游程检验结果显示$p=0.410>0.05$，表明残差是随机的，不存在自相关关系。这表明，经验回归方程满足相关的理论假设。

总结以上分析，假设H5a成立。

6.3.9 高职教师工作满意度对情感承诺的回归分析

根据6.1节的分析结果，在进行工作满意度对情感承诺的回归分析时，仅将职务、年龄和职称等控制变量纳入方程，回归分析结果见表6.20。

表6.20 工作满意度对情感承诺的回归分析摘要

预测变量	模型1		模型2	
	标准化β	T值	标准化β	T值
常数		16.031***		5.989***
任行政职务&不任行政职务	0.174	3.385**	0.107	2.462*
30岁及以下&51岁及以上	−0.170	−1.225	−0.043	−0.365
31—40岁&51岁及以上	−0.156	−1.144	0.012	0.100
41—50岁&51岁及以上	−0.192	−1.664	−0.025	−0.251
无职称&正高	−0.118	−1.494	−0.056	−0.804
初级&正高	−0.264	−2.023*	−0.220	−2.009*
中级&正高	−0.248	−1.834	−0.168	−1.478
副高&正高	−0.104	−1.009	−0.100	−1.160
工作满意度			0.543	12.483***
F值	3.334**		21.521***	
R^2	0.067		0.345	
△F			155.828***	
△R^2			0.277	

注：*$p<0.05$，**$p<0.01$，***$p<0.001$。

由表6.20可知，模型1和模型2的F值均达显著，表明自变量与因变量间存在显著的线性关系。模型1的R^2为0.067，表明可以解释情感承诺6.7%的变异量；模型2的R^2为0.345，表明可以解释情感承诺34.5%的变异量。模型2与模型1相比，△F达显著水平，表明在控制了人口统计学变量后，工作满意度对情感承诺具有显著影响。工作满意度对情感承诺的回归系数为0.543（$T=$12.483），表明高职院校教师工作满意度越高，其情感承诺也越高。

对回归方程的多元共线性检验结果表明，预测变量的条件指数最大值为18.103，特征值均大于0.01，表明预测变量间不存在多元共线性问题。对残差的分析结果表明，残差基本服从正态分布，且方差具有齐性。游程检验结果显示$p=0.607>0.05$，表明残差是随机的，不存在自相关关系。这表明，经验回归方程满足相关的理论假设。

总结以上分析，假设H5c成立。

6.3.10 高职教师规范承诺对组织公民行为的回归分析

根据6.1节的分析结果，在进行规范承诺对组织公民行为的回归分析时，仅将职务、年龄、职称等控制变量纳入方程，回归分析结果见表6.21。

表6.21 规范承诺对组织公民行为的回归分析摘要

预测变量	模型1		模型2	
	标准化β	T值	标准化β	T值
常数		29.305***		21.488***
任行政职务&不任行政职务	0.98	1.878	0.021	0.454
30岁及以下&51岁及以上	−0.166	−1.183	0.005	0.043
31—40岁&51岁及以上	−0.116	−0.847	0.041	0.339
41—50岁&51岁及以上	−0.089	−0.763	0.036	0.346
无职称&正高	−0.125	−1.494	−0.109	−1.486
初级&正高	−0.265	−2.017*	−0.250	−2.172*
中级&正高	−0.359	−2.642**	−0.304	−2.551*
副高&正高	−0.205	−1.971*	−0.151	−1.650
规范承诺			−0.480	10.432***
F值	2.758**		15.273***	
R^2	0.057		0.275	
$\triangle F$			108.831***	
$\triangle R^2$			0.218	

注：*$p<0.05$，**$p<0.01$，***$p<0.001$。

由表6.21可知，模型1和模型2的F值均达显著，表明自变量与因变量间存在显著的线性关系。模型1的R^2为0.057，表明可以解释组织公民行为5.7%的变异量；模型2的R^2为0.275，表明可以解释组织公民行为27.5%的变异量。模型2与模型1相比，$\triangle F$达显著水平，表明在控制了人口统计学变量后，规范承诺对组织公民行为具有显著影响。规范承诺对组织公民行为的回归系数为0.480（T=10.432），表明高规范承诺的教师越可能展现出组织公民行为。

对回归方程的多元共线性检验结果表明，预测变量的条件指数最大值为16.319，特征值均大于0.01，表明预测变量间不存在多元共线性问题。对残差的分析结果表明，残差基本服从正态分布，且方差具有齐性。游程检验结果显示 *p*=0.299>0.05，表明残差是随机的，不存在自相关关系。这表明，经验回归方程满足相关的理论假设。

总结以上分析，假设 H6a 成立。

6.3.11 高职教师情感承诺对组织公民行为的回归分析

根据6.1节的分析结果，在进行情感承诺对组织公民行为的回归分析时，仅将职务、年龄、职称等控制变量纳入方程，回归分析结果见表6.22。

表6.22　情感承诺对组织公民行为的回归分析摘要

预测变量	模型1		模型2	
	标准化β	T值	标准化β	T值
常数		29.305***		19.123***
任行政职务&不任行政职务	0.98	1.878	0.024	0.503
30岁及以下&51岁及以上	−0.166	−1.183	−0.097	−0.760
31—40岁&51岁及以上	−0.116	−0.847	−0.049	−0.393
41—50岁&51岁及以上	−0.089	−0.763	−0.009	−0.088
无职称&正高	−0.125	−1.494	−0.076	−0.991
初级&正高	−0.265	−2.017*	−0.154	−1.279
中级&正高	−0.359	−2.642**	−0.257	−2.064*
副高&正高	−0.205	−1.971*	−0.162	−1.708
情感承诺			0.414	8.574***
F值	2.758**		11.110***	
R²	0.057		0.216	
△F			73.511***	
△R²			0.159	

注：*p<0.05，**p<0.01，***p<0.001。

由表6.22可知，模型1和模型2的F值均达显著，表明自变量与因变量间存在显著的线性关系。模型1的R²为0.057，表明可以解释组织公民行为5.7%的变异量；模型2的R²为0.216，表明可以解释组织公民行为21.6%的变异量。模型2

与模型1相比，$\triangle F$ 达显著水平，表明在控制了人口统计学变量后，情感承诺对组织公民行为具有显著影响。情感承诺对组织公民行为的回归系数为0.414（$T=8.574$），表明情感承诺高的教师更可能展现出组织公民行为。

对回归方程的多元共线性检验结果表明，预测变量的条件指数最大值为17.486，特征值均大于0.01，表明预测变量间不存在多元共线性问题。对残差的分析结果表明，残差基本服从正态分布，且方差具有齐性。游程检验结果显示 $p=0.755>0.05$，表明残差是随机的，不存在自相关关系。这表明，经验回归方程满足相关的理论假设。

总结以上分析，假设H6c成立。

6.4 中介效应的检验

本节将应用结构方程模型检验工作满意度、规范承诺、持续承诺、情感承诺分别在相应变量间关系中的中介效应。为增强模型的简约性和降低模型的复杂性，在对中介效应进行检验时，以上被证实对相应变量有显著影响的人口统计学变量将不再被纳入模型中。此外，由于以下需要检验的结构方程模型均为递归模型[1]，而递归模型是可识别的，因此不再考察模型的可识别性。

6.4.1 结构方程模型检验的数据评价

（1）缺失值处理。本研究首先对数据中的缺失值进行了处理。缺失值（missing data）或不完全资料（incomplete data）是量化研究中最容易出现且具体干扰结果分析的一个问题，也是影响结构方程模型估计的敏感因素[2]，因此需要对其进行适当处理。为保证有最为完整的数据以供分析，在进行每个结构方程模型检验前，本研究对缺失值采用了全列删除法（listwise deletion method），即只要任何一个变量出现缺失值，就将该受测者的有关数据全部删掉。

（2）正态化假设检验。尽管前面对数据的正态化检验结果表明，相关变量的指标基本上服从正态化分布，但由于潜变量的得分采用的是均值赋值法，还

---

[1] 递归模型是指模型中变量之间只有单向的因果联系，其所有的残差均不相关。——侯杰泰,温忠麟,成子娟. 结构方程模型及其应用[M]. 北京:教育科学出版社,2004:230.

[2] 邱皓政. 结构方程模式:LISREL的理论、技术与应用[M]. 2版. 台北:双叶书廊,2011:2-9.

需对各潜变量进行正态化检验及多元正态化检验。[1]本研究在每个结构方程模型检验前均进行了所有变量的正态化检验，根据检验结果，利用LIESREL8.70中的PRELIS工具对不符合正态化分布的变量进行了正态化处理。在此基础上，对数据的多元正态性进行了检验，检验结果表明，相应变量均服从多元正态假设。

（3）线性关系假设的检验。在6.2节本研究已经检验了相关变量间的线性相关关系，兹不再另行检验，仅进行多元共线性诊断。在传统的回归分析中，诊断多元共线性具有简易的指标，但是对于结构方程模型，就不容易对其加以诊断。原因有三：一是结构方程模型当中变量繁多，估计程序复杂；二是在分析原理上，结构方程模型并不等同于回归分析，模型当中没有严格的自变量与因变量之分；三是结构方程模型的分析单位是协方差矩阵，变量间的相关并不单独处理，多元共线性的概念显得相当模糊[2]。由6.2节的分析可知，大部分相关变量间的相关系数位于0.3—0.7，属于中等程度相关，因此不会出现明显的多元共线性问题。不过由于组织支持感的三个维度间的相关高于0.8，在将各维度同时纳入模型时，会存在多元共线性问题。因此，本研究在进行相应变量的中介模型检验时，将按工作支持、价值认同和利益关心三个维度分别进行。

6.4.2 高职教师工作满意度对组织支持感与组织公民行为关系的中介作用检验

Baron 和 Kenny 认为，中介效应的存在需满足四个条件[3]：①因变量 Y 对自变量 X 的回归系数 β_c 的估计值显著；②中间变量 Me 对 X 的回归系数 β_a 的估计值

---

[1] 在结构方程模型的应用上，关于数据偏态(skewness)系数和峰态(kurtosis)系数的判断标准没有一致的看法，根据Kline的观点，当S系数值的绝对值大于3时，K系数值的绝对值大于10时，视为非正态。关于多元正态性假设的检验，最简便的方式式的是检验Mardia系数，Mardia系数类似于Z分数，只有在样本数达到一定规模才能采用。Mariah系数一般常用的是多元峰度指标(multivariate kurtosis)，或将多元偏度与峰度指标整合成一个指标，来判定多元常态化假设。当LISREL当中的PRELIS提供的Relative Multivariate Index越接近于1或小于1时，表示多元正态性未违反。——邱皓政.结构方程模式:LISREL的理论、技术与应用[M]. 2版.台北:双叶书廊,2011.

[2] 邱皓政.结构方程模式:LISREL的理论、技术与应用[M]. 2版.台北:双叶书廊,2011:2-41.

[3] BARON R M, KENNY D A. The moderator-mediator variable distinction in social psychological research: conceptual, strategic, and statistical considerations[J]. Journal of Personality and Social Psychology, 1986, 51(6): 1173-1182.

显著；③在同时考虑自变量 X 和中介变量 Me 对 Y 的影响时，Y 对 M 的回归系数 β_b 的估计值显著；④当控制中介变量 Me 后，原先的自变量 X 对 Y 的净效果消失，亦即 β'_c 的估计值没有达到统计显著水平。如果以上四个条件完全符合，亦即 Me 完全中介了 X 对 Y 的效果，称为完全中介效应；如果 β'_c 的估计值虽有变化，但仍具有统计显著性，其绝对值小于 β_c 的估计值，则称为部分中介效应。本研究对中介效应的检验将参照以上四个条件进行。

（1）工作满意度对组织支持感与组织公民行为关系的中介作用总体检验。

根据中介效应的要求，本研究首先利用结构方程模型考察了组织支持感分别对工作满意度和组织公民行为的直接效应。该模型的主要拟合指数如下：χ^2/df 为 3.24，NFI 为 0.97，NNFI 为 0.98，CFI 为 0.98，SRMR 为 0.057，GFI 为 0.94，AGFI 为 0.89，RMSEA 为 0.078。这表明该模型的拟合优度良好。该模型的标准化路径系数解如图6.1所示。由图6.1可知，组织支持感对工作满意度和组织公民行为的回归系数分别为 0.87（$T=14.97$，$p<0.001$）、0.64（$T=12.48$，$p<0.001$），均达统计显著水平，表明中介效应检验的前两个条件满足。

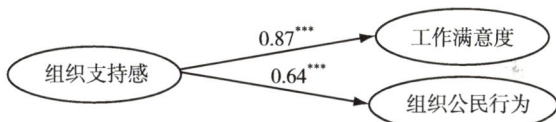

图6.1　组织支持感对工作满意度和组织公民行为的直接影响模型
注：$^{***}p<0.001$。

接下来，需要考察工作满意度对组织公民行为的直接效应是否显著，及组织支持感对组织公民行为的直接效应的变化情况。经对工作满意度对组织支持感与组织公民行为关系的中介模型进行检验并不断修正模型，得到最终模型。最终模型的主要拟合指数如下：χ^2/df 为 2.89，NFI 为 0.97，NNFI 为 0.98，CFI 为 0.98，SRMR 为 0.050，GFI 为 0.94，AGFI 为 0.90，RMSEA 为 0.071。这表明该模型拟合优度比较理想。该模型的标准化路径系数解如图6.2所示。

由图6.2可知，工作满意度对组织公民行为的标准化回归系数为 0.49（$T=4.27$，$p<0.001$），达统计显著水平。组织支持感对组织公民行为的回归系数从 0.64 降为 0.18（$T=1.58$，$p>0.05$），达不到统计显著水平。这表明，工作满意度在组织支持感和组织公民行为的关系中发挥了完全中介作用，或者说工作满意度完全担任了中介变量❶（mediator）的角色。经Sobel检验，组织支持感对组织公民行为的间接效应的T值为4.25，达统计显著水平，即工作满意度的中介效应显著。

总结以上分析，假设H7得到证实。

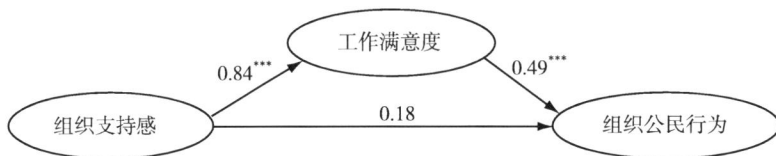

图6.2　工作满意度中介组织支持感与组织公民行为的关系模型

注：***$p<0.001$。

（2）工作满意度对组织支持感各维度与组织公民行为各维度关系的中介作用检验。

本部分将进一步考察工作满意度对价值认同、工作支持、利益关心三个维度分别与指向他人行为、指向组织行为和自我要求行为间关系的中介作用。

第一，工作满意度在价值认同分别与组织公民行为三个维度间关系的中介作用检验。首先考察价值认同对工作满意度、指向他人行为、指向组织行为和自我要求行为的直接影响是否显著。经检验，模型的主要拟合指数如下：χ^2/df为2.60，NFI为0.95，NNFI为0.96，CFI为0.97，SRMR为0.073，GFI为0.90，AGFI为0.87，RMSEA为0.036。这表明该模型拟合优度比较良好。该模型的标准化路径系数解如图6.3所示。

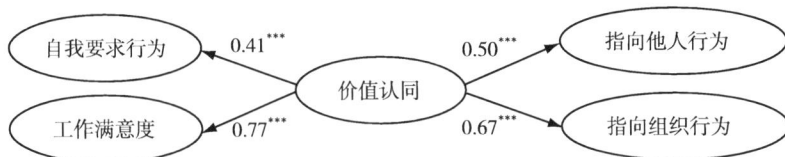

图6.3　价值认同对工作满意度和组织公民行为各维度的直接影响模型

注：***$p<0.001$。

---

❶ 对中介变量（mediator，Me）与调节变量（moderator，Mo）的探讨可以说是社会科学领域重要议题。在一个统计模型中，中介者扮演自变量（independent variable，IV）与因变量（dependent variable，DV）的中枢角色，而调节者则让$X \to Y$的效果有条件地发生变化，即IV与Mo会对DV产生交互作用（interaction effect），使得在调节变量的不同水平下，$X \to Y$的效果产生系统性变化。——邱皓政.结构方程模式：LISREL的理论、技术与应用[M].2版.台北：双叶书廊，2011：10-17。

由图6.3可知，价值认同对工作满意度、指向他人行为、指向组织行为和自我要求行为的直接影响均达统计显著水平，满足中介效应的前两个条件。接下来，需要考察在控制了价值认同后，工作满意度对指向他人行为、指向组织行为和自我要求行为的直接影响是否显著，及价值认同对指向他人行为、指向组织行为和自我要求行为的直接影响的变化情况。经检验，工作满意度对价值认同分别与组织公民行为三维度关系的中介模型的主要拟合指数如下：χ^2/df 为 2.40，NFI 为 0.96，NNFI 为 0.97，CFI 为 0.97，SRMR 为 0.060，GFI 为 0.91，AGFI 为 0.88，RMSEA 为 0.061。这表明该模型拟合优度良好。该模型的标准化路径系数解如图6.4所示。

由图6.4可知，工作满意度对指向他人行为、指向组织行为的标准化路径系数分别为 0.43（$T=4.24$，$p<0.001$）、0.53（$T=5.60$，$p<0.001$），均达统计显著水平；而工作满意度对自我要求行为的标准化路径系数为 0.19（$T=1.86$，$p>0.05$），达不到统计显著水平；价值认同对指向他人行为的直接效应从 0.50 下降到 0.13（$T=1.27$，$p>0.05$），变得不显著，价值认同对指向组织行为的直接效应从 0.67 下降到 0.21（$T=2.28$，$p<0.01$），仍然达统计显著水平。这表明工作满意度完全中介了价值认同和指向他人行为的关系，部分中介了价值认同和指向组织行为的关系，而对价值认同与自我要求行为关系的中介作用不显著。经Sobel检验，工作满意度对价值认同和指向他人行为、指向组织行为关系的中介效应的 T 值分别为 4.11（$p<0.001$）、5.34（$p<0.001$），均达统计显著水平；工作满意度对价值认同和自我要求行为关系的中介效应的 T 值为 1.86（$p>0.05$），达不到统计显著水平。

总结以上分析，假设H8a与H8b成立，H8c不成立。

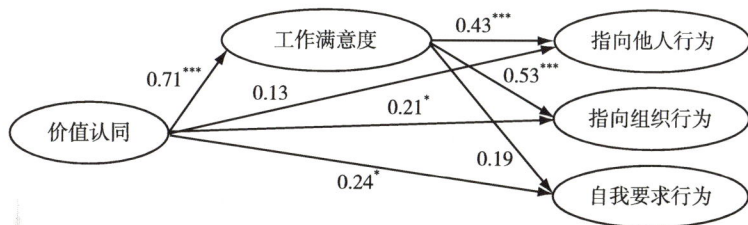

图6.4　工作满意度中介价值认同与组织公民行为各维度的关系模型

注：$^*p<0.01$，$^{***}p<0.001$。

　　第二，工作满意度对工作支持与组织公民行为三维度间关系的中介作用检验。首先考察工作支持对工作满意度和组织公民行为三个维度的直接影响是否显著。经检验，该模型的主要拟合指数如下：χ^2/df 为 2.57，NFI 为 0.95，NNFI 为 0.96，CFI 为 0.97，SRMR 为 0.067，GFI 为 0.91，AGFI 为 0.87，RMSEA 为 0.061。这表明该模型拟合优度良好。该模型的标准化路径系数解如图6.5所示。

　　由图6.5可知，工作支持对工作满意度与组织公民行为的三个维度的标准化回归系数均达统计显著水平，故满足中介效应的前两个条件。接下来，就需要考察在控制了工作支持后，工作满意度对组织公民行为三个维度的直接影响是否显著，及工作支持对组织公民行为三个维度的直接影响的变化情况。

图6.5　工作支持对工作满意度和组织公民行为各维度的直接影响模型
注：***$p<0.001$。

　　经检验，工作满意度对工作支持与组织公民行为三个维度关系的中介模型的主要拟合指数如下：χ^2/df 为 2.34，NFI 为 0.96，NNFI 为 0.97，CFI 为 0.97，SRMR 为 0.057，GFI 为 0.91，AGFI 为 0.88，RMSEA 为 0.060。这表明该模型拟合优度良好。该模型的标准化路径系数解如图6.6所示。

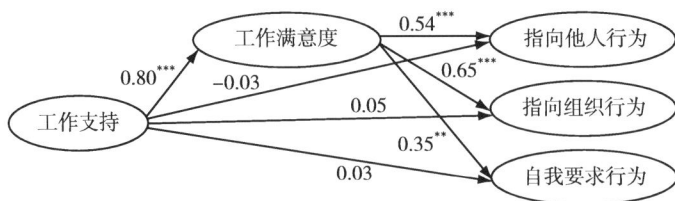

图6.6　工作满意度中介工作支持与组织公民行为各维度的关系模型
注：**$p<0.01$，***$p<0.001$。

　　由图6.6可知，工作满意度对指向他人行为、指向组织行为、自我要求行为的标准化路径系数分别为 0.54（$T=4.22$，$p<0.001$）、0.65（$T=5.33$，$p<0.001$）、0.35（$T=2.64$，$p<0.01$），均达统计显著水平。工作支持对指向他人行为的直接

效应从0.48下降到−0.03（*T*=0.21，*p*>0.05），对指向组织行为的直接效应从0.65下降到0.05（*T*=0.41，*p*>0.05），对自我要求行为的直接效应从0.36下降到0.03（*T*=0.19，*p*>0.05），三者均达不到统计显著水平。这表明，工作满意度完全中介了工作支持对组织公民行为三个维度的影响。Sobel统计检验显示，工作满意度对工作支持和指向他人行为、指向组织行为、自我要求行为关系的中介效应的*T*值分别为4.10（*p*<0.001）、5.12（*p*<0.001）、2.61（*p*<0.01），均达统计显著水平。

总结以上分析，假设H9a、H9b、H9c均成立。

第三，工作满意度对利益关心与组织公民行为三维度关系的中介作用检验。首先需要考察利益关心对工作满意度和组织公民行为三个维度的回归系数是否显著。6.2节的相关分析表明，利益关心与自我要求行为的相关不显著，因此在中介效应检验时不再对其进行分析。

经检验，利益关心对工作满意度、指向他人行为、指向组织行为的直接影响模型的主要拟合指数如下：χ^2/df为2.59，NFI为0.95，NNFI为0.96，CFI为0.97，SRMR为0.073，GFI为0.90，AGFI为0.87，RMSEA为0.065。这表明该模型拟合优度良好。该模型的标准化路径系数解如图6.7所示。

由图6.7可知，利益关心对工作满意度、指向他人行为、指向组织行为的直接影响均达统计显著水平，满足中介效应的前两个条件。接下来，需要考察在控制了利益关心后，工作满意度对指向他人行为、指向组织行为的直接影响是否显著，及利益关心对指向他人行为、指向组织行为的直接影响的变化情况。

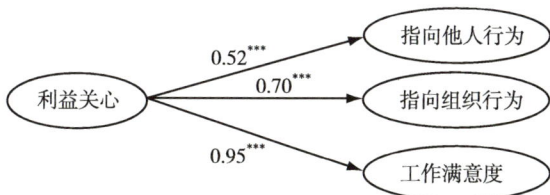

图6.7 利益关心对工作满意度和组织公民行为两个维度的直接影响模型

注：***p<0.001。

经检验，工作满意度对利益关心和指向他人行为、指向组织行为关系的中介模型的主要拟合指数如下：χ^2/df为2.36，NFI为0.96，NNFI为0.97，CFI为

0.97，SRMR为0.057，GFI为0.93，AGFI为0.90，RMSEA为0.061。这表明该模型拟合优度比较理想。该模型的标准化路径系数解如图6.8所示。

由图6.8可知，工作满意度对指向他人行为和指向组织行为的标准化回归系数分别为0.63（T=4.59，p<0.001），0.70（T=5.51，p<0.001），均达统计显著水平。利益关心对指向他人行为的回归系数从0.52下降到−0.14（T=−1.02，p>0.05），利益关心对指向组织行为的回归系数从0.70下降到−0.03（T=−0.25，p>0.05），均达不到统计显著水平。这表明，工作满意度完全中介了利益关心对指向他人行为和指向组织行为的影响。经Sobel统计检验，工作满意度对利益关心与指向他人行为、指向组织行为关系的中介效应的T值分别为4.07（p<0.001）、4.93（p<0.001），均达统计显著水平。

总结以上分析，假设H10a与H10b成立，H10c不成立。

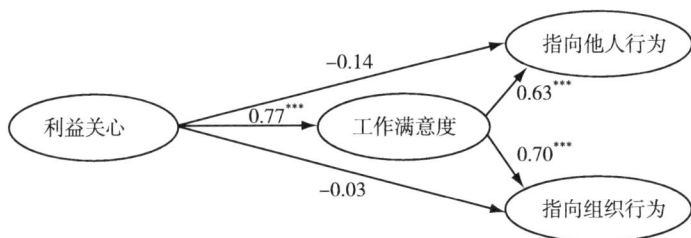

图6.8　工作满意度中介利益关心与指向他人行为、指向组织行为的关系模型

注：***p<0.001。

6.4.3 高职教师组织承诺对组织支持感与组织公民行为关系的中介作用检验

鉴于组织承诺中的持续承诺与情感承诺、规范承诺的考察面向相反，不宜在分析中将组织承诺作为一个整体进行考察，因此在进行中介作用检验时，均分维度进行。同时，6.2节的相关分析表明，持续承诺与组织公民行为相关不显著，因此在考察组织承诺三个维度对组织支持感与组织公民行为关系的中介作用总体检验时，不再将其纳入分析。

（1）规范承诺、情感承诺对组织支持感与组织公民行为关系的中介作用总体检验。

鉴于组织支持感对组织公民行为的直接显著效应已经得到验证，中介效应的第一个条件满足，因此接下来需要检验组织支持感对规范承诺和情感承诺的直接效应是否显著。经检验，组织支持感对情感承诺、规范承诺的直接效应模型的主要拟合指数如下：χ^2/df 为 1.50，NFI 为 0.99，NNFI 为 0.99，CFI 为 1.00，SRMR 为 0.025，GFI 为 0.98，AGFI 为 0.96，RMSEA 为 0.036。这表明该模型拟合优度非常理想。该模型的标准化路径系数解如图6.9所示。

由图6.9可知，组织支持感对规范承诺与情感承诺的直接效应均达统计显著水平，表明中介效应的第二个条件满足。接下来，需要分别对规范承诺和情感承诺中介组织支持感与组织公民行为的关系模型进行检验。

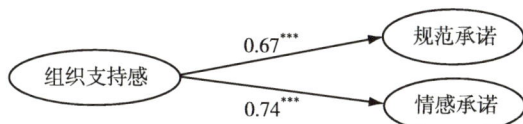

图6.9　组织支持感对规范承诺和情感承诺的直接影响模型

注：$p<0.001$。

首先，对规范承诺对组织支持感与组织公民行为关系的中介模型进行检验。修正后模型的主要拟合指数如下：χ^2/df 为 2.57，NFI 为 0.98，NNFI 为 0.98，CFI 为 0.99，SRMR 为 0.041，GFI 为 0.97，AGFI 为 0.93，RMSEA 为 0.065。这表明，该模型的拟合优度比较理想。该模型的标准化路径系数解如图 6.10所示。

由图6.10可知，在控制了组织支持感后，规范承诺对组织公民行为的标准化路径系数是 0.47（$T=5.68$，$p<0.001$），达统计显著水平。组织支持感对组织公民行为的直接效应从 0.64 下降到 0.25（$T=3.53$，$p<0.001$），仍达显著水平。这表明，规范承诺在组织支持感与组织公民行为的关系中发挥了部分中介作用。经 Sobel 检验，规范承诺中介效应的 T 值为 5.35（$p<0.001$），达统计显著水平。

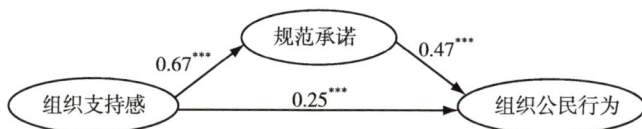

图6.10　规范承诺中介组织支持感与组织公民行为的关系模型

注：$p<0.001$。

其次，对情感承诺对组织支持感与组织公民行为关系的中介模型进行检验。修正后模型的主要拟合指数如下：χ^2/df 为 1.60，NFI 为 0.99，NNFI 为 0.99，CFI 为 0.99，SRMR 为 0.034，GFI 为 0.98，AGFI 为 0.96，RMSEA 为 0.040。这表明，该模型的拟合优度非常理想。该模型的标准化路径系数解如图 6.11 所示。

由图 6.11 可知，在控制了组织支持感后，情感承诺对组织公民行为的标准化路径系数为 0.49（$T=4.39$，$p<0.001$），达显著水平。组织支持感对组织公民行为的直接效应从 0.64 下降到 0.22（$T=2.29$，$p<0.05$），仍达显著水平。这表明情感承诺在组织支持感与组织公民行为关系中发挥了部分中介作用。经 Sobel 检验，组织支持感通过情感承诺对组织公民行为的间接效应的 T 值为 4.26（$p<0.001$），达显著水平。

总结以上分析，假设 H11 与 H19 成立，H15 不成立。

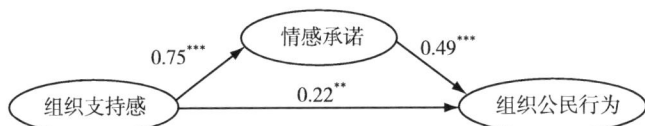

图6.11　情感承诺中介组织支持感与组织公民行为的关系模型

注：$^{**}p<0.01$，$^{***}p<0.001$。

（2）组织承诺各维度对组织支持感各维度与组织公民行为各维度关系的中介作用检验。

本部分将对规范承诺、持续承诺、情感承诺在组织支持感三个维度与组织公民行为的三个维度间关系的中介作用进行检验。

第一，规范承诺、持续承诺、情感承诺分别对价值认同与组织公民行为三个维度关系的中介作用检验。经过对价值认同对组织承诺三个维度和组织公民行为三个维度直接效应模型检验，并不断修正模型，最终模型的主要拟合指数如下：χ^2/df 为 2.34，NFI 为 0.94，NNFI 为 0.96，CFI 为 0.97，SRMR 为 0.067，GFI 为 0.89，AGFI 为 0.86，RMSEA 为 0.060。这表明该模型的拟合优度可以接受。该模型的标准化路径系数解如图 6.12 所示。

由图 6.12 可知，价值认同对组织承诺三个维度和组织公民行为三个维度的直接效应均达统计显著水平，满足中介效应的前两个条件。接下来，需要考察组织承诺三个维度发挥中介作用的后两个条件的满足情况。

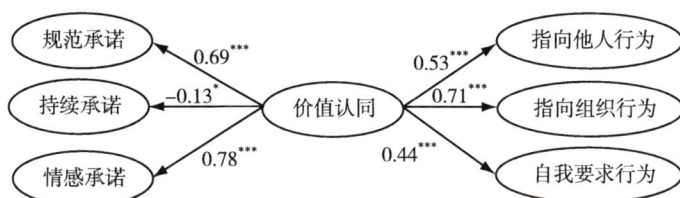

图 6.12　价值认同对组织承诺各维度、组织公民行为各维度的直接影响模型

注：$^*p<0.05$，$^{***}p<0.001$。

首先，规范承诺对价值认同与组织公民行为各维度关系的中介作用检验。鉴于该中介效应的前两个条件已满足，接下来就需要考察在控制了价值认同的情况下，规范承诺分别对组织公民行为各维度的直接效应是否显著，及价值认同对组织公民行为各维度的直接效应的变化情况。

经检验，规范承诺对价值认同与组织公民行为三维度关系的中介模型的主要拟合指数如下：χ^2/df 为 2.23，NFI 为 0.96，NNFI 为 0.97，CFI 为 0.98，SRMR 为 0.048，GFI 为 0.93，AGFI 为 0.90，RMSEA 为 0.058。这表明该模型的拟合优度可以接受。模型的标准化路径系数解见图 6.13。

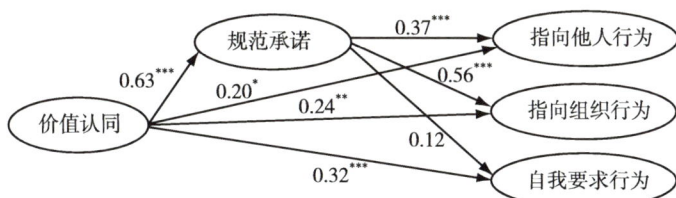

图 6.13　规范承诺中介价值认同与组织公民行为各维度的关系模型

注：$^*p<0.05$，$^{**}p<0.01$，$^{***}p<0.001$。

由图 6.13 可知，在控制了价值认同后，规范承诺对指向他人行为、指向组织行为的标准化路径系数分别为 0.37（$T=4.09$，$p<0.001$）、0.56（$T=6.44$，$p<0.001$），均达统计显著水平；而规范承诺对自我要求行为的标准化路径系数为 0.12（$T=1.26$，$p>0.05$），达不到统计显著水平。价值认同对指向他人行为的回归系数从 0.53 下降到 0.20（$T=2.28$，$p<0.05$），对指向组织行为的回归系数从 0.71 下降到 0.24（$T=2.99$，$p<0.01$），仍均达统计显著水平。这表明，规范承诺

在价值认同和指向他人行为、指向组织行为关系中发挥了部分中介作用，在价值认同与自我要求行为关系中不能发挥中介作用。经Sobel检验，价值认同对指向他人行为、指向组织行为的间接效应的T值分别为3.39（$p<0.001$）、5.83（$p<0.001$），均达统计显著水平；而价值认同对自我要求行为的间接效应的T值为1.26（$p>0.05$），达不到统计显著水平。

总结以上分析，假设H12a与H12b成立，H12c不成立。

其次，持续承诺对价值认同与组织公民行为各维度关系的中介作用检验。鉴于持续承诺仅与指向他人行为存在显著相关，因此此处仅考察持续承诺在价值认同与指向他人行为关系中的中介作用。经检验，该模型的主要拟合指数如下：χ^2/df为2.16，NFI为0.96，NNFI为0.97，CFI为0.98，SRMR为0.044，GFI为0.94，AGFI为0.91，RMSEA为0.056。这表明该模型拟合优度比较理想。模型的标准化路径系数解见图6.14。

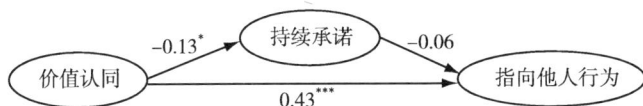

图6.14　持续承诺中介价值认同与指向他人行为的关系模型

注：$^*p<0.05$，$^{***}p<0.001$。

由图6.14可知，在控制了价值认同后，持续承诺对指向他人行为的直接效应为−0.06（$T=-1.00$，$p>0.05$），达不到统计显著水平。Sobel检验结果显示，价值认同对指向他人行为的间接效应的T值仅为0.94（$p>0.05$），达不到统计显著水平。这表明持续承诺的中介效用不显著。

总结以上分析，假设H16a、H16b、H16c均不成立。

最后，情感承诺对价值认同与组织公民行为各维度关系的中介作用检验。鉴于该中介效应的前两个条件已满足，接下来就需要考察在控制了价值认同的情况下，情感承诺对组织公民行为各维度的直接效应是否显著，及价值认同对组织公民行为各维度的直接效应的变化情况。

经检验，情感承诺对价值认同与组织公民行为三个维度关系的中介模型的主要拟合指数如下：χ^2/df为2.16，NFI为0.96，NNFI为0.97，CFI为0.98，SRMR为0.044，GFI为0.94，AGFI为0.91，RMSEA为0.056。这表明该模型的拟合优度比较理想。模型的标准化路径系数解见图6.15。

由图6.15可知，情感承诺对指向他人行为、指向组织行为、自我要求行为的标准化路径系数分别为0.54（$T=4.41$，$p<0.001$）、0.54（$T=4.72$，$p<0.001$）、0.34（$T=2.82$，$p<0.01$），均达统计显著水平。价值认同对指向他人行为的回归系数从0.53下降到0.05（$T=0.46$，$p>0.05$），达不到统计显著水平；价值认同对指向组织行为的回归系数从0.71下降到0.21（$T=2.00$，$p<0.05$），仍达统计显著水平；价值认同对自我要求行为的回归系数从0.44下降到0.15（$T=1.32$，$p>0.05$），达不到统计显著水平。这表明，情感承诺完全中介了价值认同分别与指向他人行为、自我要求行为的关系，部分中介了价值认同与指向组织行为的关系。经Sobel检验，价值认同对指向他人行为、指向组织行为、自我要求行为的间接效应T值分别为4.20（$p<0.001$）、4.52（$p<0.001$）、2.78（$p<0.01$），均达统计显著水平。

总结以上分析，假设H20a、H20b、H20c均成立。

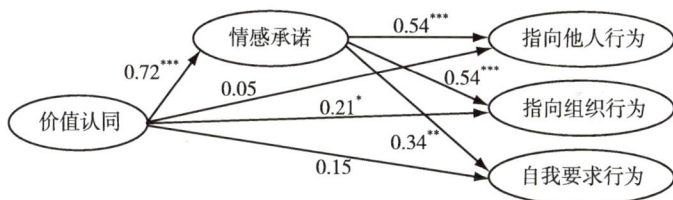

图6.15 情感承诺中介价值认同与组织公民行为各维度的关系模型

注：$^*p<0.05$，$^{**}p<0.01$，$^{***}p<0.001$。

第二，规范承诺、持续承诺、情感承诺分别对工作支持与组织公民行为三个维度关系的中介作用检验。鉴于工作支持与持续承诺相关不显著，此处不再将其纳入分析。由此可知，假设H17a、H17b、H17c均不成立。

经对工作支持对规范承诺、情感承诺、组织公民行为三个维度直接影响模型检验，模型的主要拟合指数如下：χ^2/df为2.32，NFI为0.96，NNFI为0.97，CFI为0.97，SRMR为0.067，GFI为0.91，AGFI为0.89，RMSEA为0.060。这表明该模型的拟合优度良好。该模型的标准化路径系数解如图6.16所示。

由图6.16可知，工作支持对规范承诺、情感承诺、组织公民行为三个维度的直接效应均达统计显著水平，满足中介效应的前两个条件。下面将考察规范承诺、情感承诺中介工作支持与组织公民行为三维度的关系的后两个条件是否满足。

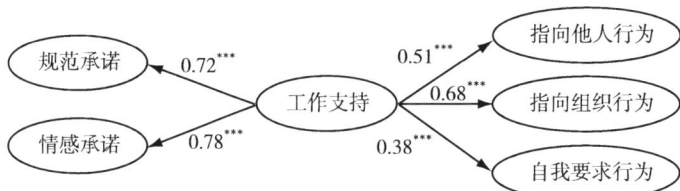

图6.16 工作支持对规范承诺、情感承诺、组织公民行为各维度的直接影响模型
注：***$p<0.001$。

首先，对规范承诺中介工作支持与组织公民行为三维度关系进行检验。经检验，规范承诺中介模型的主要拟合指数如下：χ^2/df 为 1.73，NFI 为 0.97，NNFI 为 0.98，CFI 为 0.99，SRMR 为 0.044，GFI 为 0.95，AGFI 为 0.92，RMSEA 为 0.044。这表明该模型的拟合优度理想。其标准化路径系数解如图6.17所示。

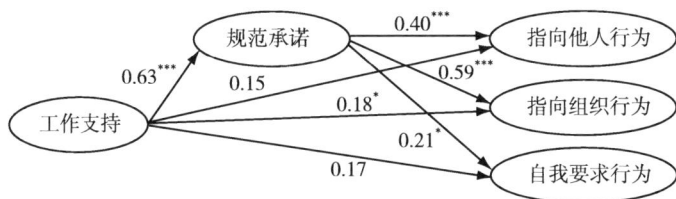

图6.17 规范承诺中介工作支持与组织公民行为各维度的关系模型
注：*$p<0.05$，***$p<0.001$。

由图6.17可知，在控制了工作支持后，规范承诺对指向他人行为、指向组织行为、自我要求行为的标准化路径系数分别为0.40（$T=4.45$，$p<0.001$）、0.59（$T=6.75$，$p<0.001$）、0.21（$T=2.26$，$p<0.05$），均达统计显著水平。工作支持对指向他人行为的直接效应从0.51下降到0.15（$T=1.73$，$p>0.05$），对自我要求行为的直接效应从0.38下降到0.17（$T=1.79$，$p>0.05$），均达不到统计显著水平；对指向组织行为的直接效应从0.68下降到0.18（$T=2.29$，$p<0.05$），仍达统计显著水平。这表明，规范承诺分别在工作支持与指向他人行为、自我要求行为间关系中发挥了完全中介作用，在工作支持与指向组织行为间关系中起到了部分中介作用。Sobel检验结果显示，工作支持对指向他人行为、指向组织行为、自

我要求行为的间接效应的 T 值分别是 4.23（$p<0.001$）、6.03（$p<0.001$）、2.24（$p<0.05$），均达统计显著水平。

总结以上分析，假设 H13a、H13b、H13c 均成立。

其次，对情感承诺中介工作支持与组织公民行为三维度的关系进行检验。经检验，模型的主要拟合指数如下：χ^2/df 为 1.81，NFI 为 0.97，NNFI 为 0.98，CFI 为 0.99，SRMR 为 0.041，GFI 为 0.95，AGFI 为 0.92，RMSEA 为 0.047。这表明该模型的拟合优度理想。其标准化路径系数解如图 6.18 所示。

由图 6.18 可知，在控制了工作支持的情况下，情感承诺对指向他人行为、指向组织行为、自我要求行为的标准化路径系数分别为 0.58（$T=4.78$，$p<0.001$）、0.58（$T=5.09$，$p<0.001$）、0.47（$T=3.83$，$p<0.001$），均达统计显著水平。工作支持对指向他人行为的直接效应从 0.51 下降到 -0.00（$T=-0.03$，$p>0.05$），对指向组织行为的直接效应从 0.68 下降到 0.15（$T=-1.50$，$p>0.05$），对自我要求行为的直接效应从 0.38 下降到 -0.02（$T=-0.21$，$p>0.05$），均达不到统计显著水平。这表明，情感承诺分别完全中介了工作支持与指向他人行为、指向组织行为、自我要求行为的关系。Sobel 检验结果显示，工作支持对指向他人行为、指向组织行为、自我要求行为的间接效应的 T 值分别是 4.49（$p<0.001$）、4.81（$p<0.001$）、3.67（$p<0.001$），均达统计显著水平。

总结以上分析，假设 H21a、H21b、H21c 均成立。

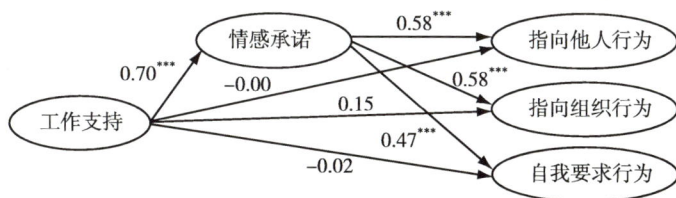

图6.18 情感承诺中介工作支持与组织公民行为各维度的关系模型

注：$^{***}p<0.001$。

第三，规范承诺、持续承诺、情感承诺分别对利益关心与组织公民行为三个维度关系的中介作用检验。鉴于利益关心与自我要求行为相关不显著，因此此处不将二者关系纳入分析。即 H14c、H18c、H22c 均不成立。

经对利益关心对组织承诺三维度、组织公民行为两维度的直接效应模型的检验，模型的主要拟合指数如下：χ^2/df 为 2.58，NFI 为 0.93，NNFI 为 0.95，CFI

为0.96，SRMR为0.068，GFI为0.90，AGFI为0.87，RMSEA为0.065。这表明该模型的拟合优度良好。其标准化路径系数解如图6.19所示。

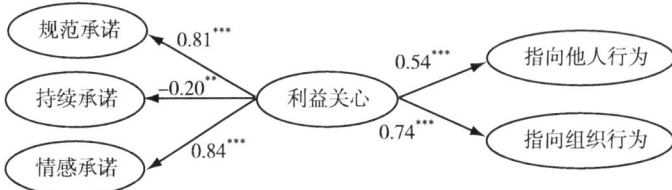

图6.19 利益关心对组织承诺各维度与组织公民行为两个维度的直接影响模型

注：**$p<0.001$，***$p<0.001$。

首先，对规范承诺对利益关心分别与指向他人行为、指向组织行为关系的中介作用进行检验。经检验，该模型的主要拟合指数如下：χ^2/df为2.23，NFI为0.96，NNFI为0.97，CFI为0.98，SRMR为0.049，GFI为0.95，AGFI为0.92，RMSEA为0.057。这表明该模型拟合优度良好。其标准化路径系数解如图6.20所示。

由图6.20可知，在控制了利益关心后，规范承诺对指向他人行为、指向组织行为的标准化路径系数分别为0.52（$T=5.54$，$p<0.001$）、0.65（$T=7.14$，$p<0.001$），均达统计显著水平；利益关心对指向他人行为的回归系数从0.54下降到-0.02（$T=-0.26$，$p>0.05$），对指向组织行为的回归系数从0.74下降到0.09（$T=1.08$，$p>0.05$），均达不到统计显著水平。这表明，规范承诺在利益关心分别与指向他人行为、指向组织行为关系中发挥了完全中介作用。Sobel检验结果显示，利益关心对指向他人行为、指向组织行为的间接效应的T值分别为4.85（$p<0.001$）、5.94（$p<0.001$），均达统计显著水平。

总结以上分析，假设H14a、H14b成立。

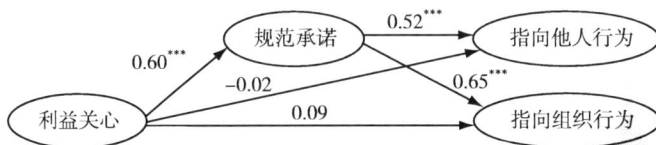

图6.20 规范承诺中介利益关心与组织公民行为两个维度的关系模型

注：***$p<0.001$。

其次，持续承诺对利益关心与指向他人行为、指向组织行为关系的中介作用检验。鉴于持续承诺与指向组织行为相关不显著，因此这一路经不纳入中介分析。这表明假设H18b不成立。

经检验，持续承诺对利益关心与指向他人行为中介模型的主要拟合指数如下：χ^2/df 为 2.03，NFI 为 0.93，NNFI 为 0.95，CFI 为 0.96，SRMR 为 0.055，GFI 为 0.96，AGFI 为 0.94，RMSEA 为 0.050。这表明该模型的拟合优度理想。其标准化路径系数解如图6.21所示。

由图6.21可知，在控制了利益关心后，持续承诺对指向他人行为的标准化路径系数为-0.09（$T=-1.26$，$p>0.05$），达不到统计显著水平。Sobel检验结果显示，利益关心对指向他人行为的间接效应的 T 值为 1.20（$p>0.05$），达不到显著水平，即持续承诺的中介效应不显著。

总结以上分析，假设H18a不成立。

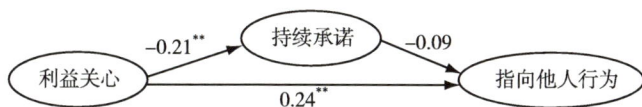

图6.21　持续承诺中介利益关心与指向他人行为的关系模型

注：$^{**}p<0.001$。

最后，对情感承诺对利益关心分别与指向他人行为、指向组织行为关系的中介作用进行检验。经检验，该模型的主要拟合指数如下：χ^2/df 为 1.91，NFI 为 0.96，NNFI 为 0.98，CFI 为 0.98，SRMR 为 0.045，GFI 为 0.96，AGFI 为 0.93，RMSEA 为 0.050。这表明该模型的拟合优度理想。其标准化路径系数解如图6.22所示。

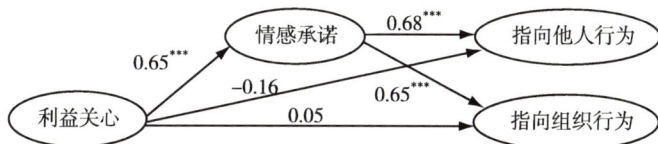

图6.22　情感承诺中介利益关心与组织公民行为两个维度的关系模型

注：$^{***}p<0.001$。

由图6.22可知，在控制了利益关心后，情感承诺对指向他人行为、指向组织行为的标准化路径系数分别为 0.68（*T*=5.58，*p*<0.001）、0.65（*T*=5.72，*p*<0.001），均达统计显著水平；利益关心对指向他人行为的回归系数从 0.54 下降到 −0.16（*T*=−1.50，*p*>0.05），对指向组织行为的回归系数从 0.74 下降到 0.05（*T*=0.53，*p*>0.05），均变得不显著。这表明，情感承诺在利益关心与指向他人行为、指向组织行为关系中起到了完全中介作用。Sobel 检验结果显示，利益关心对指向他人行为、指向组织行为间接效应的 *T* 值分别为 4.78（*p*<0.001）、5.04（*p*<0.001），均达统计显著水平。

总结以上分析，假设 H22a 与 H22b 成立。

6.4.4 高职教师工作满意度对组织支持感与组织承诺关系的中介作用检验

鉴于工作满意度与持续承诺的相关不显著，因此不再检验工作满意度对组织支持感与持续承诺关系的中介作用。

由图6.1、图6.9可知，组织支持感对工作满意度、规范承诺、情感承诺的直接效应均达统计显著水平，中介效应的第1、第2个条件满足，因此需继续考察在控制了组织支持感后，工作满意度对规范承诺和情感承诺的直接效应是否显著，及组织支持感对规范承诺和情感承诺的直接效应的变化情况。经检验，工作满意度对组织支持感分别与规范承诺、情感承诺关系的中介模型的主要拟合指数如下：χ^2/df 为 2.45，NFI 为 0.97，NNFI 为 0.98，CFI 为 0.98，SRMR 为 0.040，GFI 为 0.93，AGFI 为 0.90，RMSEA 为 0.062。这表明该模型的拟合优度比较理想。该模型的标准化路径系数解如图6.23所示。

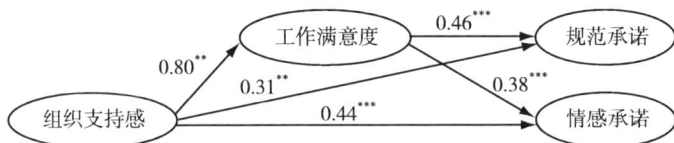

图6.23　工作满意度中介组织支持感与规范承诺、情感承诺的关系模型

注：**p<0.01，***p<0.001。

由图6.23可知，在控制了组织支持感后，工作满意度对规范承诺、情感承诺的标准化路径系数分别为 0.46（*T*=4.58，*p*<0.001）、0.38（*T*=3.61，*p*<

0.001），均达统计显著水平。组织支持感对规范承诺的回归系数从0.67下降到0.31（T=3.11，$p<0.01$），对情感承诺的回归系数从0.74下降到0.44（T=4.15，$p<0.001$），仍均达统计显著水平。这表明工作满意度在组织支持感分别和规范承诺、情感承诺的关系中发挥了部分中介作用。Sobel检验显示，组织支持感对规范承诺、情感承诺的间接效应分别为0.37（T=4.54，$p<0.001$）、0.31（T=3.61，$p<0.001$），均达统计显著水平。

总结以上分析，假设H23a、H23c成立，H23b不成立。

6.4.5 高职教师组织承诺对工作满意度与组织公民行为关系的中介作用检验

鉴于工作满意度与持续承诺的相关不显著，不再检验持续承诺对工作满意度与组织公民行为关系的中介作用。经检验并不断修正模型，工作满意度对组织公民行为、规范承诺、情感承诺直接效应最终模型的主要拟合指数如下：χ^2/df为2.76，NFI为0.97，NNFI为0.97，CFI为0.98，SRMR为0.052，GFI为0.92，AGFI为0.89，RMSEA为0.069。这表明该模型的拟合优度比较理想。其标准化路径系数解如图6.24所示。

由图6.24可知，工作满意度对规范承诺、情感承诺、组织公民行为的标准化路径系数分别为0.73（T=13.50，$p<0.001$）、0.80（T=12.64，$p<0.001$）、0.70（T=9.4，$p<0.001$），均达统计显著水平，表明中介效应的第1、第2个条件满足。接下来，需要考察在控制了工作满意度的情况下，规范承诺和情感承诺分别对组织公民行为的直接效应是否显著，及工作满意度对组织公民行为的直接效应的变化情况。

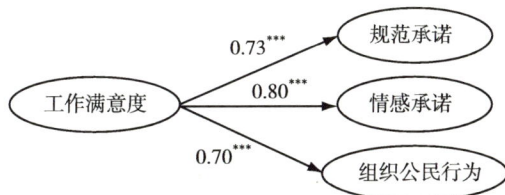

图6.24　工作满意度对规范承诺、情感承诺、组织公民行为的直接影响模型

注：***$p<0.001$。

首先，对规范承诺对工作满意度与组织公民行为的关系中介模型进行检验。经检验并对模型进行了修正，最终模型的主要拟合指数如下：χ^2/df 为 2.65，NFI 为 0.97，NNFI 为 0.98，CFI 为 0.98，SRMR 为 0.055，GFI 为 0.95，AGFI 为 0.91，RMSEA 为 0.067。这表明该模型的拟合优度比较理想。该模型的标准化路径系数解如图 6.25 所示。

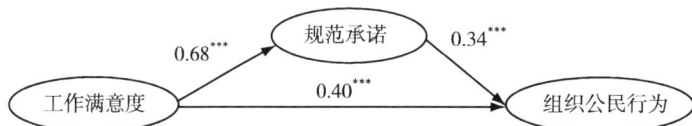

图6.25　规范承诺中介工作满意度与组织公民行为的关系模型

注：$^{***}p<0.001$。

由图 6.25 可知，在控制了工作满意度后，规范承诺对组织公民行为的直接效应为 0.34（$T=4.68$，$p<0.001$），达统计显著水平。工作满意度对组织公民行为的直接效应从 0.70 下降到 0.40（$T=5.42$，$p<0.001$），仍达统计显著水平。这表明规范承诺在工作满意度与组织公民行为关系中发挥了部分中介作用。经 Sobel 检验，规范承诺的中介效应为 0.21（$T=4.59$，$p<0.001$），达统计显著水平。

其次，对情感承诺对工作满意度与组织公民行为关系的中介模型进行检验。经检验并对模型进行了修正，最终模型的主要拟合指数如下：χ^2/df 为 2.66，NFI 为 0.97，NNFI 为 0.98，CFI 为 0.98，SRMR 为 0.054，GFI 为 0.94，AGFI 为 0.91，RMSEA 为 0.067。这表明该模型的拟合优度比较理想。该模型的标准化路径系数解如图 6.26 所示。

由图 6.26 可知，在控制了工作满意度后，情感承诺对组织公民行为的直接效应为 0.37（$T=3.80$，$p<0.001$），达统计显著水平。工作满意度对组织公民行为的直接效应从 0.70 下降到 0.38（$T=4.13$，$p<0.001$），仍达统计显著水平。这表明情感承诺在工作满意度与组织公民行为关系中发挥了部分中介作用。经 Sobel 检验，情感承诺的中介效应为 0.24（$T=3.80$，$p<0.001$），达统计显著水平。

总结以上分析，假设 H24a 与 H24c 成立，H24b 不成立。

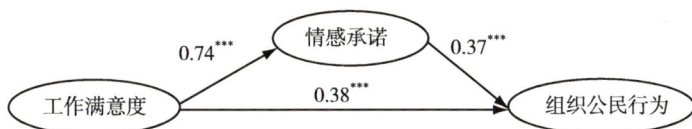

图6.26　情感承诺中介工作满意度与组织公民行为的关系模型

注：$^{***}p<0.001$。

6.4.6　高职教师组织支持感影响组织公民行为的整合模型

本部分对组织支持感影响组织公民行为的整合模型进行检验。鉴于相关分析的结果已经表明持续承诺与组织公民行为的相关达不到统计显著水平，因此在整合模型检验中不将其纳入分析。

经对组织支持感影响组织公民行为整合模型检验并不断修正，得到的最终模型的主要拟合指数如下：χ^2/df 为 2.23，NFI 为 0.97，NNFI 为 0.98，CFI 为 0.99，SRMR 为 0.046，GFI 为 0.93，AGFI 为 0.89，RMSEA 为 0.058。这表明该模型的拟合优度比较理想，故接受该模型为组织支持感影响组织公民行为的整合模型。该模型的标准化路径系数解如图6.27所示。

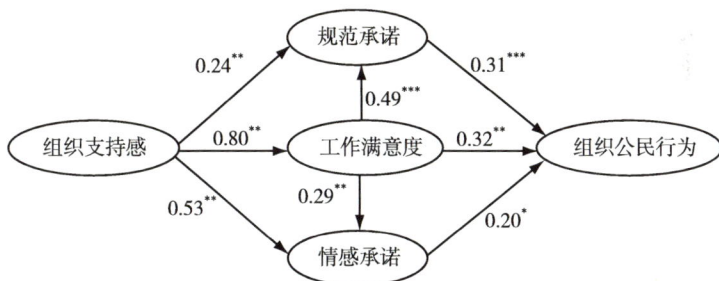

图6.27　组织支持感影响组织公民行为的整合模型

注：$^{*}p<0.05$，$^{**}p<0.01$，$^{***}p<0.001$。

从图6.27可以看出，组织支持感对组织公民行为的影响完全被工作满意度、规范承诺、情感承诺变量所中介了。经Sobel检验，组织支持感对组织公民行为的总间接效应的 *T* 值为9.39（$p<0.001$），达统计显著水平。也就是说，作为一种认知的组织支持感并不直接影响组织公民行为，而是首先引起员工态度或情感上的反应，而后才影响到其组织公民行为的展现。该结论证实了 Fishbein

和Ajzen的观点，即员工的行为建立在认知和态度两者基础上，认知先于态度，而后者导致了行为的产生。[❶]

6.5 假设检验结果汇总

此处对前面几节的假设检验结果进行了归纳，见表6.23。

表6.23　假设检验结果汇总

代号	假设内容	检验结果
H1	高职教师组织支持感对组织公民行为具有显著积极影响	成立
H2	高职教师组织支持感对工作满意度具有显著积极影响	成立
H3a	高职教师组织支持感对规范承诺具有显著积极影响	成立
H3b	高职教师组织支持感对持续承诺具有显著负向影响	成立
H3c	高职教师组织支持感对情感承诺具有显著积极影响	成立
H4	高职教师工作满意度对组织公民行为具有显著积极影响	成立
H5a	高职教师工作满意度对规范承诺具有显著正向影响	成立
H5b	高职教师工作满意度对持续承诺具有显著负向影响	不成立
H5c	高职教师工作满意度对情感承诺具有显著正向影响	成立
H6a	高职教师规范承诺对组织公民行为具有显著正向影响	成立
H6b	高职教师持续承诺对组织公民行为具有显著负向影响	不成立
H6c	高职教师情感承诺对组织公民行为具有显著正向影响	成立
H7	高职教师工作满意度中介了组织支持感和组织公民行为的关系	成立
H8a	高职教师工作满意度中介了价值认同和指向他人行为的关系	成立
H8b	高职教师工作满意度中介了价值认同和指向组织行为的关系	成立
H8c	高职教师工作满意度中介了价值认同和自我要求行为的关系	不成立
H9a	高职教师工作满意度中介了工作支持和指向他人行为的关系	成立
H9b	高职教师工作满意度中介了工作支持和指向组织行为的关系	成立
H9c	高职教师工作满意度中介了工作支持和自我要求行为的关系	成立
H10a	高职教师工作满意度中介了利益关心和指向他人行为的关系	成立

---

❶ FISHBEIN M, AJZEN I. Belief attitude, intention, and behavior: an introduction to theory and research [M]. Reading, MA: Addison-Wesley, 1975.

续表

代号	假设内容	检验结果
H10b	高职教师工作满意度中介了利益关心和指向组织行为的关系	成立
H10c	高职教师工作满意度中介了利益关心和自我要求行为的关系	不成立
H11	高职教师规范承诺中介了组织支持感和组织公民行为的关系	成立
H12a	高职教师规范承诺中介了价值认同和指向他人行为的关系	成立
H12b	高职教师规范承诺中介了价值认同和指向组织行为的关系	成立
H12c	高职教师规范承诺中介了价值认同和自我要求行为的关系	不成立
H13a	高职教师规范承诺中介了工作支持和指向他人行为的关系	成立
H13b	高职教师规范承诺中介了工作支持和指向组织行为的关系	成立
H13c	高职教师规范承诺中介了工作支持和自我要求行为的关系	成立
H14a	高职教师规范承诺中介了利益关心和指向他人行为的关系	成立
H14b	高职教师规范承诺中介了利益关心和指向组织行为的关系	成立
H14c	高职教师规范承诺中介了利益关心和自我要求行为的关系	不成立
H15	高职教师持续承诺中介了组织支持感和组织公民行为的关系	不成立
H16a	高职教师持续承诺中介了价值认同和指向他人行为的关系	不成立
H16b	高职教师持续承诺中介了价值认同和指向组织行为的关系	不成立
H16c	高职教师持续承诺中介了价值认同和自我要求行为的关系	不成立
H17a	高职教师持续承诺中介了工作支持和指向他人行为的关系	不成立
H17b	高职教师持续承诺中介了工作支持和指向组织行为的关系	不成立
H17c	高职教师持续承诺中介了工作支持和自我要求行为的关系	不成立
H18a	高职教师持续承诺中介了利益关心和指向他人行为的关系	不成立
H18b	高职教师持续承诺中介了利益关心和指向组织行为的关系	不成立
H18c	高职教师持续承诺中介了利益关心和自我要求行为的关系	不成立
H19	高职教师情感承诺中介了组织支持感和组织公民行为的关系	成立
H20a	高职教师情感承诺中介了价值认同和指向他人行为的关系	成立
H20b	高职教师情感承诺中介了价值认同和指向组织行为的关系	成立
H20c	高职教师情感承诺中介了价值认同和自我要求行为的关系	成立
H21a	高职教师情感承诺中介了工作支持和指向他人行为的关系	成立
H21b	高职教师情感承诺中介了工作支持和指向组织行为的关系	成立
H21c	高职教师情感承诺中介了工作支持和自我要求行为的关系	成立
H22a	高职教师情感承诺中介了利益关心和指向他人行为的关系	成立

代号	假设内容	检验结果
H22b	高职教师情感承诺中介了利益关心和指向组织行为的关系	成立
H22c	高职教师情感承诺中介了利益关心和自我要求行为的关系	不成立
H23a	高职教师工作满意度中介了组织支持感与规范承诺的关系	成立
H23b	高职教师工作满意度中介了组织支持感与持续承诺的关系	不成立
H23c	高职教师工作满意度中介了组织支持感与情感承诺的关系	成立
H24a	高职教师规范承诺中介了工作满意度与组织公民行为的关系	成立
H24b	高职教师持续承诺中介了工作满意度与组织公民行为的关系	不成立
H24c	高职教师情感承诺中介了工作满意度与组织公民行为的关系	成立

第七章
研 究 结 论 与 研 究 展 望

7.1 研究结论

7.1.1 高职教师组织支持感与组织公民行为的维度

目前学界对组织支持感的维度构成意见不一，主要有单维度论、双维度论、多维度论等几种观点。本研究认为组织支持感由价值认同、工作支持和利益关心三个维度构成。笔者在借鉴前人研究成果及调研的基础上编制了高职教师组织支持感量表。本研究利用预测试数据进行的探索性因素分析的结果，及利用正式测试数据进行的验证性因素分析的结果，支持了组织支持感是三维构念的结论。

在组织公民行为的维度构成上，学者们亦是意见纷呈。在研究过程中，有许多学者结合所调查群体的特征，对组织公民行为的维度进行了适当取舍与整合。本研究在该变量维度构成上，综合了多位学者的观点，将高职教师的组织公民行为划分为指向组织行为、指向他人行为和自我要求行为等三个维度。在量表题项上，大多数选取自成熟量表，少数是在调研的基础上形成的。本研究基于预测试数据进行的探索性因素分析结果、基于正式测试数据进行的验证性因素分析的结果支持了笔者对该变量的维度构想。

7.1.2 高职教师人口统计学变量的影响

本研究考察了七个人口统计学变量对工作满意度、组织承诺三维度、组织公民行为总体及各维度的影响。检验结果如下：性别和婚姻在工作满意度、情感承诺、规范承诺、持续承诺、组织公民行为总体及各维度上均不存在显著差异。学历在工作满意度、指向组织行为、指向他人行为、规范承诺上存在显著差异，硕士及以上学历教师的得分显著低于本科及以下学历教师。是否担任行政职务对工作满意度、指向组织行为、指向他人行为、组织公民行为总体、情感承诺、规范承诺、持续承诺具有显著影响，担任行政职务的教师仅在持续承诺上的得分显著低于不担任行政职务的教师，而在其他变量上得分均显著高于后者。年龄对工作满意度、自我要求行为、组织公民行为总体、情感承诺、规范承诺影响显著。教龄对持续承诺和指向他人行为影响显著。职称对情感承诺、组织公民行为总体、指向他人行为、指向组织行为、自我要求行为影响显著。

在以上发现中，学历及职务两个变量的影响更值得关注。在学历方面，一般人可能倾向于认为，具有高学历的教师在高职院校可能会更受重视，其工作满意度会更高。其实不然。高学历的教师在教学工作之余，还想在自己的研究领域内从事一些科研，而当学校无法为他们提供适当的科研条件与环境时，就会有一种"英雄无用武之地"的感觉，以至于有些高学历的教师会萌发跳槽的想法。在职务方面，职务对以上几个方面的影响至少说明，目前在我国高职院校，行政化的色彩仍然比较浓，在资源的分配上行政力量的影响比较大，身兼教学与行政职务于一身的教师无论在报酬上还是在其他方面可能会获得的更多，因此其工作满意度更高、对学校更有感情、展现更多的组织公民行为等也属自然。

7.1.3 变量间的关系

（1）回归分析结果。

第一，高职教师的组织支持感对组织公民行为具有显著积极影响。用来解释人际关系的发生、强化及持续的社会交换理论，为理解个体与组织的关系提供了一个可能的概念基础。该理论的核心是互惠原则，其迫使人们对来自他人的恩惠做出积极反应。过去的相关研究表明，组织支持感与组织公民行为间存在显著积极关系，即当员工感知到的组织支持越多，其可能会展现越多的组织公民行为；当其感知到的组织支持越少，其展现的组织公民行为会越少。

本研究的回归分析结果表明，在控制了人口统计学变量的情况下，高职院校教师的组织支持感对组织公民行为具有显著积极影响。这告诉我们，高职院校如果希望教师展现更多组织公民行为的话，加强对教师的组织支持是值得考虑的选择。同时，这一结论也得到了访谈结果的证实。在访谈中，一位高职院校的教师对笔者失望地说，所在学校的职称晋升政策不够公平，其评副高职称没有指望了，以后只能是混日子了。❶以上分析说明了，作为一类有利于组织效能提升的工作行为，教师的组织公民行为在很大程度上是激励的结果。

第二，高职教师的组织支持感对工作满意度具有显著积极影响。过去的相关研究表明，组织支持感是工作满意度的显著积极预测因子，即高的组织支持感会带来高的工作满意度，而低的组织支持感则会导致低的工作满意度。Rhoades 和 Eisenberger 指出，组织支持感通过满足员工的社会情感需求，提高员工的绩效-报酬预期，及向员工表示在需要时组织可以提供帮助等，会有助于员工工作满意度的提高。❷

本研究的回归分析结果表明，在控制了人口统计学变量后，高职院校教师的组织支持感对工作满意度具有显著积极影响。这一发现与过去的相关研究结论相符。同时，该结论也得到了访谈结果的证实。在访谈中，某高职院校一位具有硕士学历的教师坦言，所在学校不重视科研，不能为其提供适当的科研条件，其对此很不满意。❸以上分析均说明，组织支持感是影响教师工作满意度的重要因素。

第三，高职教师的组织支持感对情感承诺、规范承诺、持续承诺具有显著影响。基于互惠原则，当个体感受到组织给予了自己较多的关心与支持时，自然会萌发出对组织的感情，愿意留在组织并努力工作，同时那种不得不留在组织工作的"被迫感"会减少。组织支持感作为情感承诺、规范承诺的积极预测因子在过去已获得了许多研究的支持。但是在组织支持感与持续承诺的关系上，学者们的观点并不一致。如 O'Driscoll 和 Randall 的研究表明，组织支持感

---

❶ 资料来自笔者于2012年6月17日对某高职院校的一位教师的访谈，内容略加修改。

❷ RHOADES L, EISENBERGER R. Perceived organizational support: a review of the literature[J]. Journal of Applied Psychology, 2002, 87(4): 698-714.

❸ 资料来自于2012年7月3日笔者对某高职院校一位教师的访谈，内容略加修改。

对持续承诺具有显著负向预测作用。❶而龚星燕的研究表明，组织支持感总体及工作支持、价值认同、利益关心三个维度与持续承诺显著积极相关。❷本研究认为，既然持续承诺表示的是一种不得不留在组织工作的感觉，那么如果个体能够得到组织的关心及支持的话，这种感觉应该会减轻。本研究的回归分析结果表明，在控制了人口统计学变量后，组织支持感对情感承诺、规范承诺具有显著积极影响，而对持续承诺具有显著负向影响。以上分析均说明，组织支持感是情感承诺、规范承诺、持续承诺的显著影响因素。也就是说，高职院校只有关心教师的切身利益，尊重教师的贡献，努力为教师改善工作条件，才能赢得教师对学校的感情，使教师感到有责任留下来为学校的发展贡献自己的力量。

第四，高职教师的工作满意度对情感承诺、规范承诺具有显著积极影响。在工作满意度与组织承诺存在显著相关关系上，学界的看法基本上是一致的，然而对二者何者为因何者为果人们的看法却不一致。第一种观点认为，工作满意度是组织承诺的显著预测因子。持此种观点的学者含蓄地假定，员工对特定工作的态度先于对组织的态度。第二种观点则主张组织承诺是工作满意度的显著预测因子。持此种观点的学者认为，员工的工作满意度水平取决于其当前的组织承诺水平。第三种观点认为工作满意度和组织承诺是一种相互影响的关系。第四种观点认为，由于工作满意度与组织承诺存在多种共同的影响因素，二者间的关系是虚假的。Currivan采用纵向数据比较了工作满意度与组织承诺间存在的以上四种关系，研究结果表明工作满意度与组织承诺不存在显著相关。❸

本研究的回归分析结果表明，在控制了人口统计学变量后，工作满意度是情感承诺、规范承诺的显著积极预测因子，但是对持续承诺的影响却不显著。这一结论表明，高职院校教师工作满意度水平的高低将直接影响到其对学校的

---

❶ O'DRISCOLL M P, RANDALL D M. Perceived organisational support, satisfaction with rewards, and employee job involvement and organizational commitment[J]. Applied Psychology: An International Review, 1999, 48 (2): 197-209.

❷ 龚星燕. 组织支持感、领导-成员交换对员工组织承诺和工作满意度的影响[D]. 苏州: 苏州大学, 2009.

❸ CURRIVAN D B. The causal order of job satisfaction and organizational commitment in models of employee turnover[J]. Human Resource Management Review, 1999, 9(4): 495-524.

态度，即由对工作的态度影响到对组织的态度。这告诉我们，高职院校要赢得教师对学校的感情，以及使其对学校的发展负有责任感，就应该努力提高教师的工作满意度。

第五，高职教师的情感承诺、规范承诺对组织公民行为具有显著积极影响。情感承诺反映的是个体对组织的感情上的依恋，而规范承诺反映的是个体出于回报心理而留在组织的责任感。一般来讲，个体的情感承诺、规范承诺水平越高，其越可能展现出组织公民行为。许多实证研究结果表明，情感承诺、规范承诺是组织公民行为的积极预测因子。但是 Moorman 及其同事的研究却表明，在控制了程序公正对组织公民行为的影响后，情感承诺、持续承诺与组织公民行为的五个维度均不存在显著相关。❶

本研究的回归分析结果表明，在控制了人口统计学变量的影响后，情感承诺和规范承诺对组织公民行为具有显著积极影响，而持续承诺对组织公民行为的影响不显著。这表明，高职院校教师越是对学校有感情和责任感，其越可能展现出组织公民行为。

第六，高职教师的工作满意度对组织公民行为具有显著积极影响。工作满意度与组织公民行为间的积极关系获得了相关实证研究的支持。但是也有研究表明，工作满意度与组织公民行为不相关。如 Farh、Podsakoff 和 Organ 指出，工作满意度不是组织公民行为的显著预测因子。❷

本研究的研究结果表明，在控制了人口统计学变量影响的情况下，高职院校教师的工作满意度对组织公民行为具有显著积极影响。这一结论揭示，如果教师缺少积极的工作态度，就很难指望他们展现更多的组织公民行为。

（2）中介作用检验结果。

第一，工作满意度对组织支持感与组织公民行为关系的中介作用。组织支持感不仅可能会直接影响组织公民行为，而且还会通过工作态度等变量对组织

---

❶ MOORMAN R H, NIEHOFF B P, ORGAN D W. Treating employees fairly and organizational citizenship behavior: sorting the effects of job satisfaction, organizational commitment, and procedural justice[J]. Employee Responsibilities and Rights Journal, 1993(3): 209-225.

❷ FARH J L, PODSAKOFF P M, ORGAN D W. Accounting for organizational citizenship behavior: leader fairness and task scope versus satisfaction[J]. Journal of Management, 1990, 16(4): 705-722.

公民行为产生间接影响。目前，这种假设已获得了相关研究的支持。

本研究的研究结果表明：在变量总体上，工作满意度在组织支持感与组织公民行为间关系中起到了完全中介作用。在各维度上，工作满意度完全中介了价值认同与指向他人行为的关系，部分中介了价值认同与指向组织行为的关系；完全中介了工作支持分别与指向他人行为、指向组织行为、自我要求行为的关系；完全中介了利益关心分别与指向他人行为、指向组织行为的关系；没有中介价值认同与自我要求行为的关系，也没有中介利益关心与自我要求行为的关系。

第二，组织承诺对组织支持感与组织公民行为关系的中介作用。与工作满意度一样，组织承诺作为一种工作态度亦可能在组织支持感与组织公民行为间关系中扮演中介变量的角色。基于互惠原则，组织支持感会促使个体对组织产生认同感及责任感，而后个体会通过做好角色内职责及自愿的利他合作行为来回报组织的恩惠。目前，这一假设已获得相关研究的支持。

本研究的研究结果表明：情感承诺与规范承诺分别部分中介了组织支持感与组织公民行为的关系，而持续承诺没有中介组织支持感与组织公民行为的关系。规范承诺部分中介了价值认同分别与指向他人行为、指向组织行为的关系，没有中介价值认同与自我要求行为的关系。规范承诺在工作支持分别与指向他人行为、自我要求行为关系中发挥了完全中介作用，在工作支持与指向组织行为关系中发挥了部分中介作用。规范承诺在利益关心分别与指向他人行为、指向组织行为关系中发挥了完全中介作用，没有中介利益关心与自我要求行为的关系。情感承诺在价值认同分别与指向他人行为、自我要求行为关系中发挥了完全中介作用，在价值认同与指向组织行为关系中发挥了部分中介作用。情感承诺在工作支持分别与组织公民行为三维度关系中发挥了完全中介作用。情感承诺在利益关心分别与指向他人行为、指向组织行为关系中发挥了完全中介作用，没有中介利益关心与自我要求行为的关系。持续承诺在各对变量间关系中均没有起到中介作用。

第三，工作满意度对组织支持感与组织承诺关系的中介作用。对于组织支持感与工作满意度、组织承诺三者间的关系而言，很可能存在一种连锁效应，即个体的组织支持感会影响到其对工作的态度，进而又会影响到其对组织的态度。目前，工作满意度在组织支持感与组织承诺间关系的中介作用已经得到了相关研究的支持。但是也有研究表明，在组织支持感影响工作结果的路径模式中，工作满意度与组织承诺之间不存在前后因果关系，二者分别独立扮演了中介变量的角色。❶

本研究的研究结果表明，高职院校教师的工作满意度部分中介了组织支持感分别与情感承诺、规范承诺的关系，在组织支持感与持续承诺间关系中没有发挥中介作用。

第四，组织承诺对工作满意度与组织公民行为关系的中介作用。由于在工作满意度与组织承诺的因果关系上存在较大争议，二者同时作为组织公民行为的预测变量时，到底何者为中介变量在学界也自然达不成一致的看法。有的学者认为，工作满意度通过组织承诺间接影响组织公民行为。❷但是也有研究表明，组织承诺通过工作满意度间接影响组织公民行为。❸

本研究的研究结果表明，高职院校教师的情感承诺、规范承诺在工作满意度与组织公民行为间的关系中发挥了部分中介作用。由于持续承诺与组织公民行为的相关不显著，因此不能在工作满意度与组织公民行为关系中发挥中介作用。

7.2 对高职院校教师管理的意义

DiPaola 和 Tshannen-Moran 指出，由于教师的工作无法由工作说明书或合同详细地予以规定，因此学校知道如何培育教师的组织公民行为是重要的。❹由前面的分析可知，高职院校教师的组织公民行为在很大程度上是激励的结果，组织支持感通过工作满意度和情感承诺、规范承诺会对组织公民行为产生显著积极影响。这一发现给高职院校教师管理的启示就是，如果学校期望教师能展示

---

❶ 陈志霞. 知识员工组织支持感对工作绩效和离职倾向的影响[D]. 武汉：华中科技大学，2006.

❷ NGUNI S，SLEEGERS P，DENESSEN E. Transformational and transactional leadership effects on teachers' job satisfaction，organizational commitment，and organizational citizenship behavior in primary schools：the Tanzanian case[J]. School Effectiveness and School Improvement，2006，17(2)：145–177.

❸ 周兆透. 大学学术组织中的领导行为与教师组织公民行为关系研究[D]. 杭州：浙江大学，2007.

❹ DIPAOLA M F，TSCHANNEN-MORAN M. Organizational citizenship behavior in schools and its relationship to school climate[J]. Journal of School Leadership，2001，11：424–427.

更多的组织公民行为以提高组织效能、增强核心竞争力的话，增强教师的组织支持感无疑是一种值得考虑的选择。本研究的数据统计结果显示，高职院校教师组织支持感均值为4.0858，价值认同维度均值为4.1993，工作支持维度均值为4.3413，利益关心维度均值为3.7169。这些数据表明，目前我国高职院校教师的组织支持感不高，尤其以利益关心维度为低。因此，提高教师的组织支持感应成为高职院校的当务之急。那么，高职院校怎样才能提高教师的组织支持感呢？具体来讲，可主要从以下五个大的方面入手。

7.2.1 加强对教师的工作支持

高职院校加强对教师的工作支持体现在许多方面，此处只强调三点。

第一，大力支持教师参与在职进修与培训。在职进修与培训是高职院校教师专业发展的重要途径，积极支持教师参与在职进修与培训是高职院校教师人力资源开发与管理的重要内容。目前，我国高职院校的教师队伍学历偏低，如本研究的数据表明仅有50.5%的教师具有硕士及以上学历。同时，近几年为应对扩招的需要，高职院校招聘了大量的高校应届毕业生从事教学工作，而这些教师普遍缺少企业工作经历。因此，高职院校教师的学历及实践教学的能力均需提升。

相关研究表明，目前高职院校教师非常渴望参与在职进修与培训，以提升自身工作能力。如一项对某高职院校教师的调查研究表明，有67.88%的教师表示急需接受知识与技能并重的培训。❶另一项对某高职院校教师的调查研究显示，62.6%的教师认为进修学习是工作中面临的最大问题，并且分别有51.2%和49.3%的教师认为专业实践能力与科研能力是最欠缺的两种素质。❷然而，高职院校对教师参与进修与培训的支持力度并不够。如王运景通过调研指出，目前高职院校教师在职培训存在着培训内容与教师需求脱节，培训方式单一、落后，培训途径过少等问题。❸温立军在其研究中曾举了一个生动的例子以说明高

❶ 李杨.高职教师专业发展的策略研究——基于对上海市某高职院校的个案分析[D].上海:上海师范大学,2011.

❷ 叶小明.高等职业院校教师专业发展研究[D].武汉:华中科技大学,2008.

❸ 王运景.高职院校教师在职培训的问题、成因及对策研究[D].大连:辽宁师范大学,2010.

职院校教师在职培训的现状：一位高职院校的教师接到了某学会的邀请函，准备参加该学科的学术年会，但在找有关领导请求批准时，却因为要出300元钱的会务费而遭到拒绝。❶如果高职院校不能满足教师对在职进修与培训的强烈需求的话，其所带来可能后果就是教师工作满意度的降低，工作热情、积极性的减退，乃至跳槽念头的萌生。

针对以上情况，高职院校应高度重视并实施切实可行的措施，鼓励、支持教师接受在职进修与培训，促进教师专业发展，彻底改变目前存在的"重使用、轻培养"的现象。① 建立完整的培训网络，实现校本培训、企业培训、高校基地培训的一体化。校本培训以解决实际问题为导向，可以充分利用学校自身的教育资源，能促进教师在岗学习，鼓励教师从事教育教学研究。校本培训不但可以提升教师专业理论教学能力，还可以提升其专业实践能力。学校可以聘请生产一线的技术能手担任实践教学的指导教师，安排专业教师担任实践教学的辅助教师，在实训环节中向外聘专家学习实践技能。企业培训是提升教师专业实践能力和实践教学能力不可或缺的重要途径。教师通过定期到相关企业参与职业技能培训与实践，向生产一线的技术人员学习，有利于了解与其所教专业有关的新知识、新技能、新工艺、新方法在生产实践中的应用，熟悉和掌握企业生产环节、技能操作过程及最新的生产技术与管理经验，不断提高自身的专业技术能力与实践水平。高职教师通过参与重点高校提供的课程进修、知识讲座、学术研讨、项目合作等，可以提升自身的理论水平及科研能力。②实现长中短期教师在职培训的有机结合。由于高职教师的教学工作任务普遍繁重，因此只能选派少量学校需重点发展专业的教师或骨干教师参与一年及以上的脱产学习。对于其他教师，应灵活安排其参与短期或中期的脱产培训。③实行分类培训。学校应根据发展的需求，对于急需专业的教师、中青年教师予以更多的培训支持。根据基础理论课教师、专业课教师、实训指导课教师专业发展的不同需求，在培训内容的选择上应有侧重点。基础理论课教师应加强理论素养的培训，专业课教师应该加强专业理论与专业实践能力的培训，而实训指导教师应加强教育教学能力的培训。④加强对教师在职培训的考核。对教师参与培训的效果进行评价是高职院校保证教师培训质量的重要环节。如对教师的

---

❶ 温立军. 高职教师激励机制对策研究[D]. 重庆：西南大学，2008：34.

专业实践能力培训的评价可以采取培训企业评价、学生评价、同行评价等形式。

第二，构建科学合理的教师职称评审制度。作为一种重要的激励手段，职称评审制度在一定程度上对教师的工作发挥着指挥棒的作用。高职院校作为培养高技能人才的重要基地，对教师的素质与能力要求与普通本科院校有较大的差异。高职院校担负着培养生产、建设、管理、服务第一线的技能型人才的任务，对此类人才的培养要求在教学过程中把实践性教学作为关键环节，只有懂技术、会操作的教师才能胜任实践性教学的任务。高职院校教师职称评审制度除了遵循高校教师职称评审制度的一般性外，还应突出以上高职院校的办学特征。

目前我国高职院校的教师评审制度还存在诸多不合理之处，主要表现为：①高职院校仍在沿用普通本科院校的教师职称评审制度，没有形成独立的教师评审体系。其表现之一是片面追求高学历。如一些无行业、企业工作经历的高校毕业生晋升职称往往相对较易，而从企业引进的高技能型人才晋升或转评职称却常常因为种种原因而不能如愿。[1]其表现之二是重科研轻教学。如一些教学质量不佳的老师，凭借较强的科研工作业绩照常能顺利晋升职称，而一部分教学质量高、深受学生欢迎的老师，却因为科研业绩平平而无法晋升职称。[2]杨芳统计了广西6所高职院校238位教师的相关数据，分析结果表明，有75.2%的教师认为现行的教师职称评审制度不能体现高职教师的特点，无法对教师起到激励作用。[3]其表现之三是实训课受到忽视，实训课从课时数量到课时费均低于理论课。②行政力量主导了校内职称评审委员会。[4]③在评价体系中，重教学工

---

[1] 曹文明.关于推进高职院校教师职称评审工作改革的思考[J].无锡商业职业技术学院学报,2009,9(5):58-60.

[2] 曹文明.关于推进高职院校教师职称评审工作改革的思考[J].无锡商业职业技术学院学报,2009,9(5):58-60.

[3] 杨芳.广西高职院校教师人力资源开发调查研究[D].南宁:广西大学,2007.

[4] 苏北某高职院校2008年职称评审专家组成员有学院领导6人,管理部门负责人8人,系(部)主任8人,教师代表仅有3人,教师占不到评委总数的1/8.——袁宇翔.高职院校教师队伍建设的问题与对策——公平理论的视角[D].苏州:苏州大学,2009:18.

作量轻教学水平、效果、质量。❶本研究的数据表明，对"学校为我提供了公平的晋升机会"这一题项，选择"有些同意""同意"和"完全同意"的教师共仅占45.2%。以上问题的存在，导致了高职教师评审制度对教师的激励性受到限制，且不利于引导专业教师向"双师型"教师发展。

为改变以上情况，高职院校应该积极采取措施，建立起符合高职院校办学特点的科学合理的教师职称评审制度：①改变行政力量在校内职称评审中的权力过重现象。②变学历导向为能力、业绩导向。③加大教学工作在职称评审中的比重，扭转重科研成果轻教学水平的倾向。④改变理论教学能力与实践教学能力前重后轻的做法，实现二者有机结合。⑤在科研成果、论文的要求上由重数量转向重质量。⑥改变目前重教学工作量而轻教学质量的现象，并在对教师专业实践能力进行考核时将企业或行业技术能手的评价作为重要部分。⑦实行职称评聘分开。

2009年3月，安徽省出台了《安徽省高职高专院校教师专业技术资格条件（试行）》的文件。其中，专业实践工作在各级别职称资格条件中均得到了突出强调。如该文件在副教授资格条件中对专业实践工作的规定是："任现职以来，专业课教师通过兼职、交流、挂职等形式，到企业或生产服务第一线实践锻炼累计6个月以上，协助企业开展技术研发，或承担生产性实习实训基地建设与管理。专业教师已取得国家已开考相应专业的职业资格证书或技能考评员证书或技师证书。公共课教师应有参与专业建设或指导社团活动的经历一年以上；或参与社会实践活动一学期以上。"此外，教学业绩在该文件中也得到了突出强调。如副教授资格条件要求教学业绩要符合如下条件之一，如"教学工作成绩突出，任期内在学校学年度教学质量考核中有三年以上为优秀"；"注重培养学生的专业实践技能和创新能力，直接指导的学生个人或团队在专业竞赛或作品评比中获得市厅级奖励一项以上"等。2011年，江苏省也专门为高职院校制定了教师专业技术资格条件。应该说，为促进我国高等职业教育的健康发展，建

❶ 根据某高职院校教师副高职称评审方案，教师只要能够按照规定准备好各种教学文件，多上课，就可以在教学工作量和执行教学规范2个指标上拿到50分，但在教学质量要求方面，只能通过质量考核和学生评价2个指标拿到20分。——袁宇翔.高职院校教师队伍建设的问题与对策——公平理论的视角[D].苏州：苏州大学,2009:19.

立适合高等职业教育特点和人才培养要求的教师职称评审制度是必然趋势。

第三，努力为教师提供良好的教学、科研条件。温立军对四川建筑职业技术学院教师的调查结果表明，有49.2%的教师认为，良好的教学、科研条件是非常重要的需要与激励因素。❶许爱丽也进行了类似的研究，结果显示，在165位高职教师中，有49.1%的教师认为非常重要的需要与激励因素是良好的教学与科研条件。❷然而相关研究表明，高职院校教师对学校提供的教学与科研条件不满意。如金鑫对辽宁石化职业技术学院教师进行的问卷调查表明，对学校提供的教学条件（照明、仪器、设备等）感到非常满意和较满意的教师仅占21%，而对此感到不太满意和非常不满意的教师占50.1%。❸徐飞通过调研指出，高职院校教师普遍对科研条件不满意。❹笔者通过调研了解到，相对来讲，目前高职院校比较关注教师的教学工作条件的改善，但是对改善教师的科研工作条件并不积极，而后者在很大程度上导致了高学历教师自我价值感较低，进而导致了低的工作满意度。同时，某些高职院校还存在着重各种土木工程建设而轻图书、仪器、设备等资源建设的现象。

在改善高职院校教师的工作条件方面，除了希望各级政府加大对高等职业教育的财政支持外，高职院校本身也应该有所作为。如与相关企业保持密切联系，积极争取其对改善学校教学与科研条件的支持；合理配置教学与科研资源，努力做到物尽其用；建设节约型学校，杜绝"形象工程"，杜绝资源浪费现象，将有限的资源用于教学与科研急需的地方；鼓励教师申报一些密切联系当地工农业生产实践的课题，并给予经费上的大力支持；大力加强学校学术资源库的建设，以使教师能方便地接触到相关领域的学术前沿等。

7.2.2 建立科学合理的薪酬体系

既然生存需求是人的第一需求，那么跟其他职业群体一样，高职院校教师对工作报酬也自然会看重。建立科学合理的薪酬体系，不断提高教师的薪

---

❶ 温立军. 高职教师激励机制对策研究[D]. 重庆：西南大学，2008：34.

❷ 许爱丽. 高职教师激励机制研究[D]. 镇江：江苏大学，2009.

❸ 金鑫. 高职院校人力资源激励机制的研究[D]. 天津：天津大学，2011.

❹ 徐飞. 高职教师工作满意度研究——以湖南长沙四所高职院校为例[D]. 长沙：湖南师范大学，2011.

酬水平是高职院校保持教师队伍稳定性的重要基础。叶小明对广东轻工职业技术院校教师的调查表明，有60.5%的教师认为增加收入是工作中面临的最大问题。❶温立军对四川建筑职业技术学院教师的调查结果表明，有48.5%的教师认为"比较高的工资津贴"和"良好的福利待遇"是非常重要的需要与激励因素。❷然而，我国高职院校面临的突出问题是教师薪酬水平对外不具有市场竞争力，对内不具有激励性。如一项对山西高职院校教师薪酬制度的研究指出，学校薪酬大多以职务和资历为标准，不考虑教师的绩效，校内津贴不能按岗位、专业及教学质量的高低区别对待。❸同时相关研究表明，我国高职院校教师对薪酬的满意度普遍较低。如徐飞对湖南长沙两所公立高职院校教师进行问卷调查的结果表明，在工作满意度七项指标中，薪酬福利得分最低。❹金鑫通过对某高职院校教师的调研指出，该校有49.7%的教师对收入不满意，41.4%的教师对学校的福利政策不满意，且有47.9%的教师表示薪水太低有可能跳槽。❺本研究的数据表明，对目前的工作报酬，选择"非常不满意""不满意""有些不满意"教师共占总数的53.4%。高职教师对目前工作报酬低的满意度一方面是政府对高等职业教育投入总量不足使然，另一方面也是由高职院校内部薪酬制度的不合理所导致的。

针对以上情况，高职院校本身应该有所作为，建立科学合理的内部薪酬体系。①开源节流，努力提高教师的薪酬水平。首先，高职院校要想方设法增加学校总收入。由于政府财政投入和学费短期内不可能大幅提高，高职院校必须开拓新的收入来源，如建立健全学校的捐赠机制，积极争取社会捐赠；密切结合当地工农业生产实践开展应用研究，争取企业对学校的科研投入。其次，高职院校应合理使用经济资源，杜绝浪费现象，少搞"形象工程"，将节余下来的经费部分用于提高教师的待遇。②在收入分配上要兼顾公平与效率。要实现这一点，首先要完善岗位聘任制度。高职院校要对岗位进行科学分析，基于教师的职业能力与态度进行岗位聘任，规范岗位工资制度，合理设定津贴标准，岗

❶ 叶小明. 高等职业院校教师专业发展研究[D]. 武汉：华中科技大学,2008.
❷ 温立军. 高职教师激励机制对策研究[D]. 重庆：西南大学,2008:34.
❸ 宋建琦. 山西高职院校教师薪酬激励研究[D]. 太原：山西财经大学,2011.
❹ 徐飞. 高职教师工作满意度研究——以湖南长沙四所高职院校为例[D]. 长沙：湖南师范大学,2011.
❺ 金鑫. 高职院校人力资源激励机制的研究[D]. 天津：天津大学,2011.

位工资向优秀教师倾斜，实现以岗定薪而不是以职称定薪。其次，要建立科学合理的绩效考评体系。高职院校应逐步完善绩效考核制度，努力实现考核结果的客观与公正。只有这样，教师绩效工资才能真正体现"按劳分配"的基本原则。

7.2.3 建立科学合理的教师评价制度

为调动教师的工作积极性，提升学校实现整体目标的能力，建立科学合理的教师评价制度应是高职院校教师管理的重要内容。目前，我国高职院校在教师评价制度建设方面还存在着若干问题。

首先，多数高职院校使用的是普通本科院校的教师评价制度，没有体现出高职院校人才培养的特殊性。高职院校与普通本科院校在人才培养方面的差异，要求二者对教师的评价应具有一定的差异性。高职院校与普通本科院校在人才培养方面主要存在两大差异：一是人才培养目标的不同。普通本科院校培养的主要是理论型、应用型人才，这要求教师应具有较高的综合理论水平和研究能力。而高职院校主要肩负着培养适应我国经济社会发展需求的生产、建设、管理、服务第一线的技能型人才，这就要求教师不仅要具备扎实的专业理论水平，还要具有本行业较高的实践操作能力。二是因人才培养目标的不同而导致高职院校与普通本科院校在人才培养方式方面的差异：如前者的教学体系属于职业型、岗位型体系，强调实践教学环节，强调职业的针对性，注重技能的深度培养，不强调理论的深度与系统性，以够用为度；而后者的教学体系则属于学科体系，强调理论基础，强调知识的连贯性，强调学生的综合能力培养等。❶

其次，高职院校在教师评价中还存在着以下问题。①过于注重评价的奖惩功能，而评价的发展功能没有得到充分体现。评价结果多与教师的评聘、晋升及经济利益挂钩，而很少为教师提供改进其工作的实质建议。②评价标准单一。高职院校往往用相同的标准来评价所用的教师，而没有考虑教师任教的学科专业及教师的成长阶段的差异性。③评价方式单一，对企业或行业评价与教师自我评价的重视程度不够。④不注重对评价结果的利用。⑤评价过程缺少

❶ 朱宪玲. 重建适合高职教育发展的教师评价体系[J]. 九江职业技术学院学报,2011(1):4-6.

教师本人的参与。在教师评价过程中，评价者与被评者的地位应该是平等的。然而现实是，被评教师往往以旁观者的姿态出现，被动地接受评价结果，很少参与评价指标的制定。也就是说，被评教师的主体地位没有得到应有的体现。⑥评价标准设置不合理。⑦评价过程不注重反馈等。

以上问题的存在要求我们应建立起适合高职院校办学特点的教师评价制度。①突出对教师实践教学水平与质量的评价，在评价标准中加大实践教学的分量，改变重理论教学轻实践教学的现象。②变奖惩性为主的评价为发展性为主的评价。教师评价的目的不是为了奖惩，而是为教师提高自身能力、改进其工作提供信息与建议，促进教师全面而自由的发展。③对教师科研能力的评价应区别于本科院校。在高职院校，教师也需要从事科学研究工作，但相对于本科院校，高职院校更侧重于应用研究和产学研结合研究。同时相对于教学工作来说，高职教师的科研工作处于从属地位。此外，高职院校教师整体学历偏低。本研究的数据表明，仅有50.5%的高职教师具有硕士及以上学历，因此在教师评价中其科研能力不应过多强调。④注重对教师的课程建设和专业建设能力的评价。高等职业教育与市场的紧密联系性要求高职院校在课程与专业建设上必须敏锐地把握市场对人才需求的信息。为发挥教师的信息优势，鼓励教师积极参与课程与专业建设，高职院校也应该把教师在课程及专业建设方面的工作纳入考核体系。⑤对教师进行分类评价，避免"千篇一律"的现象。对高职院校的基础理论课教师、专业课教师和实训指导教师应按照不同的标准进行评价。对基础理论课教师的评价可以参照普通本科院校基础课教师的评价标准，对专业课教师的评价要侧重考察其实践教学能力，对实训指导教师的评价要侧重考察其教育教学能力。❶⑥注重对评价结果的有效使用。学校应及时向教师反馈评价结果，并就评价中发现的问题与教师本人进行交流沟通，向教师提出改进工作的意见，并为其提供适当的培训及学习提高的机会。⑦教师评价方式的多元化。为保证评价结果的客观公正，在教师评价中，应结合使用校内专家评价、教师自评、学生评价、校外同行评价、行业评价等多种评价方式。同时，在评价过程中，应结合使用定性与定量的评价方法。⑧树立被评教师在评价中的主体地位。在评价标准的制定、评价者的选择、评价结果的使用等方面都应

❶ 陈强. 高职"双师型"教师评价体系的构建研究[J]. 中国成人教育,2012(3):73-75.

有被评教师的积极参与。只有这样，才能使评价过程变成教师本人自我认识、自我分析和自我提高的过程。

7.2.4 尊重教师的价值与贡献

上级作为组织的代理人，他们负责指导员工工作并对工作绩效进行评价，因此员工经常会把上级对待他们的友好或不友好的方式视为组织支持的象征。作为高级知识分子的教师，不仅重视物质的所得，更关注他人对自己价值的尊重，作为学校代理人的领导对待教师的方式会直接影响到教师对整个学校的看法。许爱丽统计了165位高职教师的相关数据，分析结果显示，32.7%的教师认为领导的赏识与认可是最重要的需要与激励因素。[1]温立军的调查表明，有36.2%的教师认为领导对自己工作的赏识是非常重要的需要与激励因素。[2]然而长期以来，我国高等教育体制参照的是行政体制，等级关系严格。一些高职院校缺少民主化管理气氛，管理部门缺少为教师、教学服务的意识。本研究的研究结果表明，对"学校重视我的意见"这一题项，选择"完全不同意""不同意""有些不同意"的教师共占37%。

有鉴于此，作为高职院校的领导，应该牢固树立教师是学校的核心价值资源的意识，树立以人为本的管理理念，切实尊重教师的价值与贡献。在这方面，高职院校可以采取如下措施。①建立良好的沟通机制。在高职院校下行沟通及横向沟通应用比较多，而对上行沟通重视程度不够，以至于学校领导难以获得全面真实的信息，而且也会使教职工对领导缺乏信任等。为改变这种情况，学校领导应多与教师交流与沟通，及时了解他们的心声，并就教师在工作中遇到的问题给予相应的指导。②决策民主化。决策民主化是决策取得合理性、合法性及可行性的基础，同时也是教师实现自我价值的重要途径。因此高职院校应充分信任教师，依靠教师，积极采取措施鼓励教师参与学校管理，在政策的制定过程中充分吸收教师的意见，对学校发展面临的重大问题给予教师充分的知情权、发言权。其中，建立并完善教职工代表大会制度是保证管理民主化的重要基石。要认真落实职代会的建议权、否定权、决定权、监督权、民

---

❶ 许爱丽. 高职教师激励机制研究[D]. 镇江：江苏大学，2009.

❷ 温立军. 高职教师激励机制对策研究[D]. 重庆：西南大学，2008：34.

主选举权等各项权利。③以适当的方式对教师在学校发展中所做出的贡献予以肯定。如对工作业绩突出的教师给予精神与物质上的双重奖励等。④转变行政等级观念，树立并真正践行行政为教学服务的思想等。学校管理者与被管理者的地位是平等的，没有高低贵贱之分。在高职院校教学是核心，教师是核心力量，行政工作应服务于教学工作。⑤发挥教师的潜能。在工作安排上，学校应尽量使教师的个人专长与其所担任的工作相匹配，努力创造条件帮助教师发挥其工作潜能。

7.2.5 加强对教师的人文关怀

目前，高职院校教师的工作压力非常明显。其压力来源主要有以下四个方面：首先是学校管理制度的过度理性带来的压力。我国高职院校由于办学历史不长，社会声望较低，为提高自身的合法性，对效率的追求成为一种普遍现象。学校领导往往只关注教师的工作表现，而对教师的身心健康关注不够，在平时的工作中也不注意倾听教师的心声。其次是社会对高职院校教师的高要求带来的压力。为培养高技能型人才，高职教师应具备"双师型"素质，为此高职教师既需要不断深入学习专业理论知识，还需要不断提高自身的专业实践能力。而且由于高职院校紧紧围绕市场需求办学，其专业更新的速度快，要求教师具有非常强的适应能力。再次是工作负荷大带来的压力。近几年，高职院校招生规模扩张迅速，导致师生比过低，教师的教学工作量普遍较大。如徐艳的调查研究表明，有66.74%的教师感到工作强度大；有68.36%的教师每周课时为14—19节；有20.16%的教师每周课时在20节以上；有57.8%的教师经常在8小时之外或双休日加班。❶据笔者了解，高职教师除了要完成繁重的教学任务，其中有许多人还担任着学生管理工作。此外，为满足职称晋升的要求，高职院校教师还要耗费大量心力去申请课题、发表论文。最后是工作、生活冲突带来的压力。我们知道，所有的教师都有感情，有工作以外的私人生活，面临个人的各种问题和对家庭的责任，教师在工作的时候并不能将他们的家庭和个人生活置之脑后，而当教师无法平衡其工作与生活时就会感到压力。显然，以上种种工作压力会对教师的工作积极性产生不利影响。

---

❶ 徐艳. 九江地区高等职业院校教师身心健康与学校管理的对策研究[D]. 南昌：江西师范大学,2007.

此外，高职院校教师的身心健康状况也不容乐观。如徐艳对江西九江地区高职院校教师的调查研究表明，2005年度体格健康的教师仅占参加体检人数的60.4%，且每个年龄段教师的各种患病率以15%的比例递增；教师在精神症状自评量表（SCL-90）各个因子上的平均得分均明显高于国内常模，除强迫因子外，其他各因子得分差异显著；高职教师在SCL-90各因子上的平均得分均显著高于普通本科院校教师。❶以上研究结果表明，高职教师身心健康状况总体欠佳，这一点应引起人们的高度重视。

针对以上情况，高职院校应该积极采取措施，以减轻教师的工作压力，改善教师的身心健康状况。在这方面，高职院校可做的工作很多，此处仅强调一点，即加强对教师的人文关怀。例如：①帮助教师保持工作与生活的平衡。如当有的教师遇到家人生病，或者有需要照顾的年迈的父母时，或者遇到了其他的一些特殊情况时，学校应该对这些教师给予更多的关心或者在工作上做出特殊的安排。②关注教师的身心健康。高职院校应加强学校心理咨询室的建设，定期对教师的心理健康状态进行评估，为工作压力过大的教师进行相应的心理疏导；定期安排教师进行身体健康检查。③尽力帮助解决教师子女的就近入学及其家属的工作问题，使教师能安心工作而无后顾之忧。④学校领导应深入教师之中，注意倾听教师的心声，把教师的冷暖放在心上，关注教师的工作满意度状况，了解他们的工作条件与生活状况，为其排忧解难，做教师的知心人。

7.3 研究不足与研究展望

第一，在抽样方法上，由于受时间、能力与经济条件等方面的限制，本研究采用了方便抽样与分层随机抽样相结合的方法。本研究的调查总体是我国大陆公立高等职业技术学院的教师，在正式测试中笔者从我国东部、中部、西部地区各选取了两个省份，分别是山东、辽宁、山西、江西、贵州、青海，共抽取了10所学校。由于我国幅员辽阔，经济文化发展水平差别巨大，各地高等职业教育的发展水平亦参差不齐，因此样本的地域代表性可能不够。在每所学校内，笔者委托一名负责人随机向教师发放问卷。尽管负责教师均尽力而为，但

---

❶ 徐艳.九江地区高等职业院校教师身心健康与学校管理的对策研究[D].南昌:江西师范大学,2007.

由于各种因素的限制，完全随机发放问卷也较难实现。因此本研究的样本结构不是很理想。鉴于以上出现的问题，为保证样本的地域代表性和结构的合理性，在以后的调查研究中，应严格采用分层随机抽样的方法，并适当扩大样本的数量。

第二，在数据收集上，本研究使用的是横截面数据，因此在检验变量间因果关系上存在一定的局限。●希望在今后的研究中，如果时间和经济条件允许，能够在组织支持感影响组织公民行为路径模型的数据采集上进行跨时间的设计，如在两个以上时间点上采集同一批被试在相应变量上的数据进行分析等。

第三，在变量的测量方式上，本研究采用的是被试自我报告的方式。对一些不容易为他人观察到的心理或行为，自评方式比较有效。但是自我报告也存在一些问题，如在组织公民行为的测量上，由于测量题项主要是对被试的态度或行为的正面描述，受社会称许性的影响，被试可能会给自己打分偏高，因此在一定程度上影响了该量表的信度。针对这一问题，在今后的研究中，应该在该变量的测量上尽可能综合采用自我评价、上级评价、同事评价及学生评价等方式。

第四，尽管高职院校教师的组织公民行为作为一个三维度构念得到了研究数据的支持，但是由于样本的代表性问题，该结构的稳定性还需要进一步检验。目前学界对组织公民行为进行了大量探讨，但是相应的测量工具还很不成熟。在对教师组织公民行为的相关研究中，测量工具的使用比较混乱，导致很难对研究结论进行比较。同时对于教师组织公民行为的维度是否可以再增加，也需要进一步探讨。因此，在今后的研究中，还需要对其维度构成进一步研究，明确教师群体与企业员工群体及其他主要行业群体组织公民行为的差异所在，如增加对指向学生的组织公民行为等的测量。

● 严格来说，一个没有经过特殊设计的用来探讨因果效应的研究，无论采用何种统计方法，都不能证明变量间是否存在真正的因果关系。要证明变量间的因果关系，最好是利用实验设计，控制其他变量的影响，探讨主要变量的因果效应。在利用非实验设计探讨变量间的因果关系方面，Marsh提出了几点参考意见：一是采用纵贯数据，每个变量至少要有两次测量；二是使用多个指标以推算潜变量；三是样本要足够大并具有代表性；四是考虑不同模型的意义，考虑指标误差相关的意义。——侯杰泰,温忠麟,成子娟.结构方程模型及其应用[M].北京:教育科学出版社,2004:168-169.

　　第五，在组织支持感与组织公民行为的关系上，本研究仅考虑了递归模式，而没有考虑非递归模式。从理论上讲，组织支持感与组织公民行为可能会存在互相影响的情况，即如果个体在日常的工作中展现了较多组织公民行为，那么他或她很可能会得到同事的尊重及领导的赏识，同事的尊重及领导的赏识可能会提高其组织支持感，进而高的组织支持感又激发其展现更多的组织公民行为。鉴于此，在今后的研究中，可以进行这方面的探讨以检验该假设是否成立。

参考文献

[1] 温立军. 高职教师激励机制对策研究[D]. 重庆:西南大学,2008:34.

[2] OPLATKA I. Organizational citizenship behavior in teaching:the consequences for teachers,pupils,and the school[J]. International Journal of Educational Management,2009,23(5):375-389.

[3] 马苓. 教师的组织承诺对组织公民行为及大学绩效的影响研究[D]. 天津:河北工业大学,2009.

[4] 殷姿. L高职院校青年教师隐性流失问题研究[D]. 成都:四川师范大学,2008:3.

[5] EISENBERGER R,HUNTINGTON R,HUTCHISON S,SOWA D. Perceived organizational support[J]. Journal of Applied Psychology,1986,71:500-507.

[6] GEORGE J M,REED T F,BALLARD K A,et al. Contact with AIDS patients as a source of work-related distress:effects of organizational and social support[J]. Academy of Management Journal,1993,36:157-171.

[7] 凌文辁,杨海军,方俐洛. 企业员工的组织支持感[J]. 心理学报,2006,38(2):281-287.

[8] 林钲棽,萧淑月,何慧清. 社会交换理论观点下组织支持、组织知识分享行为与组织公民行为相关因素之研究:以信任与关系为分析切入点[J]. 人力资源管理学报,2005,5(1):77-110.

[9] LEVINSON H. Reciprocation:the relationship between man and organization[J]. Administrative Science Quarterly,1965,9:370-390.

[10] 陈志霞. 知识员工组织支持感对工作绩效和离职倾向的影响[D]. 武汉:华中科技大学,2006:43.

[11] BLAU P. Exchange and power in social life[M]. New York:Wiley,1964.

[12] GOULDNER A W. The norm of reciprocity:a preliminary statement[J]. American Sociological Review,1960,25:161-178.

[13] WAYNE S,SHORE L M,LIDEN R C. Perceived organizational support and leader-member exchange:a social exchange perspective[J]. Academy of Management Journal,1997,40:82-111.

[14] EISENBERGER R,FASOLO P,DAVIS-LAMASTRO V. Perceived organizational support and employee diligence,commitment,and innovation[J]. Journal of Applied Psychology,1990,75:51-59.

[15] RHOADES L,EISENBERGER R. Perceived organizational support:a review of the literature[J]. Journal of Applied Psychology,2002,87(4):698-714.

[16] DATTA D K,GUTHRIE J P,WRIGHT P M. Human resource management and labor productivity:Does industry matter?[J]. Academy of Management Journal,2005,48(1):135-145.

[17] 陈志霞,陈传红.组织支持感及支持性人力资源管理实践对员工工作绩效的影响[J]. 数理统计与管理,2005,29(4):719-727.

[18] BASS B M. Leadership and performance beyond expectation[M]. New York:Free Press,1985.

[19] 储成祥,毛慧琴,江芮澜.领导行为、组织支持和员工敬业度的关系——以通信企业为例[J]. 北京邮电大学学报:社会科学版,2012,14(5):91-99.

[20] 郑伯埙,周丽芳,樊景立.家长式领导:三元模式的建构与测量[J]. 本土心理学研究,2000(14):3-64.

[21] 林声洙,杨百寅.家长式领导对员工工作满意度的影响:组织支持感的中介作用[J]. 现代管理科学,2013(2):3-5.

[22] WALUMBWA F O,AVOLIO B J,GARDNER W L,et al. Authentic leadership:development and validation of a theory-based measure[J]. Journal of Management,2008,34(1):89-126.

[23] 周海龙,田艳辉,王明辉,李永鑫.真实型领导对教师知识分享行为的影响:组织支持感的中介和调节作用[J]. 心理与行为研究,2014,12(2):212-219.

[24] LAUB J A. Assessing the servant organization:development of the servant organization leadership assessment(SOLA)instrument[D]. Boca Raton,FL:Florida Atlantic University,1999.

[25] 赵强.校长服务型领导对教师组织支持感与工作满意度的影响研究[J]. 现代中小学教育,2015,31(2):11-15.

[26] AQUINO K,GRIFFETH R W. An exploration of the antecedents and consequences of perceived organizational support:a longitudinal study[R]. University of Delaware and Georgia State University,1999.

[27] ROUSSEAU D M. New hire perceptions of their own and their employer's obligations:a study of psychological contracts[J]. Journal of Organizational Behavior,1990,11:389-400.

[28] 张昊智.中学教师心理契约、组织支持感与职业倦怠的关系研究[D]. 长春:东北师范大学,2009.

[29] SALZMANN J,GRASHA A F. Psychological size and psychological distance in manager subordinate relationships[J]. The Journal of Social Psychology,1991,131(5):629-646.

[30] 王丽平,于志川,王淑华. 心理距离对知识分享行为的影响研究——基于组织支持感的中介作用[J]. 科学学与科学技术管理,2013,34(9):37-45.

[31] MCALLISTER D J. Affect and cognition based trust as foundations for interpersonal cooperation in organizations[J]. Academy of Management Journal,1995,38(1):24-59.

[32] YILMAZ K. The relationship between organizational trust and organizational commitment in Turkish primary schools[J]. Journal of Applied Sciences,2008,8(12):2293-2299.

[33] GHANI N A A, et al. Antecedents of perceived organizational support[J]. Canadian Social Science,2009,5(6):121-130.

[34] BANDURA A. Social foundation of thought and action[M]. Englewood Cliffs,NJ:Prentice-Hall,1986:6.

[35] 张霞. 职业决策自我效能感、组织支持感及组织承诺与离职倾向的关系研究[D]. 苏州:苏州大学,2008.

[36] GREENHAUS J H,BEUTELL N J. Sources of conflict between work and family roles[J]. Academy of Management Review,1985,10:76-88.

[37] 董加骥. 工作-家庭冲突对IT员工工作绩效影响研究:以组织支持感和自我效能感为中介变量的分析[D]. 杭州:浙江工业大学,2009.

[38] 雷嘉欣. 组织报酬期望、感知组织支持与工作满意度的关系研究[D]. 广州:中山大学,2008.

[39] 赵树雕. 中小学教师组织公民行为与组织支持感的相关研究[D]. 重庆:西南大学,2008.

[40] 焦殿龙. 武警院校教员组织支持感知与组织承诺关系研究[D]. 长沙:国防科学技术大学,2010.

[41] 陈丽媛. 中小学教师心理契约、组织支持感与组织公民行为的关系研究[D]. 曲阜:曲阜师范大学,2011.

[42] 范素平. 企业员工组织支持感、敬业度与工作绩效的关系研究[D]. 成都:西南财经大学,2012.

[43] EISENBERGER R,CUMMINGS J,ARMELI S,LYNCH P. Perceived organizational support,discretionary treatment,and job satisfaction[J]. Journal of Personality and Social Psychology,1997,82:812-820.

[44] EISENBERGER R,STINGLHAMBER F,VANDENBERGHE C. Perceived supervisor support:contributions to perceived organizational support and employee retention[J]. Journal of Applied Psychology,2002,87(3):565-573.

[45] 朱震宇. 组织支持感知、工作满意度与组织承诺的关系研究[D]. 南京:南京理工大学,2007.

[46] CHEN Z X,ARYEE S,LEE C. Test of a mediation of perceived organizational support[j]. Journal of vocational behavior,2005,66:457-470.

[47] 孟祥菊.员工组织支持感、工作满意度与离职倾向关系研究——行业重组视角[J].工业技术经济,2010,29(5):98-103.

[48] ALLEN D G,SHORE L M,GRIFFETH R W. The role of perceived organizational support and supportive human resource practices in the turnover process[J]. Journal of Management,2003,29(1):99-118.

[49] 陈志霞,陈剑峰.组织支持感影响工作绩效的直接与间接效应[J].工业工程与管理,2008(1):99-104.

[50] POLAT S. The effect of organizational support perception of teachers on organizational trust perception of their schools[J]. African Journal of Business Management,2010,4(14):3134-3138.

[51] 王黎华,徐长江.组织支持感对中小学教师幸福感与工作倦怠的影响[J].中国临床心理学杂志,2008,16(6):574-576.

[52] MCALLISTER D J,BIGLEY G A. Work context and the definition of self:how organizational care influences organization-based self-esteem[J]. Academy of Management Journal,2002,45:894-904.

[53] 初浩楠.正式控制和组织支持感对知识共享影响的实证研究[J].科技管理研究,2011(7):157-161.

[54] MORRISON E W,MILLIKEN F J. Organizational silence:a barrier to change and development in a pluralistic world[J]. Academy of Management Review,2000,25:706-731.

[55] 康乐乐.家长式领导、组织支持感与员工沉默的关系研究[D].大连:东北财经大学,2012.

[56] SCOTT S G,BRUCE R A. Determinants of innovative behavior:a path model of individual innovation in the workplace[J]. Academy of Management Journal,1994,37(3):580-607.

[57] 顾远东,周文莉,彭纪生.组织支持感对研发人员创新行为的影响机制研究[J].管理科学,2014,27(1):109-119.

[58] HUBER G P. Organizational learning:the contributing process and the literatures[J]. Organization Science,1991,2(1):88-115.

[59] KING W R,MARKS J R. Motivating knowledge sharing through a knowledge management system[J]. Omega,2008(36):131-146.

[60] 员巧云.组织支持与管理控制对组织学习影响的实证研究[D].南京:南京航空航天大学,2008.

[61] CASPER W J. The effects of work-life benefits and perceived organizational support on organizational attractiveness and employment desirability[D]. Fairfax,Virginia:George Mason University,2000.

[62] 凌文辁,张治灿,方俐洛.中国职工组织承诺研究[J].中国社会科学,2001(2):90-102.

[63] 杨海军. 企业员工组织支持感探讨[D]. 广州:暨南大学,2003.

[64] KRAIMER M,WAYNE S J. An examination of perceived organizational support as a multidimen-sional construct in the context of an expatriate assignment[J]. Journal of Management,2004,30:209-237.

[65] MCMILLIAN R. Customer satisfaction and organizational support for service providers[D]. Gainesville,Florida:University of Florida,1997.

[66] 刘智强. 知识员工职业停滞测量与治理研究[D]. 武汉:华中科技大学,2005.

[67] 宋建琦. 山西高职院校教师薪酬激励研究[D]. 太原:山西财经大学,2011.

[68] PORTER L W,STEERS R M,MOWDAY R T,BOULIAN P V. Organizational commitment,job satisfaction and turnover among psychiatric technicians[J]. Journal of Applied Psychology,1974,9(5):603-609.

[69] BECKER H S. Notes on the concept of commitment[J]. American Journal of Sociology,1960,66:32-40.

[70] KANTER R M. Commitment and social organization:a study of commitment mechanisms in Uto-pian communities[J]. American Sociological Review,1968,33(4):499-517.

[71] MARSH R M,MANNARI H. Organizational commitment and turnover:a predictive study[J]. Ad-ministrative Science Quarterly,1977,22:57-75.

[72] MEYER J P,ALLEN N J. A three-component conceptualization of organizational commitment[J]. Human Resource Management Review,1991,1(1):61-90.

[73] STEERS R M. Antecedents and outcomes of organizational commitment[J]. Administrative Sci-ence Quarterly,1977,22:46-56.

[74] BATEMAN T S,STRASSER S. A longitudinal analysis of the antecedents of organizational com-mitment[J]. Academy of Management Journal,1984,27(1):95-112.

[75] SALOVEY P,MAYER J D. Emotional intelligence[J]. Imagination,Cognition and Personality,1990(9):185-211.

[76] ANARI N N. Teachers:emotional intelligence,job satisfaction,and organizational commitment [J]. Journal of Workplace Learning,2012,24(4):256-269.

[77] 吴云鹏,李文静,王鹏,高峰强. 职业高校教师组织承诺在人格特征和工作倦怠间的中介效应[J]. 中国心理卫生杂志,2011,25(7):533-537.

[78] DIENER E,SUH E M,LUCAS R E,SMITH H L. Subjective well-being:three decades of process [J]. Psychological Bulletin,1999,125(2):276-302.

[79] 严国栋,徐美雯. 国中教师追求快乐取向、主观幸福感与组织承诺关系之研究[J]. 屏东教育大学学报:教育类,2012,38:93-126.

[80] LUTHANS F, AVOLIO B J, WALUMBWA F O, et al. The psychological capital of Chinese work-ers: exploring the relationship with performance[J]. Management and Organization Review, 2005, 1(2): 247–269.

[81] 仲理峰. 心理资本对员工的工作绩效、组织承诺及组织公民行为的影响[J]. 心理学报, 2007, 39(2): 328–334.

[82] ZEINABADI H. Job satisfaction and organizational commitment as antecedents of organizational citizenship behavior(OCB) of teachers[J]. Procedia Social and Behavioral Sciences, 2010(5): 998–1003.

[83] 张伟锋. 高校教师职业认同、组织承诺及其关系研究[D]. 天津: 天津师范大学, 2010.

[84] MIRAGE L. Development of an instrument measuring valence of ethnicity and perception of dis-crimination[J]. Journal of Multicultural Counseling and Development, 1994, 22: 49–59.

[85] ENSHER E A, GRANT-VALLONE E J, DONALDSON S I. Effects of perceived discrimination on job satisfaction, organizational commitment, organizational citizenship behavior, and grievanc-es[J]. Human Resource Development Quarterly, 2001, 12(1): 53–72.

[86] GARSTKA M L. The effects of performance appraisal structure on perceived organizational sup-port and organizational commitment[D]. Unpublished master degree thesis, California State Uni-versity, 1993.

[87] 谢宝国, 龙立荣. 职业生涯高原对员工工作满意度、组织承诺和离职意愿的影响[J]. 心理学报, 2008, 40(8): 927–938.

[88] 董敏敏. 工作压力源、工作倦怠与组织承诺的关系研究: 以公务员为例[D]. 杭州: 浙江大学, 2007.

[89] ASHTON P T, WEBB R B. Making a difference: teachers' sense of efficacy and student achieve-ment[M]. New York: Longman, 1986.

[90] 张静. 中学教师教学效能、组织承诺和组织公民行为的关系研究[D]. 天津: 天津师范大学, 2007.

[91] 林彩云, 林启超. 小学教师组织承诺、教师自我效能与知识分享之关系研究[J]. 东海教育评论, 2012, 12: 74–101.

[92] 连晖. 知识员工组织支持感、组织自尊和组织承诺的关系研究[D]. 上海: 华东师范大学, 2009.

[93] 李原, 郭德俊. 组织中的心理契约[J]. 首都师范大学学报: 社会科学版, 2002(1): 108–113.

[94] 李志鹏. 组织支持、心理契约、组织承诺和工作满意度关系研究——从国有商业银行员工留职视角的分析[D]. 杭州: 浙江大学, 2006.

[95] 李娜. 独立学院教师组织承诺与工作绩效实证研究[D]. 成都: 西南交通大学, 2007.

[96] 崔国印. 高校教师组织公平、组织承诺与离职倾向关系研究[D]. 南京:南京理工大学,2012.

[97] 所静,李祥飞,张再生,肖凤翔. 工作年限对知识型员工组织承诺的影响作用研究——基于内外在薪酬的调节作用[J]. 西安交通大学学报:社会科学版,2013,33(2):41-48.

[98] NGUNI S, SLEEGERS P, DENESSEN E. Transformational and transactional leadership effects on teachers' job satisfaction, organizational commitment, and organizational citizenship behavior in primary schools: the Tanzanian case[J]. School Effectiveness and School Improvement, 2006, 17(2):145-177.

[99] GOH S K, LOW B Z. The influence of servant leadership towards organizational commitment: the mediating role of trust in leaders[J]. International Journal of Business and Management, 2014, 9 (1):17-25.

[100] KELMAN H C. Compliance,identification,and internalization:three processes of attitude changes [J]. Journal of Conflict Resolution, 1958, 2:51-60.

[101] 林俊颖,侯雅婷,谢亚恒,徐慧莹. 工作特质与学前教师工作投入的因果关系:组织承诺的中介角色探究[J]. 教育与社会研究,2010,20:105-143.

[102] 张燕,刘三锁,章振,王辉. 人力资源培训发展措施与组织承诺——组织公平的作用[J]. 经济科学,2011(3):118-128.

[103] LATHAM G P, WEXLEY K N. Increasing productivity through performance appraisal[M]. Reading, MA:Addison-Wesley,1994.

[104] 李海,张勉,杨百寅. 绩效评价对组织公民行为的影响:组织承诺的中介作用[J]. 管理工程学报,2010,24(1):146-152.

[105] 杜旌. 绩效考评对组织承诺和组织公民行为的影响研究[D]. 武汉:华中科技大学,2005.

[106] SCHEIN E. Organizational culture and leadership[M]. 4th ed. San Francisco:Jossey-Bass, 2010.

[107] ZHU C, DEVOS G, LI Y. Teacher perceptions of school culture and their organizational commitment and well-being in a Chinese school[J]. Asia Pacific Education Review,2011,12:319-328.

[108] 樊耘,闫亮,张克勤. 组织文化、人力资源管理实践与组织承诺[J]. 科学学与科学技术管理, 2012,33(9):171-180.

[109] 樊耘,余宝琦,杨照鹏. 基于激励性与公平性特征的企业文化模式研究[J]. 科研管理, 2007,28(1):110-117.

[110] 樊耘,阎亮,余宝琦. 组织文化激励性与公平性对组织承诺的影响[J]. 软科学,2011,25(9): 86-90.

[111] WANGER J A. Studies of individualism-collectivism:effects of cooperation in groups[J]. Academy of Management Journal,1995,38(1):152-172.

[112] 陈瑾,梁欢. 集体主义对组织承诺的影响研究[J]. 浙江社会科学,2013(2):101-105.

[113] O'REILLY C A,CHATMAN J. Organizational commitment and psychological attachment:the effects of compliance,identification and internalization on prosocial behavior[J]. Journal of Applied Psychology,1986,71:492-499.

[114] MEYER J P,STANLEY D J,HERSCOVITCH J,TOPOLNYTSKY L. Affective,continuance, and normative commitment to the organization:a meta-analysis of antecedents,correlates,and consequences[J]. Journal of Vocational Behavior,2002,61:20-52.

[115] MOWDAY R T,PORTER L W,STEERS R M. Organizational linkage:the psychology of commitment,absenteeism,and turnover[M]. New York:Academic Press,1982.

[116] MATHIEU J E,ZAJAC D M. A review and meta-analysis of the antecedents,correlates,and consequences of organizational commitment[J]. Psychological Bulletin,1990,180(2):171-194.

[117] DUAN J Y,LAM W,CHEN Z G,et al. Leadership justice,negative organizational behaviors, and the mediating effect of affective commitment[J]. Social Behavior and Psychology,2010,38 (9):1287-1296.

[118] SENGE P. Sharing knowledge[J]. Executive Excellence,1997,15:11-12.

[119] 郑洲全,李秀如. 小学教师组织承诺与人力资本关系之研究——知识分享策略之中介效果 [J]. 新竹教育大学教育学报,2010,27(1):1-32.

[120] 吴文婷. 涉农企业员工组织承诺与敬业度关系的实证研究[J]. 武汉:华中农业大学学报:社会科学版,2010,86(2):55-59.

[121] 吴文华. 组织承诺与创新行为的关系——基于高科技企业知识型员工的实证研究[J]. 管理现代化,2011(6):50-52.

[122] 吴万益,林志成,傅贞夙. 领导形态与组织文化对组织承诺及组织绩效影响之研究——以台湾不同国籍制业厂为例[J]. 企业管理学报,2006,71:35-76.

[123] 张晓芹. 组织承诺、组织公民行为与高管团队绩效的关系研究[D]. 江门:五邑大学,2008.

[124] 袁宇翔. 高职院校教师队伍建设的问题与对策——公平理论的视角[D]. 苏州:苏州大学, 2009:18.

[125] WIENER Y. Commitment in organizations:a normative view[J]. Academy of Management Review,1982(3):418-428.

[126] ANGLE H L,PERRY J L. An empirical assessment of organizational commitment and organizational effectiveness[J]. Administrative Science Quarterly,1981,26(1):1-14.

[127] MAYER R C,SCHOORMAN F D. Predicting participation and production outcomes through a two-dimensional model of organizational commitment[J]. Academy of Management Journal,1992 (3):671-684.

[128] ALLEN N J,MEYER J P. The measurement and antecedents of affective,continuance and normative commitment to the organization[J]. Journal of Occupational Psychology,1990,63(1):1-18.

[129] 凌文铨,张治灿,方俐洛. 中国职工组织承诺的结构模型研究[J]. 管理科学学报,2000,3(2):76-81.

[130] MOWDAY R T,PORTER L W,STEERS R M. The measurement of organizational commitment [J]. Journal of Vocational Behavior,1979(14):224-247.

[131] MEYER J P,ALLEN N J,SMITH C A. Commitment to organizations and occupations:extension and test of a three-component conceptualization[J]. Journal of Applied Psychology, 1993 (78):538-551.

[132] HOPPOCK R. Job satisfaction[M]. New York:Happer & Row,1935.

[133] PORTER L W,LAWLAR E E. What job attitudes can tell us about employee motivation[J]. Harvard Business Review,1968,46(1):118-126.

[134] LOCKE E A. What is job satisfaction?[J]. Organizational Behavior and Human Performance, 1969,4:309-336.

[135] GRUNEBERG E. Understanding job satisfaction[M]. New York:John Wiley and Sons,1979.

[136] OKAFOR A. An investigation of job satisfaction of unionized and nonunionized office workers [J]. Delta Pi Epsilon Journal,1985,27:48-59.

[137] IGBARIA M,GUIMARAES T. Antecedents and consequences of job satisfaction among information center employees[J]. Journal of Management Information Systems, 1993, 9(4) : 145-174.

[138] SPECTOR P E. Industrial and organizational psychology:research and practice[M]. New York:John Wiley,1996.

[139] 罗宾斯. 组织行为学精要[M]. 8版. 郑晓明,葛春生,译. 北京:电子工业出版社,2005:28.

[140] 陈敏,时勘. 工作满意度评价及其在工业诊断中的应用[J]. 中外管理导报,2001,10:56-59.

[141] ALLPORT G W. Pattern and growth in personality[M]. New York:Holt,Rinehart & Winston, 1961.

[142] FURNHAM A,ERACLEOUS A,CHAMORRO-PREMUZIC T. Personality,motivation and job satisfaction:Hertzberg meets the big five[J]. Journal of Managerial Psychology,2009,24(8):765-779.

[143] BLOCK J,KREMEN A M. IQ and egoresiliency:conceptual and empirical connections and separateness[J]. Journal of Personality and Social Psychology,1996,70(2):349-361.

[144] ROMAN-OTERWIG S. Teacher resilience and job satisfaction[D]. North Carolina:University of

North Carolina at Chapel Hill, 2004.

[145] BRAKETT M A, PALOMERA R, MOJSA-KAJA J. Emotion-regulation ability, burnout, and job satisfaction among British secondary-school teachers[J]. Psychology in the Schools, 2010, 47 (4):406-418.

[146] ROTTER J B. Internal versus external control of reinforcement[J]. American Psychologist, 1990, 45:489-193.

[147] SPECTOR P E. Behavior in organizations as a function of employee's locus of control[J]. Psychological Bulletin, 1982, 91:482-497.

[148] 王学玛. 护士工作满意度、组织承诺、控制点与离职倾向的关系研究[D]. 广州:华南师范大学, 2009.

[149] 鲁海军. 高校教师工作压力和工作满意度与组织承诺关系研究[D]. 成都:四川大学, 2007.

[150] 严玉梅. 高校教师职业认同、工作满意度与离职倾向的关系研究[D]. 长沙:湖南师范大学, 2008.

[151] FERENCE T P, STONER J A, WARREN E K. Managing the career plateau[J]. Academy of Management Review, 1977, 2(4):602-612.

[152] 白光林, 凌文辁, 李国昊. 职业高原维度结构与工作满意度、离职倾向的关系研究[J]. 科技进步与对策, 2011, 28(3):144-148.

[153] 刘建国. 高职院校教师工作价值观、工作满意度与组织承诺的关系研究[D]. 长沙:中南大学, 2011.

[154] ANDERSON C J, PONTUSSON J, ANDERSON C J, PONTUSSON J. Workers, worries and welfare states:social protection and job insecurity in 15 OECD countries[J]. European Journal of Political Research, 2007, 46(2):211-235.

[155] 陈佳雯, 陆洛. 大中华地区员工之工作不安全感与工作满意度及行为的关系:以情感性组织承诺为调节变项[J]. 组织与管理, 2013, 6(1):59-92.

[156] 姚娜. 高校教师情绪劳动在工作不安全感与工作满意度之间关系的调节效应研究[D]. 天津:天津师范大学, 2010.

[157] 李淑敏, 李旭培, 时勘. 组织公平对工作满意度的影响:组织认同的调节作用[J]. 人类工效学, 2010, 16(3):31-35.

[158] 潘明. 人格对高校教师薪酬公平感与工作满意度的缓冲作用探讨[J]. 心理学探析, 2009 (4):68-71.

[159] KACMAR K M, CARLSON D S. Further validation of the perceptions of politics scale(POPS): a multiple sample investigation[J]. Journal of Management, 1997, 23(5):627-658.

[160] 孙汉银. 组织公平对组织政治知觉与工作满意度之间关系的调节作用——以北京市中学

教师为例[J]. 北京师范大学学报：社会科学版，2009（1）：60-67.

[161] KOSSEK E E，OZEKI C. Work-family conflict，policies，and the job-life satisfaction relationship：a review and directions for organizational behavior-human resources research[J]. Journal of Applied Psychology，1998，83：139-149.

[162] 孙桂芩. 高中教师工作-家庭冲突与工作满意度关系研究[D]. 曲阜：曲阜师范大学，2009.

[163] OSHAGBEMI T. Gender differences in the job satisfaction of university teachers[J]. Women in Management Review，2000，15（7）：331-343.

[164] 杨彩青. 普通高校教师工作压力、工作满意度与组织承诺关系研究[D]. 贵阳：贵州师范大学，2007.

[165] 张丽芳. 山西省中学教师工作满意度、激励偏好与工作投入的关系研究[D]. 石家庄：河北师范大学，2008.

[166] 朱君伟. 小学教师组织承诺、工作满意度与组织公民行为的关系研究[D]. 太原：山西大学，2008.

[167] 卢嘉，时勘，杨继锋. 工作满意度的评价结构和方法[J]. 中国人力资源开发，2001（1）：15-17.

[168] 鲁森斯. 组织行为学[M]. 王磊，译. 北京：人民邮电出版社，2003：160-161.

[169] ASHFORTH B E，MAEL F.Social identity theory and the organization[J]. Academy of Management Review，1989，14（1）：20-39.

[170] 吴宗佑. 主管威权领导与部属的工作满意度与组织承诺：信任的中介历程与情绪智力的调节效果[J]. 本土心理学研究，2008（30）：3-63.

[171] 王碧英. 公仆型领导：量表的修订与作用效果[J]. 理论探讨，2010（2）：153-156.

[172] 黄采凤. 嘉义县小学学校组织文化与学校执行力之研究[D]. 嘉义：嘉义大学，2007.

[173] PAN X F，QIN Q W. An analysis of the relation between secondary school organizational climate and teacher job satisfaction[J]. Chinese Education and Society，2007，40（5）：65-77.

[174] KRISTOF A L. Person-Organization fit：an integrative review of item conceptualization，measurement and implications[J]. Personnel Psychology，1996，49：1-49.

[175] 韩翼，刘竞哲. 个人-组织匹配、组织支持感与离职倾向——工作满意度的中介作用[J]. 经济管理，2009，31（2）：84-91.

[176] 顾盼. 上下级沟通、角色压力与知识共享及工作满意度研究[D]. 杭州：浙江大学，2007.

[177] GRAEN G B，CASHMAN J. A role-making model of leadership in formal organizations：a developmental approach[C]//HUNT J，LARSEN L L. Leadership frontiers. Kent，OH：Kent State University，1975.

[178] SEKIGUCHI T，BURTON J P，SABLYNSKI C J. The role of job embeddedness on employee

performance: the interactive effects with leader-member exchange and organization-based self-esteem[J]. Personnel Psychology, 2008, 61: 761-792.

[179] HAN G H, JEKEL M. The mediating role of job satisfaction between leader-member exchange and turnover intentions[J]. Journal of Nursing Management, 2011, 19: 41-49.

[180] 崔勋,张义明,瞿皎娇. 劳动关系氛围和员工工作满意度: 组织承诺的调节作用[J]. 南开管理评论, 2012, 15(2): 19-30.

[181] LINCOHN J R, KALLEBERG A L. Work organization and workforce commitment: a study of plants and employees in U. S. and Japan[J]. American Sociological Review, 1985, 50: 738-760.

[182] SUN S B. Predicting job satisfaction and organizational citizenship behavior with individualism-collectivism in P. R. China and the United States[D]. Tampa, FL: University of South Florida, 2001.

[183] AJZEN I. The theory of planned behavior[J]. Organizational Behavior and Human Decision Processes, 1991, 50: 179-211.

[184] 谭小宏,秦启文,潘孝富. 企业员工组织支持感与工作满意度、离职意向的关系研究[J]. 心理科学, 2007, 30(2): 441-443.

[185] 郭云贵. 高校青年教师工作嵌入、工作满意度与离职倾向的关系研究[J]. 周口师范学院学报, 2013, 30(2): 150-153.

[186] MASLACH C, JACKSON S E. Maslach burnout inventory-human service survey (MBI-HSS) [M]//MASLACH C, JACKSON S E, LEITER M P. Maslach burnout inventory manual. 3rd ed. Palo Alto, California: Consulting Psychologist Press, 1996.

[187] 吴伟社. 公务员工作压力、工作满意度和工作倦怠关系研究——以陕西省省直机关为例[D]. 西安: 西北大学, 2008.

[188] 曾文彦. 公务人员职家冲突、工作满意影响留任意愿、工作绩效与组织公民行为之研究——以工作中心性为干扰变项[D]. 台北: 铭传大学, 2011.

[189] CHEN L T. Exploring the relationship among transformational and transactional leadership behavior, job satisfaction, organizational commitment and turnover on the IT department of research and development in Shanghai, China[D]. Fort Lauderdale: Nova Southeastern University, 2005.

[190] 张伟. 国有企业员工的工作满意度、组织认同与组织公民行为关系的实证研究[D]. 广州: 中山大学, 2010.

[191] SCHAUFELI W B, SALANOVA M, GONZALEZ-ROMÁ V, BAKKER A B. The measurement of engagement and burnout: a confirmative analytic approach[J]. Journal of Happiness Studies,

2002,3:71-92.

[192] 李晓. 学校领导行为、教师工作满意度及工作投入的关系研究[D]. 哈尔滨:哈尔滨师范大学,2012.

[193] SULIMAN A,AL-HOSANI A A. Job satisfaction and knowledge sharing:the case of the UAE [J]. Issues in Business Management and Economics,2014,2(2):24-33.

[194] 段锦云,钟建安. 工作满意度与建言行为的关系探索:组织承诺的缓冲影响[J]. 管理工程学报,2012,26(1):170-174.

[195] 沈捷. 知识型员工工作压力及其与工作满意度和工作绩效的关系研究[D]. 杭州:浙江大学,2003.

[196] 周丽萍. 基于组织待遇的组织支持感知、工作态度与工作结果关系研究[D]. 杭州:浙江大学,2006.

[197] IFFALDANO M T,MUCHINSKY P M. Job satisfaction and job performance:a meta-analysis[J]. Psychological Bulletin,1985,97:251-273.

[198] HACKETT R D. Work attitudes and employee absenteeism:a synthesis of the literature[J]. Journal of Occupational Psychology,1989,62(3):235-248.

[199] STEWART D W. The relationship of job stress to job satisfaction and the intention of army nurse corps officers to stay in active military service[D]. Fairfax,Virginia:George Mason University,2002.

[200] BAKER W K. Antecedents and consequences of job satisfaction:testing a comprehensive model using integrated methodology[J]. Journal of Applied Business Research,2004,20(3):41-44.

[201] VROOM V H. Work and motivation[M]. New York:Wiley,1964.

[202] SMITH P C,KENDALL L M,HULIN C L. The measurement of satisfaction in work and retirement[M]. Chicago:Rand McNally,1969.

[203] HERTZBERG F,MAUSNER B,SNYDERMAN B. The motivation to work[M]. New York:John Wiley & Sons Inc. ,1959.

[204] SPECTOR P E. Measurement of human service staff satisfaction:development of the job satisfaction survey[J]. American Journal of Community Psychology,1985,13:693-713.

[205] POND S,GEYER P. Differences in the relation between job satisfaction and perceived work alternatives among older and younger blue collar workers[J]. Journal of Vocational Behavior,1991,39:251-261.

[206] 陈云英,孙少邦. 教师工作满意度的测量研究[J]. 心理科学,1994,17(3):146-149.

[207] 冯伯麟. 教师工作满意及其影响因素的研究[J]. 教育研究,1996(2):42-49.

[208] WEISS D J,DAWIS R V,ENGLAND G W,LOFQUIST L H. Manual for the Minnesota Satisfac-

tion Questionnaire[J]. Minnesota Studies in Vocational Rehabilitation, 1967, 22: 1–119.

[209] BRIEF A P, MOTOWIDLO S J. Prosocial organizational behaviors[J]. Academy of Management, 1986, 11: 710–725.

[210] SCHRIESHEIM C, TSUI A S. Development and validation of a short satisfaction instrument for use in survey feedback interventions[C]. [S. l.]: The Annual Meeting of the Western Academy of Management, 1980.

[211] KATZ D. The motivational basis of organizational behavior[J]. Behavior Science, 1964, 9: 131–146.

[212] ORGAN D W. Organizational citizenship behavior: the good soldier syndrome[M]. Lexington, MA: Lexington Books, 1988.

[213] ORGAN D W. Organizational citizenship behavior: it's construct clean-up time[J]. Human Performance, 1997, 10(2): 85–97.

[214] ORGAN D W, RYAN K. A meta-analytic review of attitudinal and dispositional predictors of organizational citizenship behavior[J]. Personnel Psychology, 1995, 48: 775–802.

[215] VAN DYNE L, LEPINE J A. Helping and voice extra-role behaviors: evidence of construct and predictive validity[J]. Academy of Management Journal, 1998, 41: 108–119.

[216] BORMAN W C, MOTOWIDLO S J. Expanding the criterion domain to include elements of contextual performance[M]//SCHMITT W C. Personnel selection in organizations. San Francisco: Jossey-Bass, 1993: 71–98.

[217] BORMAN W C, MOTOWIDLO S J. Task performance and contextual performance: the meaning for personnel selection research[J]. Human Performance, 1997, 10(2): 99–109.

[218] 孙建群, 段锦云, 田晓明. 组织中员工的自愿性工作行为[J]. 心理科学进展, 2012, 20(4): 561–574.

[219] 潘孝福, 谭小宏, 秦启文, 王蕾. 教师组织公平感与组织公民行为: 工作倦怠的中介作用[J]. 心理发展与教育, 2010(4): 409–416.

[220] 万涛. 信任与组织公民行为: 心理授权的调节作用实证研究[J]. 南开管理评论, 2009, 12(3): 59–66.

[221] ASHFORTH B E, MAEL F. Social identity theory and the organization[J]. Academy of Management Review, 1989, 14(1): 20–39.

[222] 李旭培, 王桢, 时勘. 组织认同对公务员组织公民行为的影响: 上级信任感的调节作用[J]. 软科学, 2011, 25(8): 82–86.

[223] PAULLAY I M, ALLIGER G M, STONE-ROMERO E F. Construct validation of two instruments designed to measure job involvement and work centrality[J]. Journal of Applied Psycholo-

gy,1994,79(2):224-228.

[224] CHEN C C,CHIU S F. The mediating role of job involvement in the relationship between job characteristics and organizational citizenship behavior[J]. The Journal of Social Psychology, 2009,149(4):474-494.

[225] MITCHELL T R,HOLTOM B C,LEE T W,et al. Why people stay:using job embeddedness to predict voluntary turnover[J]. Academy of Management Journal,2001,44(6):1102-1121.

[226] 单鑫. 工作嵌入与工作满意度、组织公民行为的关系研究[D]. 开封:河南大学,2011.

[227] RICH B L,LEPINE J A,CRAWFORD E R. Job engagement:antecedents and effects on job performance[J]. Academy of Management Journal,2010,53(3):617-635.

[228] 张萍. 国企员工工作投入与组织公民行为的关系研究——组织认同的调节效应检验[D]. 成都:西南交通大学,2011.

[229] 黄怡祯. 组织中的雇用关系与职场偏差行为[D]. 桃园:中原大学,2006.

[230] 刘筱. 攻击性管理行为与员工犬儒主义和组织公民行为的关系研究[D]. 合肥:中国科技大学,2010.

[231] GREENBERG J. The social side of fairness:interpersonal and informational classes of organizational justice[M]//CROPANZANO R. Justice in the work place:approaching fairness in human resource management. Hillsdale,NJ:Lawrence Erlbaurn,1993:79-103.

[232] 陈景刚. 国企员工组织信任知觉、公平感与组织公民行为关系研究[D]. 成都:西南交通大学,2006.

[233] 陈曦,宋合义,薛贤. 价值认同对程序公平与组织公民行为之间关系的作用研究[J]. 科学学与科学技术管理,2012,33(9):135-144.

[234] DUFFY J A,LIFFY J. Do individual needs moderate the relationships between organizational citizenship behavior,organizational trust and perceived organizational support?[EB/OL]. (2009-07-30)[2015-05-17]. http://www.ibam.com/pubs/jbam/articles/vol14/No3/Article%204_Duffy_%20after%20assistant%20editor.pdf.

[235] 彭川宇. 高科技企业研发员工的心理契约与组织公民行为及离职倾向的关系研究[J]. 科技管理研究,2009(5):380-383.

[236] 赵磊,沈伊默,魏春梅,张庆林. 心理契约破坏对组织公民行为的影响:同事支持感的调节作用[J]. 心理学探析,2011,31(6):549-553.

[237] ROSENFELD P R,GIACALONE R A,RIORDAN C A. Impression management in organizations:theory,measurement,and practice[M]. New York:Routledge,1995.

[238] JONES E E,PITTMAN T S. Toward a general theory of strategic self-presentation[M]//SULS J. Psychological perspectives on the self. Hillsdale,NJ:Lawrence Erlbaum,1982.

[239] 郭晓薇,李成彦.印象管理对组织公民行为的预测作用的实证研究[J].心理科学,2005,28
(2):480-482.

[240] BOLINO M C,VARELA J A,BANDE B,TURNLEY W H. The impact of impression-manage-
ment tactics on supervisor ratings of organizational citizenship behavior[J]. Journal of Organiza-
tional Behaviour,2006,27:281-297.

[241] 柯丽菲.企业工作团队组织公民行为研究[D].成都:西南交通大学,2008.

[242] SOMECH A,RON I. Promoting organizational citizenship behavior in schools:the impact of in-
dividual and organizational characteristics[J]. Educational Administration Quarterly,2007,43:
38-66.

[243] 陈启山,温忠麟.印象整饰和心理控制源对组织公民行为的影响[J].心理科学,2010,33
(5):1270-1272.

[244] PIERCE J L,GARDNER D G,CUMMINGS L L,et al. Organization-based self esteem:construc-
tion definition,measurement and validation[J]. Academy of Management Journal,1989,32(3):
622-648.

[245] PIERCE J L,KOSTOVA T,DIRKS K T. The state of psychological ownership:integrating and
extending a century of research[J]. Review of General Psychology,2003,7:84-107.

[246] 杨岚.心理资本对组织公民行为的影响研究——以组织公平感为调节变量[D].南京:南京
理工大学,2010.

[247] BOYATZIS R E. The competent manager:a model for effective performance[M]. New York:
John Wiley & Sons,Inc.,1982.

[248] 龚冠州.教师胜任特征、心理契约、组织公民行为与学校效能之研究[D].高雄:树德科技大
学,2008.

[249] BLAU G,RYAN J. On measuring work ethic:a neglected work commitment facet[J]. Journal of
Vocational Behavior,1997,51:435-448.

[250] RYAN J J. Work values and organizational citizenship behaviors:values that work for employ-
ees and organizations[J]. Journal of Business and Psychology,2002,17(1):123-132.

[251] BRAGGER J D,RODRIGUEZ-SREDNICKI O,KUTCHER E J,et al. Work-family conflict,
work-family culture,and organizational citizenship behavior among teachers[J]. Journal of Busi-
ness Psychology,2005,20(2):303-324.

[252] 严辉.中小学教师组织公民行为探析[D].北京:首都师范大学,2009.

[253] 王健康.中小学教师组织公民行为研究——基于中国大陆地区11省市的实证分析[D].苏
州:苏州大学,2008.

[254] CHATTOPADHYAY P. Beyond direct and symmetrical effects:the influence of demographic

dissimilarity on organizational citizenship behavior[J]. Academy of Management Journal, 1999, 42(3):273-287.

[255] 周兆透. 大学学术组织中的领导行为与教师组织公民行为关系研究[D]. 杭州:浙江大学, 2007.

[256] 周蕾蕾. 企业诚信领导对员工组织公民行为影响研究——以领导-成员交换为中介变量 [D]. 武汉:武汉大学, 2010.

[257] 邓志华,陈维政. 服务型领导对员工工作行为的影响——以工作满意度为中介变量[J]. 科学学与科学技术管理, 2012, 33(11):172-180.

[258] ENSLEY M D, HMIELESKI K M, PEARCE C L. The importance of vertical and shared leadership within new venture top management teams: implications for the performance of startups[J]. Leadership Quarterly, 2006, 17:217-231.

[259] KHASAWNEH S. Shared leadership and organizational citizenship behaviour in Jordanian public universities: developing a global workforce for the21st century[J]. Educational Management Administration & Leadership, 2011, 39(5):621-634.

[260] EINARSEN S, AASLAND M S, SKOGSTAD A. Destructive leadership behaviour: a definition and conceptual model[J]. The Leadership Quarterly, 2007, 18:207-216.

[261] FARH J L, CHENG B S. A cultural analysis of paternalistic leadership in Chinese organizations [C]//LI J T, TSUI A S, WELDON E. Management and organizations in the Chinese context. London: Macmillan, 2000.

[262] 张燕,怀明云. 威权式领导行为对下属组织公民行为的影响——下属权力距离的调节作用 [J]. 管理评论, 2012, 24(11):97-106.

[263] ASGARI A, SILONG A D, AHMAD A, et al. The relationship between organizational characteristics, task characteristics, cultural context and organizational citizenship behaviors[J]. European Journal of Economics, Finance and Administrative Sciences, 2008, 13:94-107.

[264] GAA S M. An exploratory analysis of the relationships between leadership, safety climate, and organizational citizenship behavior within high-containment biosafety laboratories[D]. Minneapolis, MN: Capella University, 2010.

[265] 郗河. 企业社会责任特征对员工组织承诺及组织公民行为作用机制研究[D]. 杭州:浙江大学, 2009.

[266] 游小芳. 组织气氛对组织公民行为影响的实证研究[D]. 厦门:厦门大学, 2008.

[267] 杨生斌,孟宪芳,王立行,侯普育. 高绩效工作系统、组织公民行为对技术创新战略执行的影响——基于航空研究所的实证研究[J]. 情报杂志, 2009, 28(12):74-78.

[268] 张振刚,李娟娟,李云健. 知识型员工创新行为:组织学习与知识分享的作用研究[J]. 科技

进步与对策,2014(20):1-7.

[269] 李磊. 基于组织学习的公司创业与组织公民行为之间关系的研究[D]. 杭州:浙江大学, 2008.

[270] OLIVER R L, ANDERSON E. Behavior-and outcome-based sales control systems: evidence and consequences of pure-form and hybrid governance[J]. Journal of Personal Selling and Sales Management,1995,4:1-15.

[271] 吴诒瑾. 绩效薪酬与组织公民行为的关系研究——以角色定义幅度为中介[D]. 武汉:华中科技大学,2007.

[272] HOFSTEDE G. Culture's consequences: international differences in work-related values[M]. Beverly Hills,Cal. ,and London:Sage,1980.

[273] COHEN A. The relationship between multiple commitments and organizational citizenship behavior in Arab and Jewish culture[J]. Journal of Vocational Behavior,2006,69:105-118.

[274] PODSAKOFF P M, MACKENZIE S B, PAINE J B, et al. Organizational citizenship behavior: a critical review of the theoretical and empirical literature and suggestions for future research[J]. Journal of Management,2000(26):513-563.

[275] PODSAKOFF P M, AHEARNE M, MACKENZIE S B. Organizational citizenship behavior and the quantity and quality of work group performance[J]. Journal of Applied Psychology,1997,82: 262-270.

[276] 吴清山. 学校效能研究[M]. 2版. 台北:五南图书出版公司,1998.

[277] 曹科岩,龙君伟,戴健林,杨玉浩. 教师组织公民行为与学校效能的关系研究[J]. 社会心理科学,2007,22(1-2):123-127.

[278] 吴清山. 学校创新经营理念与策略[J]. 教师天地,2004,128:30-44.

[279] 萧佳纯,崔念祖. 小学教师组织公民行为与学校创新经营关系之研究——以学习型学校为调节变项[J]. 嘉大教育研究学刊,2011(27):81-112.

[280] 谢傅崇,王琼满. 小学校长分布式领导、教师组织公民行为对学生学业表现之影响研究[J]. 新竹教育大学教育学报,2008,28(1):32-67.

[281] PODSAKOFF P M, MACKENZIE S B. Organizational citizenship behaviors and sales unit effectiveness[J]. Journal of Marketing Research,1994,31(3):351-363.

[282] KERNODLE T A. Antecedents and consequences of organizational citizenship behavior: a hierarchical linear modeling study[D]. Vallejo,CA:Touro University International,2007.

[283] 赵红梅. 组织公民行为与员工绩效关系研究——基于个人特质与个人-组织契合度的调节作用[D]. 福州:东南大学,2009.

[284] 魏江茹. 变色龙变色吗:印象管理对组织公民行为和任务绩效的调节效应[J]. 经济管理,

2009(6):173-178.

[285] LIN C P. Clarifying the relationship between organizational citizenship behaviors, gender, and knowledge sharing in workplace organizations in Taiwan[J]. Journal of Business Psychology, 2008,22:241-250.

[286] PODSAKOFF P M, MACKENZIE S B. Impact of organizational citizenship behavior on organizational performance: a review and suggestions for future research[J]. Human Performance, 1997,10:133-151.

[287] CHEN X P, HUI C, SEGO D J. The role of organizational citizenship behavior in turnover: conceptualization and preliminary tests of key hypotheses[J]. Journal of Applied Psychology, 1998, 83(6):922-931.

[288] PAILLÉ P, GRIMA F. Citizenship and withdrawal in the workplace: relationship between organizational citizenship behavior, intention to leave current job and intention to leave the organization[J]. The Journal of Social Psychology, 2011, 151(4):478-493.

[289] BOLINO M C, TURNLEY W H, NIEHOFF B P. The other side of the story: reexamining prevailing assumptions about organizational citizenship behavior[J]. Human Resource Management Review, 2004, 14(2):229-246.

[290] BOLINO M C, TURNLEY W H. The personal costs of citizenship behavior: the relationship between individual initiative and role overload, job stress, and work - family conflict[J]. Journal of Applied Psychology, 2005, 90(4):740-748.

[291] 严瑜, 张倩. "过犹不及"——组织公民行为消极面的解读与探析[J]. 心理科学进展, 2014, 22(5):834-844.

[292] RAPP A A, BACHRACH D G, RAPP T L. The influence of time management skill on the curvilinear relationship between organizational citizenship behavior and task performance[J]. Journal of Applied Psychology, 2013, 98(4):668-677.

[293] WILLIAMS L J, KARAU S J. Social loafing and social compensation: the effects of expectations of co-worker performance[J]. Journal of Personality and Social Psychology, 1991, 61:570-581.

[294] SESEN H, SORAN S, CAYMAZ E. Dark side of organizational citizenship behavior (OCB): testing a model between OCB, social loafing, and organizational commitment[J]. International Journal of Business and Social Science, 2014, 5(5):125-135.

[295] LATANÉ B, WILLIAMS K, HARKINS S. Many hands make light the work: the causes and consequences of social loafing[J]. Journal of Personality and Social Psychology, 1979, 37:822-832.

[296] KERR N L, BRUNN S E. Dispensability of member effort and group motivation losses: free-rider effects[J]. Journal of Personality and Social Psychology, 1983, 44:78-94.

[297] SMITH C, ORGAN D W, NEAR J P. Organizational citizenship behavior: its nature and antecedents[J]. Journal of Applied Psychology, 1983, 68(4): 653-663.

[298] WILLIAMS L J, ANDERSON S E. Job satisfaction and organizational commitment as predictors of organizational citizenship behavior and in-role behavior[J]. Journal of Management, 1991, 17 (3): 601-617.

[299] 林淑姬. 薪酬公平、程序公正与组织承诺、组织公民行为关系研究[D]. 台北: 政治大学, 1992.

[300] DECKOP J R, MCCLENDON J A, HARRIS-PERELES K L. The effect of strike militancy intentions and general union attitudes on the organizational citizenship behaviour of university faculty [J]. Employee Responsibilities and Rights Journal, 1993, 6(2): 85-97.

[301] MOORMAN R H, BLAKELY G L. Individualism and collectivism as an individual difference predictor of organizational citizenship behavior[J]. Journal of Organization Behavior, 1995, 16: 127-142.

[302] FARH J L, EARLEY P C, LIN S C. Impetus for action: a cultural analysis of justice and organizational Citizenship behavior in Chinese society[J]. Administrative Science Quarterly, 1997, 42 (8): 421-444.

[303] FARH J L, ZHONG C B, ORGAN D W. Organizational citizenship behavior in the People's Republic of China[J]. Organization Science, 2004, 15(2): 241-253.

[304] ORGAN D W, PODSAKOFF P M, MACKENZIE S B. Organizational citizenship behavior: its nature, antecedents, and consequences[M]. Thousand Oaks: Sage Publications, 2006: 297.

[305] 李旭培, 王桢, 时勘. 组织认同对公务员组织公民行为的影响: 上级信任感的调节作用[J]. 软科学, 2011, 25(8): 82-86.

[306] PODSAKOFF P M, MACKENZIE S B, MOORMAN R H, FETTER R. Transformational leader behaviors and their effects on followers' trust in leader, satisfaction, and organizational citizenship behaviors[J]. Leadership Quarterly, 1990, 1(2): 107-142.

[307] LIU Y W. Perceived organizational support and expatriate organizational citizenship behavior: the mediating role of affective commitment towards the parent company[J]. Personnel Review, 2009, 38(3): 307-319.

[308] MOORMAN R H, BLAKELY G L, NIEHOFF B P. Does perceived organizational support mediate the relationship between procedural justice and organizational citizenship behavior?[J]. Academy of Management Journal, 1998, 41(3): 351-357.

[309] 陈俊. 企业组织支持对组织公民行为影响的实证研究[D]. 长沙: 湖南大学, 2007.

[310] O'DRISCOLL M P, RANDALL D M. Perceived organizational support, satisfaction with re-

wards, and employee job involvement and organizational commitment[J]. Applied Psychology: An International Review, 1999, 48(2): 197–209.

[311] BOGLER R, NIR A E. The importance of teachers'perceived organizational support to job satisfaction[J]. Journal of Educational Administration, 2012, 50(3): 287–306.

[312] 窦先琴. 企业员工组织支持感、工作压力、工作满意度的关系研究[D]. 武汉: 湖北大学, 2009.

[313] SHORE L M, TETRICK L E. A construct validity study of the survey of perceived organizational support[J]. Journal of Applied Psychology, 1991, 76: 637–643.

[314] NASURDIN A M, HEMDI M A, GUAT L P. Does perceived organizational support mediate the relationship between human resource management practices and organizational commitment? [J]. Asian Academy of Management Journal, 2008, 13(1): 15–36.

[315] LUXMI, YADAV V. Reciprocation effect of perceived organizational support on organizational commitment: a study of school teachers[J]. Management and Labour Studies, 2011, 36(2): 175–186.

[316] 龚星燕. 组织支持感、领导–成员交换对员工组织承诺和工作满意度的影响[D]. 苏州: 苏州大学, 2009.

[317] GREENBERG J, SCOTT K S. Why do employees bite the hands that feed them? Employee theft as a social exchange process[J]. Research in organizational behavior, 1996, 18: 111–166.

[318] CHIBOIWA M W, CHIPUNZA C, SAMUEL M O. Evaluation of job satisfaction and organizational citizenship behaviour: case study of selected organizations in Zimbabwe[J]. African Journal of Business Management, 2011, 5(7): 2910–2918.

[319] SALEHI M, GHOLTASH A. The relationship between job satisfaction, job burnout and organizational commitment with the organizational citizenship behavior among members of faculty in the Islamic Azad University-first district branches, in order to provide the appropriate model[J]. Procedia Social and Behavioral Sciences, 2011, 15: 306–310.

[320] 李凌. 中学教师工作满意度、组织承诺与离职倾向的现状及其关系研究[D]. 桂林: 广西师范大学, 2007.

[321] MALIK M E, NAWAB S, et al. Job satisfaction and organizational commitment of university teachers in public sector of Pakistan[J]. International Journal of Business and Management, 2010, 5(6): 17–26.

[322] 刘勇陟. 工作压力、工作满意度和组织承诺关系研究——以深圳水务集团为例[D]. 杭州: 浙江大学, 2005.

[323] 胡晓乐. 高职院校青年教师工作满意度与组织承诺的关系研究[D]. 沈阳: 东北大学, 2009.

[324] VANDENBERG R J, LANCE C E. Examining the causal order of job satisfaction and organizational commitment[J]. Journal of Management, 1992, 18: 153-167.

[325] HULPIA H, DEVOSB G, ROSSEEL Y. The relationship between the perception of distributed leadership in secondary schools and teachers' and teacher leaders' job satisfaction and organizational commitment[J]. School Effectiveness and School Improvement, 2009, 20(3): 291-317.

[326] 宁涛. 组织承诺、组织公民行为与团队绩效的关系研究——以湖南建筑企业项目团队为例 [D]. 长沙: 中南大学, 2010.

[327] 谢静. 员工的组织承诺与组织公民行为关系研究——以某在华韩企为例[D]. 南京: 南京理工大学, 2008.

[328] FISHBEIN M, AJZEN I. Belief attitude, intention, and behavior: an introduction to theory and research[M]. Reading, MA: Addison-Wesley, 1975.

[329] MUSE L A, STAMPER C L. Perceived organizational support: evidence for a mediated association with work performance[J]. Journal of Managerial Issues, 2007, 19(4): 517-535.

[330] 魏江茹. 高科技企业知识员工组织支持和组织公民行为的关系研究[J]. 软科学, 2010, 24 (4): 109-111.

[331] 陈植乔. 民办高校专业课教师组织支持感、工作满意度与工作绩效关系研究[J]. 长江大学 学报: 社会科学版, 2011, 34(3): 144-145.

[332] 郑文全, 郭晓娜. 组织支持、工作满意度与工作绩效——基于高校教师的一项实证研究[J]. 财经问题研究, 2010(6): 126-130.

[333] 周明建. 组织、主管支持, 员工情感承诺与工作产出——基于员工"利益交换观"与"利益共同体观"的比较[D]. 杭州: 浙江大学, 2005.

[334] 王光玲. 民营企业组织支持与组织公民行为关系的实证研究[J]. 统计与决策, 2009(17): 187-188.

[335] 封展旗. 高校教师组织支持感、情感承诺与组织公民行为的关系研究[D]. 西安: 西安交通大学, 2010.

[336] 吴肇展. 护理人员知觉组织支持与服务导向组织公民行为关系之研究——以组织承诺为中介变项[C]//经营管理论坛第三届管理与决策学术研讨会特刊. 台北: [出版者不详], 2009 印刷: 141-155.

[337] GAERTNER S. Structural determinants of job satisfaction and organizational commitment in turnover models[J]. Human Resource Management Review, 1999, 9(4): 479-493.

[338] 朱震宇. 组织支持感知、工作满意度与组织承诺的关系研究——以连云港市制造企业为例 [D]. 南京: 南京理工大学, 2007.

[339] COLAKGLU U, CULHA O, ATAY H. The effects of perceived organizational support on em-

ployees' affective outcomes: evidence from the hotel industry[J]. Tourism and Hospitality Management,2010,16(2):125-150.

[340] 杨芳. 广西高职院校教师人力资源开发调查研究[D]. 南宁:广西大学,2007.

[341] SCHRIESHEIM C,TSUI A S. Development and validation of a short satisfaction instrument for use in survey feedback interventions[R]. [S. l.]:the Western Academy of Management,1980.

[342] 欧朝晖. 教师心理所有权及其基于组织的自尊、组织公民行为关系的研究[D]. 上海:华东师范大学,2007.

[343] 吴明隆. 问卷统计分析实务——SPSS操作与应用[M]. 重庆:重庆大学出版社,2010:244.

[344] KAISER H F. An index of factorial simplicity[J]. Psychometrica,1974,39(1):31-36.

[345] 吴明隆. 问卷统计分析实务——SPSS操作与应用[M]. 重庆:重庆大学出版社,2010:194.

[346] 邱皓政. 结构方程模式:LISREL的理论、技术与应用[M]. 2版. 台北:双叶书廊,2011:3-20.

[347] 侯杰泰,温忠麟,成子娟. 结构方程模型及其应用[M]. 北京:教育科学出版社,2004:138-139.

[348] 宋爱红,蔡永红. 教师组织承诺影响因素的研究[J]. 统计研究,2005(5):40-46.

[349] 龚冠州. 教师胜任特征、心理契约、组织公民行为与教学效能之研究[D]. 高雄:树德科技大学,2008.

[350] 李建国. 我国高职院校"内部管理体制"改革研究[D]. 南京:南京农业大学,2011:35-38.

[351] 殷姿. L高职院校青年教师隐性流失问题研究[D]. 成都:四川师范大学,2008:44.

[352] 杜智敏. 抽样调查与SPSS应用[M]. 北京:电子工业出版社,2010:597-598.

[353] BARON R M,KENNY D A. The moderator-mediator variable distinction in social psychological research:conceptual, strategic, and statistical considerations[J]. Journal of Personality and Social Psychology,1986,51(6):1173-1182.

[354] CURRIVAN D B. The causal order of job satisfaction and organizational commitment in models of employee turnover[J]. Human Resource Management Review,1999,9(4):495-524.

[355] MOORMAN R H,NIEHOFF B P,ORGAN D W. Treating employees fairly and organizational citizenship behavior:sorting the effects of job satisfaction, organizational commitment, and procedural justice[J]. Employee Responsibilities and Rights Journal,1993(3):209-225.

[356] FARH J L,PODSAKOFF P M,ORGAN D W. Accounting for organizational citizenship behavior:leader fairness and task scope versus satisfaction[J]. Journal of Management,1990,16(4):705-722.

[357] DIPAOLA M F,TSCHANNEN-MORAN M. Organizational citizenship behavior in schools and its relationship to school climate[J]. Journal of School Leadership,2001,11:424-427.

[358] 李杨. 高职教师专业发展的策略研究——基于对上海市某高职院校的个案分析[D]. 上海:

上海师范大学,2011.

[359] 叶小明. 高等职业院校教师专业发展研究[D]. 武汉:华中科技大学,2008.

[360] 王运景. 高职院校教师在职培训的问题、成因及对策研究[D]. 大连:辽宁师范大学,2010. .

[361] 曹文明. 关于推进高职院校教师职称评审工作改革的思考[J]. 无锡商业职业技术学院学报,2009,9(5):58-60.

[362] 许爱丽. 高职教师激励机制研究[D]. 镇江:江苏大学,2009.

[363] 金鑫. 高职院校人力资源激励机制的研究[D]. 天津:天津大学,2011.

[364] 徐飞. 高职教师工作满意度研究——以湖南长沙四所高职院校为例[D]. 长沙:湖南师范大学,2011.

[365] 朱宪玲. 重建适合高职教育发展的教师评价体系[J]. 九江职业技术学院学报,2011(1):4-6.

[366] 陈强. 高职"双师型"教师评价体系的构建研究[J]. 中国成人教育,2012(3):73-75.

[367] 徐艳. 九江地区高等职业院校教师身心健康与学校管理的对策研究[D]. 南昌:江西师范大学,2007.

[368] 侯杰泰,温忠麟,成子娟. 结构方程模型及其应用[M]. 北京:教育科学出版社,2004:168-169.

高职院校教师工作状况问卷（预测）[*]

尊敬的老师：

　　您好！这是一份学术研究问卷，目的是想了解教师在工作中的某些感受及行为表现。本问卷共分为5个部分，填答问卷大概需要花费您15分钟的时间，希望能获得您的支持与协助。本问卷答案无对错之分，且问卷采用匿名方式，所获得信息仅用于整体统计分析，不涉及具体学校及老师，我承诺对您提供的信息绝对保密，请您放心填答。您的真实回答对本研究具有非常重要的意义，对您的帮助我表示衷心的感谢！

北京航空航天大学人文学院博士研究生　赵强

联系方式：×××

第一部分　个人基本资料

1. 您的性别：①男　②女
2. 您的年龄：①30岁（含）以下　　②31—40岁
　　　　　　　③41—50岁　　　　　④51岁（含）以上
3. 您的婚姻状况：①未婚　　　　②已婚　　　　　③其他
4. 您的教龄：①5年（含）以下　　②6—10年　　　③11—15年
　　　　　　　④16—20年　　　　　⑤21年（含）以上
5. 您的受教育程度：①大专　　②本科　　③硕士　　④博士
6. 您的职称：①无职称　　②初级　　③中级　　④副高级　　⑤正高级
7. 您是否担任行政职务：①是　　　　②否

---

[*]由于正式问卷仅比预测问卷少了组织支持感部分的第22个题项，因此没有附于文后。

第二部分　教师组织支持感问卷

指导语：请您根据工作实际情况对下列描述做出判断，并在相应的数字上打上"√"。（1=完全不同意，2=不同意，3=有些不同意，4=不确定，5=有些同意，6=同意，7=完全同意）

问　题　　　　　　　　　　　选　项	完全不同意	不同意	有些不同意	不确定	有些同意	同意	完全同意
1.当我在工作上遇到问题时，学校会给予帮助。	1	2	3	4	5	6	7
2.学校非常关心我的生活状况。	1	2	3	4	5	6	7
3.学校让我觉得自己是一位有价值的成员。	1	2	3	4	5	6	7
4.学校非常支持我参加与工作相关的培训或进修学习。	1	2	3	4	5	6	7
5.当经费宽裕时，学校会考虑提高我的报酬。	1	2	3	4	5	6	7
6.学校愿意尽力帮助我发挥最大的工作潜能。	1	2	3	4	5	6	7
7.学校不会理睬我的任何抱怨。	1	2	3	4	5	6	7
8.学校为我提供了公平的晋升机会。	1	2	3	4	5	6	7
9.学校努力使我的工作充满乐趣。	1	2	3	4	5	6	7
10.如果我提出辞职，学校会挽留我。	1	2	3	4	5	6	7
11.即使我的工作做得很出色，学校也不会关注。	1	2	3	4	5	6	7
12.当我需要特殊帮助时，学校会给予援助。	1	2	3	4	5	6	7
13.学校不会考虑我应得多少报酬的问题。	1	2	3	4	5	6	7
14.学校重视我对学校发展所做的贡献。	1	2	3	4	5	6	7
15.学校为我提供了良好的工作条件。	1	2	3	4	5	6	7
16.学校领导很器重我。	1	2	3	4	5	6	7
17.学校在做出对我有影响的决策时，会照顾到我的利益。	1	2	3	4	5	6	7
18.学校会同意我改善工作条件的合理要求。	1	2	3	4	5	6	7
19.学校会为我工作中的成就而自豪。	1	2	3	4	5	6	7
20.学校重视我的意见。	1	2	3	4	5	6	7
21.学校认为我现在从事的工作如果换成别人来做，也会做得同样好。	1	2	3	4	5	6	7
22.学校不会奖励我的额外劳动付出。	1	2	3	4	5	6	7

第三部分 教师工作满意度问卷

指导语：请您根据自己的真实感受对下列问题做出回答，并在相应的数字上划"√"。（1=非常不满意，2=不满意，3=有些不满意，4=不确定，5=有些满意，6=满意，7=非常满意）

问　　题　　　　　　　　　　　　选　项	非常不满意	不满意	有些不满意	不确定	有些满意	满意	非常满意
1.您对目前的工作本身满意吗？	1	2	3	4	5	6	7
2.您对目前的直接上级满意吗？	1	2	3	4	5	6	7
3.您对目前的同事关系满意吗？	1	2	3	4	5	6	7
4.您对目前的工作报酬满意吗？	1	2	3	4	5	6	7
5.您对目前在学校中的晋升机会满意吗？	1	2	3	4	5	6	7
6.总的来说，您对目前的工作状况满意吗？	1	2	3	4	5	6	7

第四部分 教师组织公民行为问卷

指导语：请您根据自己的实际情况对下列描述做出判断，并在相应的数字上打上"√"。（1=完全不同意，2=不同意，3=有些不同意，4=不确定，5=有些同意，6=同意，7=完全同意）

问　　题　　　　　　　　　　　　选　项	完全不同意	不同意	有些不同意	不确定	有些同意	同意	完全同意
1.我愿意挺身维护学校声誉。	1	2	3	4	5	6	7
2.我非常注重节约学校资源，如水、电、办公用品等。	1	2	3	4	5	6	7
3.我与同事建立了融洽的关系。	1	2	3	4	5	6	7
4.我会积极参加校内会议。	1	2	3	4	5	6	7
5.我经常利用业余时间指导学生学习。	1	2	3	4	5	6	7
6.我愿意帮助新同事适应工作环境。	1	2	3	4	5	6	7
7.我会主动协助化解同事间的矛盾。	1	2	3	4	5	6	7
8.我对工作认真负责，很少出差错。	1	2	3	4	5	6	7

续表

问 题 \ 选 项	完全不同意	不同意	有些不同意	不确定	有些同意	同意	完全同意
9.我愿意与同事在工作上进行协调与沟通。	1	2	3	4	5	6	7
10.我会主动把个人的教学经验提供给其他需要的同事。	1	2	3	4	5	6	7
11.即使没人监督，我也会恪守学校的规定。	1	2	3	4	5	6	7
12.我不会在背后批评领导或同事。	1	2	3	4	5	6	7
13.我不介意承担新的或具有挑战性的任务。	1	2	3	4	5	6	7
14.我会尽可能避免使用学校资源，如电话、复印机、电脑等处理私人事务。	1	2	3	4	5	6	7
15.我会积极参加学校组织的活动。	1	2	3	4	5	6	7
16.为维护学校人际和谐，我会在个人利益上做出让步。	1	2	3	4	5	6	7
17.我会努力充实自我以提升教学质量。	1	2	3	4	5	6	7
18.我愿意帮助同事解决工作上的问题。	1	2	3	4	5	6	7
19.我会主动提出有利于学校发展的建议。	1	2	3	4	5	6	7
20.我不会计较与同事间的过节。	1	2	3	4	5	6	7
21.我会主动向外界宣传学校的优点，或澄清他人对学校的误解。	1	2	3	4	5	6	7
22.我非常注意爱护学校物品，如图书、办公设备、教学仪器等。	1	2	3	4	5	6	7
23.如果需要，我愿意分担同事的工作。	1	2	3	4	5	6	7
24.我会主动使用个人资源，如个人社会关系等，帮助学校解决问题。	1	2	3	4	5	6	7

第五部分　教师组织承诺问卷

指导语：请您根据自己的实际情况对下列描述做出判断，并在相应的数字上打上"√"。（1=完全不同意，2=不同意，3=有些不同意，4=不确定，5=有些同意，6=同意，7=完全同意）

续表

问　题 ＼ 选　项	完全不同意	不同意	有些不同意	不确定	有些同意	同意	完全同意
1.我非常愿意在这所学校一直工作下去。	1	2	3	4	5	6	7
2.如果现在离开这所学校，我会感到内疚。	1	2	3	4	5	6	7
3.这所学校值得我对它忠诚。	1	2	3	4	5	6	7
4.我觉得我和这所学校没有深厚的感情。	1	2	3	4	5	6	7
5.即使现在离开这所学校对我有利，我也认为这样做是不对的。	1	2	3	4	5	6	7
6.我真的感到这所学校的事就是我自己的事。	1	2	3	4	5	6	7
7.目前来说，我留在这所学校工作是为了生活上的需要。	1	2	3	4	5	6	7
8.即使我现在想离开这所学校，也很难做到。	1	2	3	4	5	6	7
9.我现在不会离开这所学校，因为我觉得有责任这样做。	1	2	3	4	5	6	7
10.这所学校对我来说意义重大。	1	2	3	4	5	6	7
11.如果不是对这所学校已经投入那么多的话，我会考虑换工作。	1	2	3	4	5	6	7
12.我觉得没有任何义务留在这所学校工作。	1	2	3	4	5	6	7
13.由于目前几乎没有其他的选择，所以我不会考虑离开这所学校。	1	2	3	4	5	6	7
14.我觉得我不是这所学校的一分子。	1	2	3	4	5	6	7
15.离开这所学校，我将难以找到更合适的工作。	1	2	3	4	5	6	7
16.我对这所学校缺乏归属感。	1	2	3	4	5	6	7
17.如果现在离开这所学校，我的生活将会被打乱。	1	2	3	4	5	6	7
18.我对这所学校怀有诸多感激。	1	2	3	4	5	6	7